新編諸子集成

荀子集解

下

〔清〕王先謙 撰
沈嘯寰 王星賢 點校

中華書局

荀子卷第十

議兵篇第十五

臨武君與孫卿子議兵於趙孝成王前。臨武君，蓋楚將，未知姓名。戰國策曰：「天下合從，趙使魏加見楚春申君曰：『君有將乎？』春申君曰：『有矣。僕欲將臨武君。』魏加曰：『臣少之時好射，臣願以射譬，可乎？』春申君曰：『可。』魏加曰：『異日者，更羸與魏王處京臺之下，更羸曰：「臣能爲王引弓虛發而下鳥。」有閒，鳴雁從東方來，更羸以虛發而下之。王曰：「射之精，乃至於此乎？」更羸曰：「此孽也。」王曰：「先生何以知之？」對曰：「其飛徐者，其故創痛也。其鳴悲者，久失羣也。故創未息而驚心未去，聞弦音烈而高飛，故隕也。今臨武君嘗爲秦孽，不可以爲距秦之將。」』」趙孝成王，晉大夫趙夙之後，簡子十世孫。或曰：劉向敍云：「孫卿至趙，與孫臏議兵趙孝成王前。」臨武君卽孫臏也。今案史記年表，齊宣王二年，孫臏爲軍師，則敗魏於馬陵至趙孝成王元年，已七十餘年，年代相遠，疑臨武君非此孫臏也。○盧文弨曰：案楊氏改書名作荀卿子，而此篇正文仍作孫卿子，依漢以來相傳之舊也，本篇內「微子開封於宋」注甚明。注「更羸」，楚策作「更羸」。又「其故創痛也」，策無「其」字，此注脱「故」字，今增。又「故創未息」作「故創痛未息」。今從策刪「痛」字。王曰：「請問兵要。」臨武君對曰：「上得天時，若順太歲、反孤虛之類也。○先謙案：「反」，各本譌「及」，據宋台州本改正。下得地利，若右背山陵、前左水澤之比也。觀敵之變動，後之發，先之至，此用兵之要術也。」孫卿子曰：「不然。臣所聞古之道，凡用兵攻戰之本在乎壹民。弓矢不調，則羿不能以中微；六馬不和，則造父不能以致遠；士民不親附，則湯、武不能以必勝也。故善附民者，是乃善用兵者也。故兵要在乎善附民而已。」○王念孫曰：元刻無「善」字。（宋龔本同。）案無「善」字者是也。下文臨武君曰「豈必待附民哉」，正對此句而言，則無「善」字明矣。宋本有「善」字者，涉上文「善附民者」而衍。羣書治要亦無「善」字。臨武君曰：「不然。兵之所貴者埶利也，乘埶爭利。所行者變詐也。奇計。○盧文弨曰：「所行」，新序三作「所上」。善用兵者，感忽悠闇，莫知其所從出，感忽、悠闇，皆謂倏忽之間也。感忽，恍忽也。悠闇，遠視不分辨之貌。莫知所從出，謂若九天之上，九地之下，使敵人不測。魯連子曰「弃感忽之恥，立累世之功」也。○盧文弨曰：案齊策載魯連與燕將書云：「除感忿之恥而立累世之功。」彼上文云「去忿恚之心而成終身之名」，則下句不當又云「感忿」，此引作「感忽」，是也。新序又作「奄忽」，義亦同。注「立」字舊脱，今補。郝懿行曰：案感，讀如揻。「揻」「撼」，古今字也。感忽，搖疾之意。悠闇，神秘之意。兵貴神速，如處女脱兔之喻也。孫、吳用之，無敵於天下，豈必待附民哉！」孫，謂吳王闔閭將孫武。吴，謂魏武侯將吴起也。孫卿子曰：「不然。臣之所道，仁人之兵，王者之志也。帝王之志意如此也。君之所貴，權謀埶利也；所行，攻奪變詐也：諸侯之事也。仁人之兵，不可詐也。彼可詐者，怠慢者也，路亶者也，路，暴露也。亶，讀爲袒。露袒，謂上下不相覆蓋。新序作「落單」。○郝懿行曰：「路亶」，新序作「落單」，蓋離落單薄之意。楊注非。王念孫曰：路單，猶羸憊也。上不恤民則民皆羸憊，故下句云「君臣上下之閒滑然有離德也」。孟子滕文公篇「是率天下而路也」，趙注云：「是率導天下之人以羸路也。」（今本「羸路」作「羸困之路」，乃後人所改，辯見管子五輔篇。）管子五輔篇云：「匡貧窶，振罷露，資乏絶。」韓子亡徵篇云：「好罷露百姓。」呂氏春秋不屈篇云：「士民罷潞。」路、露、潞竝通，是路爲羸憊也。爾雅云：「𤺺，病也。」大雅板篇「下民卒癉」，毛傳云：「癉，病也。」病亦謂羸憊也。緇衣引詩「下民卒𤺺」，釋文「𤺺」作「亶」。癉、𤺺、亶竝通。秦策「士民潞病於内」，高注云：「潞，羸也。」潞病與路亶亦同義。新序雜事篇作「落單」。晏子外篇云：「路世之政，單事之教。」或言「路亶」，或言「路單」，或言「落單」，其義一而已矣。楊説皆失之。君臣上下之閒滑然有離德者也。滑，亂也，音骨。言彼可欺詐者皆如此之國。○王引之曰：「滑」，當爲「渙」。序卦曰：「渙者，離也。」雜卦曰：「渙，離也。」下文「事大敵堅則渙然離耳」，是渙爲離貌，故曰「渙然有離德」。俗書「渙」字作「渙」，「滑」字作「滑」，二形略相似，故「渙」譌爲「滑」。新序雜事篇正作「渙然有離德」。韓詩外傳作「突然有離德」，「突」乃「奐」之譌。「渙」「奐」古字通。（文選琴賦注引蒼頡篇云：「奐，散也。」）

故以桀詐桀，猶巧拙有幸焉，以桀詐堯，譬之若以卵投石，以指撓沸，撓，攪也。以指撓沸，言必爛也。新序作「以指繞沸」。若赴水火，入焉焦没耳。○王念孫曰：案焉，猶則也，説見釋詞。故仁人上下，説仁人上下相愛之意。百將一心，三軍同力，臣之於君也，下之於上也，若子之事父，弟之事兄，若手臂之扞頭目而覆胸腹也，詐而襲之，與先驚而後擊之，一也。先擊頭目，使知之而後擊之，豈手臂有不救也？○先謙案：言此兩者俱無所用，注義似隔。且仁人之用十里之國，則將有百里之聽；聽，猶耳目也。言遠人自爲其耳目。或曰：謂間諜者。用百里之國，則將有千里之聽；用千里之國，則將有四海之聽。必將聰明警戒，和傳而一。耳目明而警戒，相傳以和，無有二心也。一云：「傳」，或爲「博」。博，衆也。而一，如一也。言和衆如一也。○先謙案：「傳」爲「搏」字之誤，説見儒效篇。故仁人之兵聚則成卒，散則成列，卒，卒伍。列，行列。言動皆有備也。延則若莫邪之長刃，嬰之者斷；兑則若莫邪之利鋒，當之者潰；兑，猶聚也，與隊同，謂聚之使短。潰，壞散也。新序作「鋭則若莫邪之利鋒也」。○盧文弨曰：「延」，新序作「鋋」。韓詩外傳三作「延居」，又「兑」作「鋭居」。案延讀「延袤」之延，東西曰延。「嬰」，今「攖」字。謂横布則其鋒長，攖之者皆斷也。兑，讀爲鋭。謂直擣則其鋒利遇之者潰也。外傳兩「居」字與下文「圜居」一例，可知注未是矣。郝懿行曰：延者，長也。兑與鋭同，荀書皆然，古字通也。「延」，新序作「鋋」，誤字，或叚借耳。延訓長，故云「若莫邪之長刃」；兑訓利，故言「若莫邪之利鋒」。楊注非。韓詩外傳作「延居」「鋭居」，與下「圜居」爲儷，其義甚明。俞樾曰：楊訓兑爲聚，不如盧説之長；惟依外傳「延居」「鋭居」爲説，則非也。「延則若莫邪之長刃」，「兑則若莫邪之利鋒」，與上文「聚則成卒，散則成列」句法一律，不得有「居」字。下文云「圜居而方止」，此自以「圜居」「方止」相對成義。外傳因「圜居」之文，改作「方居」以對之，遂於此文「延」下「鋭」下各衍「居」字。盧據以説荀子，誤矣。延之言長也，故若長刃；鋭之言利也，故若利鋒。以文義論，亦不當有「居」字。**圜居而方止，則若盤石然，觸之者角摧，**圜居方止，謂不動時也，則如大石之不可移動也。○盧文弨曰：「方止」，各本作「方正」，今從新序。案外傳作「方居」。郝懿行曰：韓詩外傳作「圜居則若丘山之不可移也，方居則若盤石之不可拔也」，語尤明晰。此「方止」卽「方居」，變文以儷句耳。先謙案：郝説方止，非也，説詳上。**案角鹿埵、隴種、東籠而退耳。**其義未詳，蓋皆摧敗披靡之貌。或曰：鹿埵，垂下之貌，如禾實垂下然。埵，丁果反。隴種，遺失貌，如隴之種物然。或曰：卽「龍鍾」也。東籠，與涷瀧同，沾溼貌，如衣服之沾溼然。新序作「隴種而退」，無「鹿埵」字。○盧文弨曰：「垂下之貌」，舊脱「垂」字，今補。案説文，禾實垂下謂之䅫，丁果切。楊意埵讀爲䅫，故音義皆與之同也。又，「卽龍鍾也」，舊脱「龍」字，「龍鍾」乃當時常語，今補。又案，方言：「瀧涿，謂之霑漬。」廣韻：「涷瀧，霑漬也。」故楊云「涷瀧，沾溼貌」。舊誤作「涷隴」，今改正。「沾」亦「霑」之誤字也。劉台拱曰：「鹿埵」上「角」字，涉上而誤衍。案，語詞。郝懿行曰：鹿埵、隴種、東籠，蓋皆摧敗披靡之貌。顧氏炎武（見日知録廿七。）引舊唐書竇軌傳「我隴種車騎，未足給公」，北史李穆傳「籠涷軍士，爾曹主何在，爾獨住此」，蓋周、隋時人尚有此語。此等皆古方俗之言，不必强解。楊氏既云「未詳」，又引或説鹿埵、龍鍾、涷瀧，似皆失之。新序止有「隴種」，無「鹿埵」。且夫暴國之君，將誰與至哉？彼其所與至者，必其民也。而其民之親我歡若父母，其好我芬若椒蘭；彼反顧其上則若灼黥，如畏灼黥。若仇讐。人之情，雖桀、跖，豈又肯爲其所惡賊其所好者哉！○盧文弨曰：「豈又」，新序作「豈有」。是猶使人之子孫自賊其父母也，彼必將來告之，夫又何可詐也？不可得詐襲也。故仁人用，國日明，日益明察。○俞樾曰：楊注非也。明之言盛也。淮南子説林篇曰「長而愈明」，高注曰：「明，猶盛也。」禮記明堂位正義曰：「明，堂盛貌。」然則明之訓盛，蓋古誼也。國日明，猶言國日盛矣。諸侯先順者安，後順者危，慮敵之者削，反之者亡。謀慮與之爲敵者，土地必見侵削。反，謂不服從也。○先謙案：慮，大氐也，説見王制篇。詩曰：『武王載發，有虔秉鉞，如火烈烈，則莫我敢遏。』此之謂也。」詩，殷頌。武王，湯也。發，讀爲旆。虔，敬。遏，止也。湯建旆興師，本由仁義，雖用武持鉞，而猶以敬爲先，故得如火之盛，無能止之也。○郝懿行曰：發，揚起也，猶書之言「我武惟揚」也。毛詩作「載旆」，傳云：「旆，旗也。」毛詩本出荀卿，不應有異，説文引詩又作「載坺」，然則「坺」「發」蓋皆「旆」之同音叚借字耳。韓詩外傳引亦作「旆」。孝成王、臨武君曰：「善！請問王者之兵設何道何行而可？」設，謂制置。道，謂論說教令也。行，動用也。○王念孫曰：道，術也。楊以道爲論說教令，失之。先謙案：設，猶用也，說見君道篇。孫卿子曰：「凡在大王，將率末事也。臣請遂道王者諸侯彊弱存亡之效、安危之埶：率與帥同，所類反。道，說也。效，驗也。孝成王見荀卿論兵謂王者以兵爲急，故遂問用兵之術。荀卿欲陳王道，因不答其問，故言凡在大王之所務，將帥乃其末事耳，所急教化也，遂廣說湯、武、五霸及戰國諸侯之事。○先謙案：以下文「凡在於軍，將率末事也」證之，是謂凡在大王之將率者，皆末事也。楊注誤。君賢者其國治，君不能者其國亂；隆禮貴義者其國治，簡禮賤義者其國亂。治者强，亂者弱，是强弱之本也。上足卬，則下可用也；上不卬，則下不可用也。「卬」，古「仰」字。不仰，不足仰也。下託上曰仰，宜向反。能教且化，長養之，是足仰。○謝本作「上不足卬」。盧文弨曰：以注觀之，正文當本是「上不卬」，衍「足」字。先謙案：盧說是。此後人妄加，今依注文刪「足」字，以復唐人注本之舊。下可用則强，下不可用則弱，是强弱之常也。隆禮效功，上也；重祿貴節，次也；上功賤節，下也：是强弱之凡也。效，驗也。功，戰功也。效功，謂不使賞僭也。重祿，重難其祿，不使素餐也。節，忠義也。君能隆禮驗功則强，上戰功、輕忠義則弱，大凡如此也。好士者强，不好士者弱；士，賢士也。愛民者强，不愛民者弱；政令信者强，政令不信者弱；信，謂使下可信。民齊者强，民不齊者弱；

齊，謂同力。○謝本從盧校作「不齊者弱」。王念孫曰：案元刻「不齊」上亦有「民」字，是也。（宋龔本同。）上文之「政令」，下文之「賞」「刑」「械用兵革」，皆於上下句兩見，則「民」字亦當兩見。先謙案：王説是，今依元刻增「民」字。**賞重者强，賞輕者弱；**重難其賞，使必賞有功則强，輕易其賞則弱也。**刑威者强，刑侮者弱；**刑當罪，使民可畏則强，不當罪則人侮慢，故弱也。**械用兵革攻完便利者强，**「攻」，當爲「功」。功，精好加功者也。器械牢固，便利於用則强也。○盧文弨曰：攻與工、功，古多通用。攻，治也。即依本字不改亦可。**械用兵革窳楛不便利者弱；**窳，器病也，音庾。楛，濫惡，謂不堅固也。**重用兵者强，輕用兵者弱；**重難用兵者强。**權出一者强，權出二者弱：**政多門則弱也。**是强弱之常也。齊人隆技擊，**技，材力也。齊人以勇力擊斬敵者，號爲技擊。孟康曰：「兵家之技巧。技巧者，習手足，便器械，積機關，以立攻守之勝。」**其技也，得一首者則賜贖錙金，無本賞矣。**八兩曰錙。本賞，謂有功同受賞也。其技擊之術，斬得一首則官賜錙金贖之。斬首，雖戰敗亦賞；不斬首，雖勝亦不賞：是無本賞也。○郭嵩燾曰：此與秦首虜之法同，以得首爲功賞，不問其戰事之勝敗，故曰「無本賞」。漢世軍法，抵罪得贖免，當亦起於戰國之季。言苟得首者，有罪當贖，僅納錙金。以得首爲重，取決一夫之勇也。**是事小敵毳則偷可用也，**可偷竊用之也。毳，讀爲脆。史記聶政謂嚴仲子曰「屠可以旦夕得甘脆以養親」也。○先謙案：晉語「其下偷以幸」，韋注：「偷，苟且也。」偷可用，謂苟且用之猶爲可也。楊注非。**事大敵堅則焉渙離耳。**易序〔一〕卦曰：「渙者，離也。」**若飛鳥然，傾側反覆無日，**若飛鳥，言無馮依也。無日，言傾側反覆之速，不得一日也。○盧文弨曰：注「言無馮依也」，宋本作「言無馮依而易也」，今從元刻。**是亡國之兵也，兵莫弱是矣，是其去賃市、傭而戰之幾矣。**此與賃市中傭作之人而使之戰相去幾何也。○盧文弨曰：正文「其去」，宋本作「其出」，今從元刻。**魏氏之武卒，以度取之，**武卒，選擇武勇之卒，號爲武卒。度取之，謂取其長短材力中度者。○汪中曰：度，程也，下文所云是也。注非。**衣三屬之甲，**如淳曰：「上身一，髀褌一，脛繳一，凡三屬也。」衣，於氣反。屬，之欲反。○盧文弨曰：案考工記釋文：「屬，之樹反。」**操十二石之弩，負服矢五十个，置戈其上，**置戈於身之上，謂荷戈也。○盧文弨曰：元刻作「負矢」，無「服」字，與漢書同。王念孫曰：此本作「服矢五十个」。「服矢」即「負矢」。負與服，古同聲而通用，（考工記車人「牝服」，先鄭司農云：「服，讀爲負。」）故漢書作「負」。今本作「負服矢」者，校書者依漢書旁記「負」字，而寫者誤合之也。元刻無「服」字，則又後人依漢書删之也。俞樾曰：「服」字實不可無。「服」者，「箙」之叚字。說文竹部：「箙，弩矢箙也。」經傳通以「服」爲之。詩采薇篇「象弭魚服」，國語齊語「服無矢」，皆是也。負服矢五十个者，盛矢五十个於

〔一〕「序」，原本誤爲「說」，今改。

服而負之也。若但云「負矢」，則矢無服不可負；若云「負矢服」，則疑五十个以服計矣，故曰「負服矢五十个」，古人之辭所以簡而明也。漢書奪「服」字，元刻從之，非是。置戈其上，承「負服矢五十个」而言，所謂「其上」者，矢服之上也。蓋負矢服於背而荷戈於肩，戈之上半適在矢服之上，故曰「置戈其上」也。楊注不解「服」字之義，故於此句亦失其解，而曰「置戈於身之上」，不可通矣。先謙案：俞說是。**冠軸帶劍，**軸與胄同。漢書作「胄帶劍」，顏師古曰：「著兜鍪而又帶劍也。」**贏三日之糧，日中而趨百里，**贏，負擔也。日中，一日之中也。○俞樾曰：日中者，自旦至於日中。蓋半日而趨百里也。楊注謂「一日之中」，則但云「日趨百里」足矣。**中試則復其户，利其田宅，**復其户，不徭役也。利其田宅，不征粟也。顏師古曰：「利，謂給其便利之處。」中，丁仲反。復，方目反。○盧文弨曰：注「不征粟」，「粟」字誤，疑作「税」。先謙案：試之而中程，則用爲武卒，優之如此，上所謂「以度取之」。**是數年而衰而未可奪也，改造則不易周也。**此中試者筋力數年而衰，亦未可遽奪其優，復使皆怨也。改造，更選擇也，則又如前。**是故地雖大，其税必寡，是危國之兵也。**優復既多則税寡，資用貧乏故國危。**秦人，其生民也陿阸，其使民也酷烈，**生民，所生之民。陿阸，謂秦地險固也。酷烈，嚴刑罰也。地險固則寇不能害，嚴刑罰則人皆致死也。○盧文弨曰：「陿阸」，俗本作「狹隘」，今從宋本。郝懿行曰：陿阸，猶狹隘也，謂民生計窮蹙。王霸篇云「生民則致貧隘」，語意正同。注以「陿阸，謂秦地險固」，非也。下云「隱之以阸」，亦非地險。　王念孫曰：楊注沿刑法志注而誤。**劫之以埶**，謂以威埶劫迫之，使出戰。**隱之以阸**，謂隱蔽以險阸，使敵不能害。鄭氏曰：「秦地多阸，藏隱其民於阸中也。」○郭嵩燾曰：秦遠交近攻，侵伐無虚日，未嘗以險阸自隱也。劫之以埶，承上「酷烈」言；隱之以阸，承上「狹隘」言。其民本無生計，又甚迫蹙之，使亟鬻於戰以邀賞也。下文「阸而用之」正申此義。**忸之以慶賞**，忸與狃同，串習也。戰勝則與之賞慶，使習以爲常。忸，女九反。**鰌之以刑罰**，鰌，藉也。不勝則以刑罰陵藉之。莊子：風謂蛇曰「鰌我亦勝我」，音秋。或作「蹴」，七六反。○盧文弨曰：鰌，亦音蹴，見彊國篇注。元刻「七六」作「七由」，非，今從宋本。**使天下之民所以要利於上者，非鬬無由也。**○顧千里曰：「天」字疑不當有。此以「下之民」與「要利於上」相對爲文，謂秦民，非謂天下之民明甚。宋本與今本同，蓋皆誤。**阸而用之，得而後功之，**守險阸而用之，既得勝，乃賞其功，所以人自爲戰而立功者衆也。○先謙案：阸而用之，彊國篇所云如「牆厭」「雷擊」。下文「除阸其下，獲其功用」義與此同。楊謂「守險阸」，非也。**功賞相長也，五甲首而隸五家，**有功而賞之使相長，獲得五甲首，則役隸鄉里之五家也。**是最爲衆彊長久，多地以正。故四世有勝，非幸也，數也。**爲之有根本，不邀一時之利，故能衆强長久也。不復其户，利其田宅，故多地也。以正，言比齊、魏之苟且爲正。言秦亦非天幸，有術數然也。四世，孝公、惠王、武王、昭王也。**故齊之技擊不可以遇魏氏之武卒，魏氏之武卒不可以遇秦之鋭士，**

秦之鋭士不可以當桓、文之節制，桓、文之節制不可以敵湯、武之仁義，有遇之者，若以焦熬投石焉。以魏遇秦，猶以焦熬之物投石也。熬，五刀反。○盧文弨曰：「有遇之者」二句，似專言天下無有能敵仁義者。注惟云「以魏遇秦」，殆以當時無湯、武，竝無桓、文故也，然無妨據理爲説。或云：末二句當竝從齊説下。王念孫曰：或説是。俞樾曰：楊注「猶以焦熬之物投石也」，然以投石爲喻，不必言焦熬之物，注義未安。上文云「以桀詐堯，譬之若以卵投石，以指撓沸」，此文「以焦熬投石」，疑有奪誤，當云「以指焦熬，以卵投石」。焦，讀爲撨。廣雅釋詁曰：「撨，拭也。」説文火部：「熬，乾煎也。」然則以指撨熬，其義猶以指撓沸也。先謙案：下文明言「招近募選，隆埶詐，尚功利之兵，勝不勝無常，代翕代張」云云，則此「有遇之者」二句專謂湯、武之仁義無敵。楊注誤。**兼是數國者，皆干賞蹈利之兵也，傭徒鬻賣之道也，未有貴上、安制、綦節之理也；**干，求也。言秦、魏雖足以相勝，皆求賞蹈利之兵，與傭徒之人鬻賣其力作無異，未有愛貴其上，爲之致死，安於制度，自不踰越，極於忠義，心不爲非之理者也。**諸侯有能微妙之以節，則作而兼殆之耳。**微妙，精盡也。節，仁義也。作，起也。殆，危也。諸侯有能精盡仁義，則能起而兼危此數國。謂擒滅之。○盧文弨曰：舊本注作「則能起而無危也，兼此數國」，誤。今據正文刪正。**故招近募選，隆埶詐，尚功利，是漸之也；**「近」當爲「延」，傳寫誤耳。招延，謂引致之也。募選，謂以財召之，而選擇可者。此論齊之技擊也。隆埶詐，謂以威埶變詐爲尚，此論秦也。尚功利，謂有功則利其田宅，論魏也。漸，進也。言漸進而近於法，未爲理也。或曰：漸，浸漬也。謂其賞罰纔可漸染於外，中心未悅服。漸，子廉切。○俞樾曰：楊云「近當爲延」，是也。「招延」二字同義，則「募選」二字亦必同義，「募」乃「纂」字之誤。纂、選，皆具也，說詳王制篇。楊注「募選，謂以財召之，而選擇可者」，非是。先謙案：漸，詐欺也，說詳不苟篇。禮義教化，是齊之也。服其心，是齊壹人之術也。故以詐遇詐，猶有巧拙焉；猶齊之技擊不可以當魏之武卒也。以詐遇齊，辟之猶以錐刀墮太山也，辟音譬。墮，毁也。錐，許唯反。非天下之愚人莫敢試。故王者之兵不試。一舉而定，不必試也。湯、武之誅桀、紂也，拱挹指麾而彊暴之國莫不趨使，誅其元惡，其餘獷悍者皆化而來臣役也。○王念孫曰：「拱挹指麾」，盧依富國篇改「挹」爲「揖」。案揖與挹通，不煩改字。（宥坐篇「挹而損之」，淮南道應篇「挹」作「揖」。晏子諫篇「晏子下車挹之」，「挹」卽「揖」。）諸本皆作「挹」。呂本「挹」作「揖」，盧因改爲「揖」，誤。先謙案：謝本從盧校作「拱揖」，今依王說改正。誅桀、紂若誅獨夫。故泰誓曰『獨夫紂』，此之謂也。故兵大齊則制天下，小齊則治鄰敵。以禮義教化大齊之，謂湯、武也。小，謂未能大備，若五霸者也。治鄰敵，言鄰敵受其治化耳。○盧文弨曰：宋本「故兵大齊」提行起。今案：連上文是，或中閒有注，脱去耳。王念孫曰：治讀爲殆。殆，危也。謂危鄰敵也。王制篇曰：「威彊未足以殆鄰敵。」王霸篇曰：「威動天下，彊殆中國。」彊國篇曰：「威動海内，彊殆中國。」「殆」「治」古字通。（彊國篇「彊殆中國」，楊注：「殆或爲治。」）史記范雎傳「夫以秦卒之勇，車騎之衆，以治諸侯，譬若馳韓盧而搏蹇兔也」，「治諸侯」即「殆諸侯」。）楊謂「受其治化」，則非用兵之事矣。**若夫招近募選，隆埶詐，尚功利之兵，則勝不勝無常，代翕代張，代存代亡，相爲雌雄耳矣。**翕，斂也。代翕代張，代存代亡，若言代强代弱也。○先謙案：宋台州本注「若」作「猶」。**夫是之謂盜兵，君子不由也。**由，用也。以詐力相勝，是盜賊之兵也。**故齊之田單，楚之莊蹻，秦之衛鞅，燕之繆蟣，是皆世俗之所謂善用兵者也；**田單，齊襄王臣安平君也。史記：莊蹻者，楚莊王苗裔。楚威王使爲將，將兵循江而上，略蜀、黔中以西。蹻至滇池，方三百里，地肥饒數千里，以兵威定屬楚。欲歸報，會秦擊奪楚巴、黔中郡，道塞不通，因還，以其衆王〔一〕滇，變服，從其俗焉。衛鞅，秦孝公臣，封爲商君者也。繆蟣，未聞也。**是其巧拙强弱則未有以相君也，若其道一也，**雖術不同，皆出於變詐，故曰「其道一也」。○盧文弨曰：「相君」，元刻作「相若」，注首有「相若，相似也」五字。今從宋本。先謙案：相君，猶言相長也。廣雅釋詁：「長，君也。」長訓君，則君亦訓長。元刻及注五字皆妄人增改。**未及和齊也，**數子之術，未能及於和齊人心也。**掎契司詐，權謀傾覆，未免盜兵也。**契讀爲挈。挈，持也。

〔一〕「王」，原本作「至」，據史記西南夷列傳改。

掎挈，猶言掎摭也。司讀爲伺。詐，欺誑也。皆謂因其危弱，卽掩襲之也。齊桓、晉文、楚莊、吴闔閭、越句踐，是皆和齊之兵也，可謂入其域矣，入禮義教化之域。孟康曰：「入王兵之域也。」然而未有本統也，本統，謂前行素修，若湯、武也。故可以霸而不可以王。是强弱之效也。」湯、武王而桓、文霸，齊、魏則代存代亡，是其效也。孝成王、臨武君曰：「善！請問爲將。」孫卿子曰：「知莫大乎棄疑，不用疑謀，是智之大。○先謙案：言用人不疑。行莫大乎無過，事莫大乎無悔。○先謙案：當理而行，故無過。慮必先事，故無悔。事至無悔而止矣，成不可必也。不可必，不得必。謂成功忘其警備。莊子曰：「聖人以必不必，故多功；衆人以不必必，故無功也。」○盧文弨曰：「成不可必也」五字，乃起下之詞。注「不得必」三字，宋本、元刻皆無，俗閒本有之。下引莊子語，舊本多訛，今悉從元刻改正。先謙案：言成功不能期必於一出，故下云「有功如幸」，文義甚明。楊、盧説非。故制號政令欲嚴以威；慶賞刑罰欲必以信；處舍收藏欲周以固；處舍，營壘也。收藏，財物也。周密牢固，則敵不能陵奪矣。徙舉進退欲安以重，欲疾以速；静則安重而不爲輕舉，動則疾速而不失機權。窺敵觀變欲潛以深，欲伍以參；謂使閒諜觀敵，欲潛隱深入之也。伍參，猶錯雜也。使閒諜或參之，或伍之，於敵之閒，而盡知其事。韓子曰：「省同異之言，以知朋黨之分；偶參伍之驗，以責陳言之實。」又曰「參之以比物，伍之以合參」也。遇敵決戰必道吾所明，無道吾所疑：道，言也，行也。○王念孫曰：道，當訓爲行。夫是之謂六術。自「制號政令」已下有六也。無欲將而惡廢，○先謙案：無以所欲而將之，無以所惡而廢之，唯視其能否，無私好惡。荀書多以「欲」「惡」代「好」「惡」。無急勝而忘敗，無威内而輕外，無見其利而不顧其害，强使人出戰而輕敵。凡慮事欲孰而用財欲泰，孰，謂精審。泰，謂不吝賞也。夫是之謂五權。五者，爲將之機權也。所以不受命於主有三：可殺而不可使處不完，可殺而不可使擊不勝，可殺而不可使欺百姓，夫是之謂三至。至，謂一守而不變。凡受命於主而行三軍，三軍既定，百官得序，羣物皆正，百官，軍之百吏。得序，各當其任。則主不能喜，敵不能怒，不苟徇上意，故主不能喜。不爲變詐，故敵不能怒也。夫是之謂至臣。爲臣之至當也。慮必先事而申之以敬，謀慮必在事先，重之以敬，常戒懼而有備也。慎終如始，終始如一，夫是之謂大吉。言必無覆敗之禍也。凡百事之成也必在敬之，其敗也必在慢之。故敬勝怠則吉，怠勝敬則滅；計勝欲則從，欲勝計則凶。戰如守，不務越逐也。書曰：「不愆于五步六步，乃止齊焉。」行如戰，有功如幸。不務驕矜。敬謀無壙，無壙，言不敢須臾不敬也。壙與曠同。敬事無壙，敬吏無壙，敬衆無壙，敬敵無壙：夫是之謂五無壙。慎行此六術、五權、三至而處之以恭敬無壙，夫是之謂天下之將，則通於神明矣。」天下莫及之將。臨武君曰：「善！請問王者之軍制。」孫卿子曰：「將死鼓，死，謂不棄之而奔亡也。左傳曰：「師之耳目，在吾旗鼓。」御死轡，百吏死職，士大夫死行列。聞鼓聲而進，聞金聲而退，順命爲上，有功次之。軍之所重，在順命，故有功次之。令不進而進，猶令不退而退也，其罪惟均。令，教令也。言使之不進而進，猶令不退而退，其罪同也。不殺老弱，不獵禾稼，獵與躐同，踐也。服者不禽，格者不舍，犇命者不獲。服，謂不戰而退者，不追禽之。格，謂相距捍者。奔命，謂奔走來歸其命者，不獲之爲囚俘也。犇與奔同。凡誅，非誅其百姓也，誅其亂百姓者也。百姓有扞其賊，則是亦賊也。扞其賊，謂爲賊之扞蔽也。以故順刃者生，蘇刃者死，犇命者貢。順刃，謂不戰，偝之而走者。蘇，讀爲傃。傃，向也，謂相向格鬭者。貢，謂取歸命者獻於上將也。微子開封於宋，紂之庶兄，名啟，歸周後封於宋。此云開者，蓋漢景帝諱，劉向改之也。曹觸龍斷於軍，說苑曰：「桀貴爲天子，富有四海，其臣有左師觸龍者，諂諛不正。」此云紂臣，當是說苑誤。又戰國策趙有左師觸龍，說太后，請長安君質秦。豈復與古人同官名乎？○盧文弨曰：史記趙世家「左師觸龍，言願見太后」，「言」字當屬下讀。趙策誤作「觸讋」，當以此注爲正。殷之服民，所以養生之者也，無異周人。○先謙案：「服民」，當作「民服」，此誤倒耳。當封而封，當殺而殺，皆所以養生其民，故殷民服之。故近者歌謳而樂之，遠者竭蹷而趨之，竭蹷，顛仆，猶言匍匐也。新序作「竭走而趨之」。無幽閒辟陋之國莫不趨使而安樂之，四海之內若一家，通達之屬莫不從服，夫是之謂人師。師，長。

詩曰：『自西自東，自南自北，無思不服。』此之謂也。詩，大雅文王有聲之篇。王者有誅而無戰，城守不攻，兵格不擊。德義未加，所以敵人不服，故不攻擊也，且恐傷我之士卒也。上下相喜則慶之。敵人上下相愛悦，則慶賀之，豈况侵伐乎？不屠城，屠謂毁其城，殺其民，若屠者然也。不潛軍，○先謙案：潛，襲敵之不備。不留衆，不久留暴露於外也。師不越時。古者行役不踰時也。故亂者樂其政，不安其上，欲其至也。」東征西怨之比。臨武君曰：「善！」

陳囂問孫卿子曰：「先生議兵，常以仁義爲本。陳囂，荀卿弟子。言先生之議，常言兵以仁義爲本也。仁者愛人，義者循理，然則又何以兵爲？愛人則懼其殺傷，循理則不欲争奪，焉肯抗兵相加乎？凡所爲有兵者，爲争奪也。」非謂愛人循理。孫卿子曰：「非女所知也。彼仁者愛人，愛人，故惡人之害之也；義者循理，循理，故惡人之亂之也。彼兵者，所以禁暴除害也，非争奪也。故仁人之兵，所存者神，所過者化，所存止之處，畏之如神；所過往之國，無不從化。若時雨之降，莫不説喜。是以堯伐驩兜，伐，亦誅也。書曰「放驩兜于崇山」也。舜伐有苗，命禹伐之。書曰：「帝曰：『咨禹，惟時有苗弗率，汝徂征之。』」禹伐共工，書曰：「流共工于幽州。」皆堯之事，此云「禹伐共工」，未詳也。湯伐有夏，文王伐崇，武王伐紂，此四帝兩王，夏、殷或稱王，或稱帝。曲禮曰：「措之廟，立之主，曰帝。」蓋亦論夏、殷也。至周自貶損，全稱王，故以文、武爲兩王也。皆以仁義之兵行於天下也。故近者親其善，遠方慕其德，○王念孫曰：「慕其德」，「德」本作「義」，後人改「義」爲「德」，以與「服」「極」爲韻，而不知與下文「德」字相複也。文選爲袁紹檄豫州文注、石闕銘注、太平御覽兵部五十三引此竝作「義」。兵不血刃，遠邇來服，德盛於此，施及四極。詩曰：『淑人君子，其儀不忒。』此之謂也。」詩，曹風尸鳩之篇。○陳奐曰：案玩上文語意，其下尚有「其儀不忒，正是四國」二句，今脱之也。「儀」卽「義」也，故尸鳩篇儀皆讀爲義。王念孫曰：此正承上文「遠方慕義」而言，所引詩，蓋本作「其義不忒」，今本「義」作「儀」者，後人據詩改之耳。

李斯問孫卿子曰：李斯，孫卿弟子，後爲秦相。「秦四世有勝，兵强海内，威行諸侯，非以仁義爲之也，以便從事而已。」便其所從之事而已。謂若劫之以埶，隱之以阸，忸之以慶賞，鰌之以刑罰之比。孫卿子曰：「非女所知也。女所謂便者，不便之便也；汝以不便人爲便也。吾所謂仁義者，大便之便也。吾以大便人爲便也。彼仁義者，所以修政者也，政修則民親其上，樂其君，而輕爲之死。故曰：『凡在於軍，將率，末事也。』荀卿前對趙孝成王有此言語，弟子所知，故引以答之也。○謝本從盧校「軍」作「君」。盧文弨曰：舊本作「凡在於軍」，今案：當是「君」字。先謙案：「凡在」下作一句讀，不改「軍」爲「君」，説自可通，盧不當臆改。秦四世有勝，諰諰然常恐天下之一合而軋己也，漢書「諰」作「鰓」，蘇林曰：「讀如『慎而無禮禮則葸』之『葸』。鰓，懼貌也。」先禮反。張晏曰：「軌，踐轢也。」此所謂末世之兵，未有本統也。本統，前行素脩。故湯之放桀也，非其逐之鳴條之時也，武王之誅紂也，非以甲子之朝而後勝之也，皆前行素修也，此所謂仁義之兵也。前行素修，謂前已行之，素已修之。行，讀如字。今女不求之於本而索之於末，此世之所以亂也。」本，謂仁義；末，謂變詐。世所以亂，亦由不求於本而索於末，如李斯之説也。

禮者，治辨之極也，强國之本也，威行之道也，功名之總也。辨，別也。總，要也。强國，謂强其國也。○先謙案：「强國」，史記作「强固」，正義云：「固，堅固也。」言國以禮義，四方欽仰，無有攻伐，故爲强而且堅固之本也。以禮義導天下，天下服而歸之，故爲威行之道也。以禮義率天下，天下咸遵之，故爲功名之總。總，合也，聚也。王公由之，所以得天下也；○盧文弨曰：元刻「得」作「一」，史記禮書、韓詩外傳四皆同。不由，所以隕社稷也。○先謙案：史記「隕」作「捐」。故堅甲利兵不足以爲勝，高城深池不足以爲固，嚴令繁刑不足以爲威，由其道則行，不由其道則廢。由，用也。道，即禮也。用禮卽行，不用禮，雖堅甲嚴刑，皆不足恃也。楚人鮫革犀兕以爲甲，鞈如金石，鞈，堅貌。以鮫魚皮及犀兕爲甲，堅如金石之不可入。史記作「堅如金石」。鞈，古洽反。管子曰：「制重罪入以兵甲，犀脅二戟；輕罪入蘭盾，鞈革二戟。」犀兕堅如金石之狀也。○王念孫曰：楊本作「鞈如金石」，與史記不同。然鞈訓堅貌，諸書未有明文。説文「鞈，防扞也」，（今本「扞」譌作「汗」，據玉篇、廣韻改。）尹注管子小匡篇曰「鞈革，重革，當心著之，可以禦矢」，皆不訓爲堅貌。史記而外，韓詩外傳亦作「堅如金石」。文選三月三日曲水詩序注引荀子正作「堅」，太平御覽兵部八十七同。鈔本北堂書鈔武功部九引作「牢如金石」，（陳禹謨本改爲「堅」。）此是避隋文帝諱，故改「堅」爲「牢」。然則虞所見本正作「堅」，與楊本異也。俞樾曰：史記禮書作「堅如金石」，故楊注訓鞈爲堅貌，即引史記爲證。然鞈之訓堅貌，諸書皆無明文，殆非也。説文「鞈」有二：其一見革部，爲正篆；其一見鼓部，爲「鼛」，篆之古文。鼛，鼓聲也。故文選上林賦「鏗鎗闛鞈」李善注曰：「鏗鎗，鐘聲也。闛鞈，鼓聲也。」此文「鞈如金石」，當以聲言，不當以貌言，謂扣之而其聲鞈然如金石也。必以鼓聲相况者，鼓是革所爲。上云「鮫革犀兕以爲甲」，則亦革所爲也，正見其屬辭之密。史記作「堅」，自與荀子異，不得竝爲一談也。**宛鉅鐵釶，慘如蠭蠆，**宛，地名，屬南陽。徐廣曰：「大剛曰鉅。」釶與鍦同，矛也。方言云：「自關而西謂之矛，吴、揚之閒謂之鍦。」言宛地出此剛鐵爲矛，慘如蠭蠆。言其中人之慘毒也。鍦音啻。○盧文弨曰：案今方言云「矛，吴、揚、江、淮、南楚、五湖之閒謂之鍦」，無「自關而西謂之矛」七字。先謙案：史記作「宛之鉅鐵，施鑽如蠭蠆」，索隱云：「鑽，謂矛刃及矢鏃也。」史「釶」爲「施」，「慘」爲「鑽」，故索隱以「施」屬下讀，望文解之。例以上下文「鞈如金石」、「卒如飄風」，則荀子本書文義較長。**輕利僄遬，卒如飄風，**言楚人之趫捷也。僄，亦輕也，匹妙反。或當爲「嫖姚」之「嫖」，嫖，驍勇也。遬與速同。**然而兵殆於垂沙，唐蔑死，**殆，謂危亡也。垂沙，地名，未詳所在。漢地理志沛郡有垂鄉，豈垂沙乎？史記楚懷王二十八年，「秦與齊、韓、魏共攻楚，殺楚將唐眛，取我重丘而去」。眛與蔑同。○盧文弨曰：「垂沙」，史記作「垂涉」。王念孫曰：案「垂」字古讀若陀，（說見唐韻正。）垂沙，蓋地名之疊韻者。韓詩外傳及淮南兵略篇竝作「兵殆於垂沙」，楚策云「垂沙之事，死者以千數」，則作「垂沙」者是。**莊蹻起，楚分而爲三四。**司馬貞史記索隱曰：「莊蹻，楚將。言其起爲亂後，楚遂分爲四。」韓子曰：「楚王欲伐越。莊子曰：『臣患目能見百步而不見其睫。王之兵敗於齊、晉，莊蹻爲盜境內，吏不能禁，而欲伐越，此智之如目也。』」蹻初爲盜，後爲楚將。○先謙案：史記引「三四」作「四參」。參與三同。索隱誤以「參」字下屬。**是豈無堅甲利兵也哉？其所以統之者非其道故也。汝、潁以爲險，江、漢以爲池，限之以鄧林，緣之以方城，**鄧林，北界鄧地之山林。緣，繞也。方城，楚北界山名也。**然而秦師至而鄢、郢舉，若振槁然。**舉，謂舉而取之。鄢，郢，楚都。振，擊也。槁，枯葉也。謂白起伐楚，一戰舉鄢、郢也。**是豈無固塞隘阻也哉？其所以統之者非其道故也。紂刳比干，囚箕子，爲炮烙刑，**列女傳曰：「炮烙，爲膏銅柱，加之炭上，令有罪者行焉，輒墮火中，紂與妲己大笑。」烙，古責反。○盧文弨曰：「炮烙之刑」，古書亦作「炮格之刑」。格，讀如「庋格」之「格」，古「閣」「格」一也。史記索隱：「鄒誕生音閣。」此注云「烙，古責反」，可證楊時本尚作「格」也。王念孫曰：此段氏若膺說也，說見鍾山札記。（昔嘗聞盧校荀子多用段說，故盧本前列參訂名氏有金壇段若膺，而書中所引段説則唯有禮論篇「持虎」一條。余未見段氏校本，無從採録，故但據所見之書略舉一二焉。）**殺戮無時，臣下懍然莫必其命，**懍然，悚栗之貌。莫自謂必全其命也。**然而周師至而令不行乎下，不能用其民。是豈令不嚴、刑不繁也哉？其所以統之者非其道故也。古之兵，戈矛弓矢而已矣，然而敵國不待試而詘；**試，用也。詘，服也。**城郭不辨，**辨，治也，或音辨。○郝懿行曰：古無「辦」字，荀書多以「辨」爲「辦」。此注音義兩得之。**溝池不拑，**「拑」，古「掘」字。史記作「城郭不集，溝池不掘」。文子曰：「無伐樹木，無鉗墳墓。」鉗亦音掘。或曰：「拑」當作「抇」，篆文「抇」字與「拑」字相近，遂誤耳。○盧文弨曰：案甘聲之「拑」，不當爲古「掘」字。注前一説非，後一説「當作抇」是也。正論篇：「大古薄葬，故不抇亂，今厚葬飾棺，故抇也。」又列子説符篇「俄而抇其谷」，吕覽節喪篇「葬淺則狐狸抇之」，皆作「抇」字，知此「拑」字誤。**固塞不樹，機變不張，**固塞，謂使邊境險固，若今之邊城也。樹，立也。塞，先代反。機變，謂器械變動攻敵也。○先謙案：説文：「固，四塞也。」周禮掌固注：「固，國所依阻者也。」國曰固，野曰險。此篇「固塞」與「機變」對文，上與「隘阻」對文，彊國篇「固塞險，形埶便」，「固塞」與「形埶」對文，皆二字平列，與富國篇云「其塞固」者不同。楊注未了「機變」二字平列，注云「器械變動」，亦未安。**然而國晏然不畏外而明内者，無它故焉，**「内」當爲「固」。史記作「晏然不畏外而固」也。○王念孫曰：此當依史記作「不畏外而固」。今本「而」

下有「明」字者，涉下文「明道」而衍。**明道而分鈞之，**○盧文弨曰：史記、外傳俱作「均分之」。王念孫曰：均與鈞通。亦當依史記、外傳乙轉。**時使而誠愛之，下之和上也如影響，**和，胡卧反。**有不由令者然後誅之以刑。**○王念孫曰：「誅之以刑」，本作「俟之以刑」，此後人不解「俟」字之義而妄改之也。韓詩外傳、史記皆作「俟之以刑」，正義訓俟爲待。王制篇曰「以不善至者待之以刑」，足與此互相證明矣。宥坐篇亦曰：「躬行不從，然後俟之以刑。」（今本「躬行」作「邪民」，辯見宥坐。）**故刑一人而天下服，罪人不郵其上，知罪之在己也。是故刑罰省而威流，**郵，怨也。流，行也。言通流也。○先謙案：史記「郵」作「尤」，「威流」作「威行如流」。**無它故焉，由其道故也。古者帝堯之治天下也，蓋殺一人、刑二人而天下治。**殺一人，謂殛鯀于羽山。刑二人，謂流共工于幽州，放驩兜于崇山。○郝懿行曰：刑、殺皆未聞，楊注謬。鯀死於殛所，非堯殺之。「殛」，古書本作「極」，極，非殺也。上云「堯伐驩兜，舜伐有苗，禹伐共工」，此等皆不必强解。**傳曰：「威厲而不試，刑錯而不用。」此之謂也。**厲謂抗舉，使人畏之。○王念孫曰：諸書無訓厲爲抗舉者。余謂厲，猛也。（定十二年左傳注：「厲，猛也。」王制篇曰：「威嚴猛厲。」）錯，置也。置，設也。言威雖猛而不試，刑雖設而不用也。宥坐篇「威厲而不試，刑錯而不用」，義同。（楊彼注云「厲，抗也，但抗其威而不用也；錯，置也，如置物於地不動也」，亦非。錯訓「設置」之置，與史記周本紀「刑錯四十餘年」之「錯」不同。）

凡人之動也，爲賞慶爲之則見害傷焉止矣。故賞慶、刑罰、埶詐不足以盡人之力，致人之死。爲人主上者也，其所以接下之百姓者無禮義忠信，焉慮率用賞慶、刑罰、埶詐除阸其下，獲其功用而已矣。焉慮，無慮，猶言大凡也。除，謂驅逐；阸，謂迫蹙。若秦劫之以埶、隱之以阸、狃之以慶賞之類。「阸」或爲「險」也。○王念孫曰：此當作「其所以接下之人百姓者（人百姓，衆百姓也。今本無「人」字，乃後人不曉古義而妄删之，説見前「天下之人百姓」下。）無禮義忠信，（句。）焉慮率用賞慶、刑罰、埶詐除阸其下，獲其功用而已矣」。焉，語詞也。（説見釋詞。）慮，大凡也。（説見前「慮以王命全其德」下。）「除阸」二字，義不相屬。楊以除爲驅逐，非也。「除」當爲「險」，俗書之誤也。（俗書「險」字作「険」，形與「除」相似。）險與阸同義，馮衍顯志賦「悲時俗之險阸」是也。或作「險隘」，楚辭離騷「路幽昧以險隘」是也。楊注「阸或爲險」，當作「除或爲險」，今作「阸」者，因正文及注内三「阸」字而誤。除與險俗書相近，阸與險形聲皆相遠，以是明之。**大寇則至，使之持危城則必畔，遇敵處戰則必北，**北，敗走也。北者，乖背之名，故以敗走爲北也。○盧文弨曰：「大寇則至」，元刻「則」字在「至」字下，屬下句。王念孫曰：大寇則至，則者，若也，與下三「則」字異義。又禮論篇「今夫大鳥獸則失亡其羣匹」云云，則，亦若也。古或謂若爲則，説見釋詞「則」字下。**勞苦煩辱則必犇，**犇與奔同。**霍焉離耳，下反制其上。**霍焉，猶涣焉也。離散之後則上下易位，若秦、項然。○先謙案：焉，猶然也。上文云：「滑然有離德。」又云：「涣焉離耳。」「涣」「霍」「滑」三字一聲之轉。**故賞慶、刑罰、埶詐之爲道者，傭徒粥賣之道也，不足以合大衆、美國家，故古之人羞而不道也。故厚德音以先之，明禮義以道之，致忠信以愛之，尚賢使能以次之，爵服慶賞以申之，時其事、輕其任，**事，作業。任，力役。**以調齊之，長養之，如保赤子。政令以定，風俗以一，有離俗不順其上，則百姓莫不敦惡，莫不毒孽，若祓不祥，**敦，厚也。毒，害也。孽，謂祆孽。祓，除之也。○盧文弨曰：方言：「諄憎，所疾也。宋、魯凡相惡謂之諄憎。」此「敦」當與諄同。王念孫曰：楊説敦惡，禮論篇同，又云「或曰敦讀爲頓，頓，困躓也」，皆非也。説文：「憝，怨也。」廣雅：「憝，惡也。」康誥「罔不憝」傳曰：「人無不惡之者。」孟子萬章篇引書作「譈」。法言重黎篇「楚憞羣策而自屈其力」，李注：「憞，惡也。」譈、憞、敦竝與憝同。本篇「敦惡」與「毒孽」對文，禮論篇之「敦惡」與「喜樂」「哀痛」對文，則敦不得訓爲厚，亦不得讀爲「困頓」之「頓」也。盧引方言「諄憎，所疾也，（諄，郭音之潤反。）宋、魯凡相惡謂之諄憎」，諄與敦，亦聲之轉。**然後刑於是起矣。是大刑之所加也，辱孰大焉？將以爲利邪？則大刑加焉，身苟不狂惑戇陋，誰睹是而不改也哉！然後百姓曉然皆知修上之法，**○王念孫曰：「修」當爲「循」，字之誤也。（隸書「循」「修」二字，傳寫往往譌溷，説見管子形勢篇。）循，順也。謂順上之法也。（説文：「循，順行也。」鄭注尚書中候曰：「循，順。」）君道篇曰「百姓莫敢不順上之法，象上之志而勸上之事，而安樂之矣」，文略與此同，順與循古同聲而通用也。（大射儀「順左右隈」，今文「順」爲「循」。莊子天下篇「己之大順」，「順」或作「循」。書大傳「三正若循連環」，白虎通義引此「循」作「順」。）像上之志而安樂之。於是有能化善、修身、正行、積禮義、尊道德，於是像之中，更有能自修德者也。百姓莫不貴敬，莫不親譽，然後賞於是起矣。是高爵豐祿之所加也，榮孰大焉？將以爲害邪？則高爵豐祿以持養之，持此以養之也。○王念孫曰：「持養」二字平列，持亦養也，非「持此以養之」之謂。臣道篇云「偷合苟容，以持祿養交而已耳」，管子明法篇云「小臣持祿養交」，晏子春秋問篇云「仕者持祿，游者養交」，皆以「持祿」「養交」對文。荀子正論篇又以「持老」「養衰」對文。故呂氏春秋異用篇「仁人之得飴，以養疾持老也」，高注曰：「持，亦養也。」（今本「持」誤作「侍」。）又勸學篇云「除其害者以持養之」；榮辱篇云「以相羣居，以相持養」；墨子天志篇云「內有以食飢息勞，持養其萬民」；非命篇云「上以事天鬼，下以持養百姓」；（今本「持」誤作「侍」。）呂氏春秋長見篇云「申侯伯善持養吾意」：亦皆以「持」「養」對文。生民之屬，孰不願也？雕雕焉縣貴爵重賞於其前，雕雕，章明之貌。○盧文弨曰：雕雕，猶昭昭也。縣明刑大辱於其後，雖欲無化，能乎哉！故民歸之如流水，所存者神，所爲者化存，至也。言所至之處，畏之如神，凡所施爲，民皆從化也。而順，○盧文弨曰：此上有脫文。下云「爲之化而愿」、「爲之化而公」，知此句亦當是「爲之化而順」。其上脫六字或若干字，不可知矣。

王念孫曰：汪氏中云：「『而順』上疑脱九字。此句與下三句一類，句末當是『爲之化而順』。因上有化字，遂相承脱去耳。」（見丙申校本。）盧用汪説而小變其文。俞樾曰：此句與下二句本一律，多一「順」字則不詞矣。「而順」當作「順而」，順而，猶從而也。順而暴悍勇力之屬爲之化而愿，旁辟曲私之屬爲之化而公，矜糾收繚之屬爲之化而調，皆承上文「所存者神，所爲者化」而言。性惡篇曰「順是，故爭奪生而辭讓亡焉」，「順是，故殘賊生而忠信亡焉」，「順是，故淫亂生而禮義文理亡焉」，諸「順」字竝與此同，猶言「順是而暴悍勇力之屬皆爲之化焉」。因「順而」譌爲「而順」，文義遂不可通，或乃疑其有闕文矣。先謙案：「化而」二字衍。此文本作「所存者神，所爲者順」，文義甚明。後人因孟子「所存者神，所過者化」二語，妄於「者」下加「化」字，傳寫者緣下文三「化而」句例，復於「化」下加「而」字，本文遂不可通矣。**暴悍勇力之屬爲之化而愿，**順，從也。謂好從暴悍勇力之人皆化而愿慤也。**旁辟曲私之屬爲之化而公，**旁，偏頗也。辟，讀爲僻。○先謙案：旁辟，猶便辟。「旁」「便」雙聲字。**矜糾收繚之屬爲之化而調，**矜，謂夸汏。糾，謂好發擿人過者也。收，謂掠美者也。繚，謂繚繞，言委曲也。四者皆鄙陋之人，今被化則調和也。○郝懿行曰：收者，拘也。繚者，繞也。此謂矜嚴、糾察、拘牽、繳繞之屬皆化而調和也。注説收繚，非是。王念孫曰：案廣雅：「矜，急也。」一切經音義卷二十三引廣雅曰：「糾，急也。」齊語注曰：「糾，收也。」（糾、收竝從丩聲，而義亦相同。說文：「糾，繩三合也。」今人猶謂糾繩爲收繩。）楚辭九章注曰：「糾，戾也。」繚，謂繚戾也。鄉飲酒禮注曰：「繚，猶紾也。」孟子告子篇注曰：「紾，戾也。」矜糾收繚，皆急戾之意，故與調和相反。（暴悍勇力，與愿相反。旁辟曲私，與公相反。矜糾收繚，與調相反。）楊説皆失之。夫是之謂大化至一。大化者，皆化也。至一，極一也。詩曰：「王猶允塞，徐方既來。」此之謂也。○謝本從盧校作「王猷允塞，徐方其來」。盧文弨曰：詩，大雅常武之篇，當本有注，脱之耳。宋本作「王猶允塞，徐方既來」，與今詩同。今從元刻。君道篇亦作「猷」字。王念孫曰：案「謀猶」字，詩皆作「猶」。説文有「猶」無「猷」。作「猷」者，隸變耳。俗以「猶」爲「猶若」字，「猷」爲「謀猷」字，非也。君道篇作「猷」者，亦隸變耳。（宋錢本作「猶」。）「徐方既來」，吕、錢本竝如是，與今詩同。且君道篇正作「徐方既來」，不作「其來」也。元刻不可從。此處楊氏無注者，注已見於君道篇也。（今本君道篇注文全脱。）盧云「注脱」，亦非。先謙案：王説是。今改從宋本。

凡兼人者有三術：有以德兼人者，有以力兼人者，有以富兼人者。彼貴我名聲，美我德行，欲爲我民，故辟門除涂以迎吾入，辟與闢同，開也。除涂，治其道涂也。因其民，襲其處，而百姓皆安，因其民之愛悦，襲取其處。皆安，言不驚擾也。○先謙案：襲，亦因也。楊云「襲取其處」，非。立法施令莫不順比。比，親附也。施令則民親比之。是故得地而權彌重，兼人而兵俞强，是以德兼人者也。俞，讀爲愈，下同。非貴我名聲也，非美我德行也，彼畏我威，劫我埶，爲我埶所劫也。故民雖有離心，不敢有畔慮，若是，則戎甲俞衆，奉養必費，奉養戎甲，必煩費也。是故得地而權彌輕，兼人而兵俞弱，是以力兼人者也。非貴我名聲也，非美我德行也，用貧求富，用飢求飽，虛腹張口來歸我食，若是，則必發夫掌窌之粟以食之，地藏曰窌。掌窌，主倉稟之官。窌，匹孝反。○王引之曰：「掌」，當爲「稟」。「稟」，古「廩」字也。榮辱篇「有囷窌」，楊彼注云：「圜曰囷，方曰廩。」彼言「囷窌」，猶此言「稟窌」。稟、窌皆所以藏粟，故云「發稟窌之粟以食之」。若云「發掌窌之粟」，則義不可通。隸書「掌」，或作「掌」，與「稟」略相似，故諸書「稟」字或譌爲「掌」，説見管子輕重甲篇「一掌」下。委之財貨以富之，立良有司以接之，立温良之有司以慰接之，懼其畔去也。已朞三年，然後民可信也，已，過也。過一朞之後，至於三年，然後新歸之民可信，本非慕化故也。○王引之曰：朞者，周也。謂已周三年也。楊注非。俞樾曰：楊注迂曲。荀子書多用「綦」字作窮極之義，此「朞」字蓋亦「綦」字之誤。已綦三年，猶云「已極三年」也。宥坐篇「綦三年而百姓往矣」，可證此文之譌。正論篇「期臭味」，注曰「期，當爲綦」，得之矣。先謙案：俞説是。是故得地而權彌輕，兼人而國俞貧，是以富兼人者也。故曰：以德兼人者王，以力兼人者弱，以富兼人者貧。古今一也。

兼并易能也，唯堅凝之難焉。凝，定也。堅固定有地爲難。○盧文弨曰：舊本不提行，今案當分段。齊能并宋而不能凝也，故魏奪之；燕能并齊而不能凝也，故田單奪之；

韓之上地，方數百里，完全富足而趨趙，趙不能凝也，故秦奪之。上地，上黨之地。完全，言城邑也。富足，言府庫也。趨，歸也，七朱反。史記：秦攻上黨，韓不能救，其守馮亭以上黨降趙。趙使馬服子將兵距秦，秦使白起大破馬服於長平，坑四十餘萬而奪其地，殺戮蕩盡。○盧文弨曰：注「蕩」，疑作「殆」。故能并之而不能凝，則必奪；不能并之又不能凝其有，則必亡。能凝之，則必能并之矣。得之則凝，兼并無强。得其地則能定之，則無有强而不可兼并者也。古者湯以薄，武王以滈，薄與亳同，滈與鎬同。皆百里之地也，天下爲一，諸侯爲臣，無它故焉，能凝之也。故凝士以禮，凝民以政，禮修而士服，政平而民安。士服民安，夫是之謂大凝，以守則固，以征則强，令行禁止，王者之事畢矣。

荀子卷第十一

彊國篇第十六

刑范正，刑與形同。范，法也。刑范，鑄劒規模之器也。○郝懿行曰：刑與型同，范與笵同，皆鑄作器物之法也。楊注非。金錫美，工冶巧，火齊得，火齊得，謂生孰齊和得宜。考工記云：「金有六齊。」齊，才細反。剖刑而莫邪已。剖，開也。莫邪，古之良劒。然而不剥脱，不砥厲，則不可以斷繩；剥脱，謂刮去其生澀。砥厲，謂磨淬也。剥脱之，砥厲之，則劙盤盂，刎牛馬忽然耳。劙，割也，音戾。劙盤盂，刎牛馬，蓋古用試劒者也。戰國策趙奢謂田單曰：「吴干將之劍，肉試則斷牛馬，金試則截盤盂。」盤、盂，皆銅器。猶剸鍾無聲及斬牛馬者也。忽然，言易也。○盧文弨曰：「劙」，宋本作「蠫」，元刻作「蠡」，皆訛，今改正。彼國者，亦彊國之剖刑已。如彊國之初開刑也。然而不教誨，不調一，則入不可以守，出不可以戰；教誨之，調一之，則兵勁城固，敵國不敢嬰也。彼國者亦有砥厲，禮義節奏是也。節奏，有法度也。○先謙案：節奏，包法度在内，不能訓節奏爲有法度，説見富國篇。故人之命在天，國之命在禮。人君者隆禮尊賢而王，重法愛民而霸，好利多詐而危，權謀、傾覆、幽險而亡。幽深傾險，使下難知，則亡也。○盧文弨曰：正文及注「亡」字上，元刻竝有「盡」字，宋本無。

威有三：有道德之威者，有暴察之威者，有狂妄之威者。暴察，謂暴急嚴察也。此三威者，不可不孰察也。禮樂則修，分義則明，分，謂上下有分。義，謂各得其宜。舉錯則時，愛利則形，形，見也。愛利人之心見於外也。○郝懿行曰：「形」，韓詩外傳六作「刑」。刑者，法也。愛人利人皆有法，不爲私恩小惠。注云「形，見」，非是。如是，百姓貴之如帝，高之如天，帝，天神也。親之如父母，畏之如神明，故賞不用而民勸，罰不用而威行。夫是之謂道德之威。禮樂則不修，分義則不明，舉錯則不時，愛利則不形；然而其禁暴也察，其誅不服也審，其刑罰重而信，其誅殺猛而必，申、商之比。黭然而雷擊之，如牆厭之。黭然，卒至之貌。説文云：「黭，黑色。」猶闇然。黭，烏感反。厭，讀爲壓。○郝懿行曰：黭與奄同。奄然，猝乍之貌。而與如，古通用。奄然如雷擊之，如牆壓之，皆言暴察之威所劫。韓詩外傳六「黭」作「闇」，「而」作「如」。劉台拱曰：韓詩外傳作「如雷擊之」。此「而」字義亦作「如」。王念孫曰：古書多以「而」「如」互用，而其義則皆爲如。小雅都人士篇「彼都人士，垂帶而厲。彼君子女，卷髮如蠆」；大戴記衛將軍文子篇「滿而不滿，實如虛，見善如不及」；孟子離婁篇「文王視民如傷，望道而未之見」，皆其證。**如是，百姓劫則致畏，**見劫脅之時則畏也。○盧文弨曰：正文「致」字，據宋本補。韓詩外傳六亦同。**嬴則敖上，**稍嬴緩之則敖謾。嬴音盈。○盧文弨曰：俗本「上」字在下句首，今從宋本移正。外傳亦同。郝懿行曰：嬴，猶盈也。此言百姓被威劫脅則氣怯而致畏，放縱寬舒則氣盈而敖上。嬴與贏同。贏，有餘也。有餘卽弛緩，故注訓嬴爲緩。**執拘則最，得閒則散，**最，聚也。閒，隙也。公羊傳曰「會，猶最也」，何休曰：「最，聚也。」○郝懿行曰：「最」，依字書應作「冣」，音才句切，卽古「聚」之假借字也。俗作「最」，非。韓詩外傳六作「聚」，是矣。王引之曰：說文：「冣，積也。」徐鍇云：「古以聚物之聚爲冣。」「冣」與「最」字相似，世人多見「最」，少見「冣」，故書傳中「冣」字皆譌作「最」。韓詩外傳作「執拘則聚」，卽「冣」字也。隱元年公羊傳及何注皆本作「冣」，今譌作「最」。（楊所見本已然。）辯見經義述聞。**敵中則奪，**敵人得中道則奪其國。一曰：中，擊也，丁仲反。○俞樾曰：此以民情言，不以敵國言，楊注非是。敵，當讀爲適，古字通用。論語里仁篇「無適也」，釋文曰「鄭本作敵」；禮記玉藻篇「敵者不在」，釋文曰「敵本作適」：竝其證也。上文言「劫則致畏，嬴則敖上，執拘則最，得閒則散」，竝就其一偏者而言之。此云「敵中」，謂適乎其中也。既不用道德之威而用暴察之威，適乎其中，則反失其所以爲暴察矣，故曰「適中則奪」。下文曰「非劫之以形埶，非振之以誅殺，則無以有其下」，正承此文而言，足見楊注之非。**非劫之以形埶，非振之以誅殺，則無以有其下。**振，動。**夫是之謂暴察之威。無愛人之心，無利人之事，而日爲亂人之道，百姓讙敖**

則從而執縛之，刑灼之，不和人心。讙，喧譁也。敖，喧噪也。亦讀爲嗷，謂叫呼之聲嗷嗷然也，五刀反。如是，下比周賁潰以離上矣，賁讀爲憤，憤然也。民逃其上曰潰。○郝懿行曰：「賁」與「奔」，古字通。賁潰，謂奔走潰散而去也。「賁」，韓詩外傳六作「憤」，此作「賁」，二義俱通，似不必依彼讀憤也。傾覆滅亡可立而待也。夫是之謂狂妄之威。此三威者，不可不孰察也。道德之威成乎安彊，暴察之威成乎危弱，狂妄之威成乎滅亡也。

公孫子曰：「子發將西伐蔡，克蔡，獲蔡侯，公孫子，齊相也，未知其名。後語：孟嘗君客有公孫成，豈後爲齊相乎？或曰：公孫名忌。子發，楚令尹，未知其姓。戰國策莊辛諫楚襄王曰：「蔡聖侯南遊乎高陂，北陵乎巫山，左枕幼妾，右擁嬖女，馳騁乎高、蔡之閒而不以國家爲事，不知夫子發方受命于宣王，繫以朱絲而見之。」史記蔡侯齊爲楚惠王所滅，莊辛云「宣王」，與史記不同。○盧文弨曰：案楚策「左枕」作「左抱」。蔡無聖侯，吴師道謂當作「靈侯」。或者古通稱歟？鮑彪云：「昭十一年，楚子誘蔡侯般，殺之於申。經傳不書子發，蓋使子發召之。楚子，靈王。若宣王，蔡滅八十年矣。淮南道應訓『子發伐蔡，踰之，宣王郊迎』，人閒訓又言『獲罪威王』者，皆失考也。」今案：鮑、吴之説，以爲楚靈王。然誘之與伐，其事不同，闕疑可也。王念孫曰：蔡在楚北，非在楚西，不得言「西伐蔡」。將，子匠反。「西」，當爲「而」。言子發將兵而伐蔡也。歸致命曰：『蔡侯奉其社稷而歸之楚，歸致命于君，言蔡侯自奉其社稷歸楚，非己之功也。舍屬二三子而治其地。』舍，子發名。屬，請也，之欲反。二三子，楚之諸臣也。理其地，謂安輯其民也。子發不欲獨擅其功，故請諸臣理其地也。○王念孫曰：古無訓屬爲請者。屬，會也。（見孟子梁惠王篇注，左傳哀十三年注，齊語、晉語、楚語注。）言會諸臣以治之。先謙案：正文，宋台州本、謝本作「治」，浙局本依注改「理」，非。注自避唐諱。既，楚發其賞，既，謂論功之後。發，行也。子發辭曰：『發誡布令而敵退，是主威也；徙舉相攻而敵退，是將威也；合戰用力而敵退，是衆威也。誡，教也。凡發誡布令而敵退，則是畏其主；徙舉相攻而敵退，則是畏其將；合戰用力而敵退，則是畏其衆也。臣舍不宜以衆威受賞。』」是時合戰用力而滅蔡，故曰「衆威」。此已上，公孫子美子發之辭也；已下，荀卿之辭也。譏之曰：「子發之致命也恭，其辭賞也固。固，陋也。其致命難，其辭賞則固陋，非坦明之道也。夫尚賢使能，賞有功，罰有罪，非獨一人爲之也，自古皆然。彼先王之道也，一人之本也，善善惡惡之應也，彼，彼賞罰也。言彼賞罰者，乃先王之道，齊一人之本，善善惡惡之報應也。治必由之，古今一也。爲治必用賞罰。古者明王之舉大事，立大功也，大事已博，大功已立，則君享其成，羣臣享其功，享，獻也。謂受其獻也。士大夫益爵，官人益秩，庶人益禄。爵，謂若秦庶長、不更之屬。官人，羣吏也。庶人，士卒也。秩、禄，皆謂廩食也。是以爲善者勸，爲不善者沮，上下一心，三軍同力，是以百事成而功名大也。今子發獨不然，反先王之道，亂楚國之法，墮興功之臣，恥受賞之屬，人皆受賞，子發獨辭，是使興功之臣墮廢其志，受賞之屬慚恥於心。無僇乎族黨而抑卑其後世，夫先祖有寵錫，則子孫揚其功；族黨遭刑戮，則後世蒙其恥。今子發自謂無功，則子孫無以稱揚，雖無刑戮之恥，而後世亦抑損卑下，無以光榮也。○盧文弨曰：正文「卑其」，宋本作「卑乎」。案獨以爲私廉，豈不過甚矣哉！故曰：子發之致命也恭，其辭賞也固。」

荀卿子説齊相曰：○盧文弨曰：此七字，元刻無，從宋本補。顧千里曰：宋錢佃本卷末云：「監本有七字。」宋呂夏卿本有。疑楊注所見與監本不同，或不止少七字，亦王伯厚所説「監本未必是」之類也。「處勝人之埶，行勝人之道，天下莫忿，湯、武是也；處勝人之埶，不以勝人之道，以，用。厚於有天下之埶，索爲匹夫不可得也，桀、紂是也。然則得勝人之埶者，其不如勝人之道遠矣。夫主相者，勝人以埶也，是爲是，非爲非，能爲能，不能爲不能，併己之私欲，必以道夫公道通義之可以相兼容者，是勝人之道也。併，讀曰屏，棄也。屏棄私欲，遵達公義也。今相國上則得專主，下則得專國，相國之於勝人之埶，亶有之矣。亶，讀爲擅，本亦或作「擅」。或曰：亶，誠也。○王念孫曰：或説是也。本或作「擅」者，借字耳。然則胡不敺此勝人之埶赴勝人之道，敺，謂駕馭之也。或作「謳歌此勝人之埶」，誤也。求仁厚明通之君子而託王焉，求賢而託之以王，使輔佐也。與之參國政，正是非？如是，則國孰敢不爲義矣？國内皆化之也。君臣上下，貴賤長少，至於庶人，莫不爲義，則天下孰不欲合義矣？天下皆來歸義也。賢士願相國之朝，能士願相國之官，好利之民莫不願以齊爲歸，是一天下也。相國舍是而不爲，案直爲是世俗之所以爲，不爲勝人之道，但爲勝人之埶。○先謙案：「以」字疑衍。則女主亂之宫，詐臣亂之朝，貪吏亂之官，衆庶百姓皆以貪利争奪爲俗，曷若是而可以持國乎？今巨楚縣吾前，楚在齊南，故曰前。縣，聯繫之也。大燕鰌吾後，燕在齊北，故曰後。鰌，蹴也，藉也。如蹴踏於後。莊子風謂蛇曰：「鰌我必勝我。」本亦作「蹲吾後」也。勁魏鉤吾右，西壤之不絶若繩，魏在齊西，故曰右。鉤，謂如鉤取物也。西壤，齊西界之地。若繩，言細也。楚人則乃有襄賁、開陽以臨吾左。襄賁、開陽，楚二邑，在齊之東者也。漢書地理志二縣皆屬東海郡。賁音肥。○俞樾曰：「乃」，疑「又」字之誤。上已云「巨楚縣吾前」，故此云「楚人則又有襄賁、開陽以臨吾左」。是一國作謀則三國必起而乘我。一國謀齊，則三國乘其敝。○俞樾曰：「三國」乃「二國」之誤。上文止有楚、燕、魏三國，若依此文，則是四國矣，故知其誤也。先謙案：言一國作謀，則三國共起乘我，「三」非「二」之誤。如是，則齊必斷而爲四，三國分齊，則斷爲四。謂楚取其二，魏、燕各取其一也。三國若假城然耳，言齊如三國之寄城耳，不久當歸之也。○俞樾曰：楚雖當齊之二面，要是一國，不當分爲二，楊注非也。「四」字疑衍文，當云「齊必斷而爲三」。其下句則云「國若假城耳」，言齊之國若假人之城，不久當歸之也。古「四」字作「亖」，與「三」字混。疑「三」譌爲「亖」，後人校正作「三」，傳寫者遂竝存「四三」兩字。楊氏不能是正，以「四」字屬上讀，「三」字屬下讀，而兩句俱不可通矣。先謙案：議兵篇云「兵殆於垂沙，唐蔑死，莊蹻起，楚分而爲三四」，史記禮書引作「四參」，參、三同也。（勸學篇云「君子博學而日參省乎己」，羣書治要作「三省」，是「參」「三」同字之證。）據此，荀子本書必有作「四三」者。「三四」「四三」，總謂國之分裂，不爲定數。此文亦言「齊必斷而爲四三」，與議兵篇「楚分而爲四三」同意，「國若假城然耳」自爲一句。楊注失其讀，俞氏又欲減字以成其義，皆非也。**必爲天下大笑。曷若？**天下必笑其無謀滅亡，問以爲何如也。○王念孫曰：「曷若」二字，與上下文義不相屬，此涉上文「曷若是」而衍。「兩者」二字，指上文「勝人之道」與「勝人之埶」而言，則不當有「曷若」二字明矣。楊云「問以爲何如也」，此望文生義而曲爲之說。**兩者孰足爲也？**兩者，勝人之道與勝人之埶。一則天下歸，一則天下笑，問何者可爲也。**夫桀、紂，聖王之後子孫也，有天下者之世也，**世，謂繼也。**埶籍之所存，天下之宗室也，**埶，謂國籍之所在也。○王念孫曰：案楊注本作「埶位、圖籍之所在也」，（禮運「在埶者去」，鄭注：「埶，埶位也。」是埶與位同義。儒效篇「履天子之籍」，楊彼注曰「籍，謂天下之圖籍也」，故此注亦曰「埶位、圖籍之所在」。今本「位」作「謂」，「圖」作「國」，則義不可通。又案：楊以籍爲圖籍，非也。籍，亦位也。儒效篇曰「周公履天子之籍」，又曰「反籍於成王」，是籍與位同義，非謂圖籍也。正論篇曰「聖王之子也，有天下之後也，埶籍之所在也，天下之宗室也」，文義竝與此同。盧云「埶籍，謂埶力憑籍也」，亦非。（見正論篇。）先謙案：王室爲天下所宗，故云「宗室」。土地之大，封内千里，人之衆數以億萬，其數億萬。俄而天下倜然舉去桀、紂而犇湯、武，倜然，高舉之貌。舉，皆也。犇與奔同。反然舉惡桀、紂而貴湯、武，反音翻。翻然，改變貌。惡，烏路反。是何也？夫桀、紂何失而湯、武何得也？假設問答。曰：是無它故焉，桀、紂者，善爲人所惡也；而湯、武者，善爲人所好也。人之所惡何也？曰：汙漫、爭奪、貪利是也。汙漫，謂穢汙不修潔也。或曰：漫，謂欺誑也。汙，烏路反。漫，莫但反。人之所好者何也？曰：禮義、辭讓、忠信是也。今君人者，辟稱比方則欲自並乎湯、武，辟，讀爲譬。稱，尺證反。若其所以統之，則無以異於桀、紂，而求有湯、武之功名可乎？統，制治也。故凡得勝者必與人也，凡得人者必與道也。道也者何也？曰：禮讓忠信是也。故自四五萬而往者彊勝，非衆之力也，隆在信矣；而往，猶已上也。言有兵四五萬已上者，若能崇信，則足以自致彊勝，不必更待與國之衆也。若不崇信，雖有與國之衆，猶無益，故曰「非衆之力也」。自數百里而往者安固，非大之力也，隆在修政矣。有數百里之地，修政則安固，不必更在廣也。荀卿嘗言湯、武以百里之地王天下，今言此者，若言常人之理，非論聖人也。○王念孫曰：政，非「政事」之政，「修政」即「修正」也。（古書通以「政」爲「正」。）言必自修自正，然後國家可得而安也。富國篇曰「必先修正其在我者」，王霸篇曰「内不修正其所以有」，皆其證。信，卽上所謂「忠信」，對下「陶誕比周」而言；修正，卽上所謂「禮義」，對下「汙漫突盜」而言。荀子書多言「修正」，作「政」者，借字耳，非修政事之謂也。楊説「修政」二字未了。先謙案：王説是。儒效篇「平正和民之善」，「平正」卽「平政」，王霸篇「立隆政本朝而當」，「隆政」卽「隆正」，與此一例。今已有數萬之衆者也，陶誕、比周以爭與；「陶」當爲「檮杌」之「檮」。或曰：當爲「逃」，謂逃匿其情。與，謂黨與之國也。○先謙案：陶誕，義具榮辱篇。已有數百里之國者也，汙漫、突盜以爭地。突，謂相淩犯也。然則是棄己之所安彊，而爭己之所以危弱也，損己之所不足，以重己之所有餘，損，減也。重，多也。不足，謂信與政。有餘，謂衆與地也。若是其悖繆也，而求有湯、武之功名可乎？辟之是猶伏而咶天，救經而引其足也，咶與舐同。經，縊也。救縊而引其足，縊愈急也。○先謙案：二語與仲尼篇同。説必不行矣，愈務而愈遠。爲人臣者不恤己行之不行，上行下孟反，下行如字。苟得利而已矣，是渠衝入穴而求利也，渠，大也。渠衝，攻城之大車也。詩曰：「臨衝閑閑。」韓子曰：「奏百。貍首射侯，不當彊弩趨發；平城距衝，不若堙内伏橐。」或作「距衝」，蓋言可以距石矣。○盧文弨曰：案所引韓子，見八説篇，云：「登降周旋，不逮日中奏百；貍首射侯，不當强弩趨發；平城距衝，不若堙穴伏橐。」所云「日中奏百」，卽荀卿議兵篇所謂「魏之武卒，日中而趨百里」是也。「奏百」自屬上文，不當連引。内、穴，古多通用，橐、槖互異，疑此「槖」字是與韻協，若不用韻，則疑是「橐」字，與鞴同，吹火韋囊也。管子揆度篇有此字。是仁人之所羞而不爲也。屈大就小，務於苟得，故羞而不爲也。故人莫貴乎生，莫樂乎安，所以養生安樂者莫大乎禮義。○王念孫曰：案「安樂」當爲「樂安」。「養生樂安」與「貴生樂安」竝承上「莫貴乎生，莫樂乎安」而言。今本「樂安」二字倒轉，則與上下文不合。人知貴生樂安而弃禮義，辟之是猶欲壽而歾頸也，「歾」，當爲「刎」。○王念孫曰：案說文「歾」或作「殁」。呂氏春秋高義篇「石渚殁頭乎王庭」，「殁頭」卽「刎頭」也。歾、刎皆從勿聲，故歾又讀爲刎。史記循吏傳「石奢（卽石渚。）自歾而死」，索隱：「歾，音亡粉反。」（宋毛晃增修禮部韻略及班馬字類皆如是。今本則改「歾」爲「刎」，而删去其音矣。）是「歾」字兼有殁、刎二讀，無煩改「歾」爲「刎」也。愚莫大焉。故君人者愛民而安，好士而榮，兩者無一焉而亡。詩曰：『价人維藩，大師維垣。』此之謂也。」詩，大雅版之篇，義已解上。○盧文弨曰：案今詩作「板」，爾雅釋訓作「版」，二字古通用也。章懷注後漢書董卓傳論、李善注劉孝標辨命論，引詩皆作「上帝版版」。先謙案：虞、王本作「介人」。

力術止，義術行。曷謂也？曰：秦之謂也。力術，彊兵之術。義術，仁義之術。止，謂不能進取霸王也。言用力術則止，用義術則行，發此論以謂秦也。新序：「李斯問孫卿曰：『當今之時，爲秦柰何？』孫卿曰：『力術止，義術行，秦之謂也。』」○盧文弨曰：此所引新序，今本脱。郝懿行曰：彊力之術，雖進終止；杖義之術，無往不行。依注引新序，此答李斯之問，爲秦發也。威彊乎湯、武，廣大乎舜、禹，然而憂患不可勝校也，校，計。諰諰然諰，思里反。常恐天下之一合而軋己也，此所謂力術止也。曷謂乎威彊乎湯、武？〇先謙案：以下文例之，此處當有「曰」字，而今脱之。湯、武也者，乃能使説己者用耳。説音悦。〇俞樾曰：下「使」字當訓從。爾雅釋詁：「使，從也。」今楚父死焉，國舉焉，負三王之廟而辟於陳、蔡之閒，此楚頃襄王之時也。父謂懷王，爲秦所虜而死也。至二十一年，秦將白起遂拔我鄢、郢，燒先王墓於夷陵。襄王兵散，遂不復戰，東北保陳城廟主也。辟，如字，謂自屏遠也。或曰：讀爲避。視可、司閒，案欲剡其脛而以蹈秦之腹，視可，謂觀其可伐也。剡，亦斬也。〇盧文弨曰：元刻「伐也」下有「司音伺。閒，隙也」六字，宋本無。王念孫曰：斬脛以蹈秦之腹，義不可通。玉藻：「弁行，剡剡起屨。」（正義：「弁，急也。」）是剡剡爲起屨之貌。然則剡其脛以蹈秦之腹，亦謂起其脛以蹈秦之腹也。漢書賈誼傳「剡手以衝仇人之匈」，義與此同。（顔注「剡，利也」，亦非。）然而秦使左案左，使右案右，是乃使讎人役也，秦能使讎人爲之徒役。謂楚襄王七年迎婦於秦城，十五年與秦伐燕，二十七年復與秦平而入太子質之類也。〇先謙案：言秦之役楚，使左則左，使右則右。此文二「案」字以代「則」字。此所謂威彊乎湯、武也。曷謂廣大乎舜、禹也？曰：古者百王之一天下、臣諸侯也，未有過封内千里者也。封畿之内。今秦南乃有沙羡與俱，是乃江南也，漢書地理志沙羡縣屬江夏郡。此地俱屬秦，是有江南也。○盧文弨曰：羡音夷。先謙案：沙羡城在今武昌府江夏縣西南。**北與胡、貉爲鄰，西有巴、戎，**巴在西南，戎在西，皆隸屬秦。**東在楚者乃界於齊，**謂東侵土地，所得者乃與齊爲界也。**在韓者踰常山乃有臨慮，**漢書地理志臨慮，縣名，屬河内，今屬相州也。○盧文弨曰：慮音廬。先謙案：地理志作「隆慮」，避後漢殤帝諱改林慮，故城卽今彰德府林縣治。林慮以山氏縣，卽臨慮矣。**在魏者乃據圉津，卽去大梁百有二十里耳，**「圉」，當爲「圍」。漢書「曹參下修武，度圍津」，顔師古曰：「在東郡。」豈古名圍津，轉寫爲「圉」？或作「韋津」，今有韋城，豈是邪？史記无忌〔一〕謂魏安釐王曰：「秦固有懷、茅、邢丘，城垝津以臨河内，河内共、汲必危。」垝、圍聲相近，疑同垝，居委反。**其在趙者剡然有苓而據松柏之塞，**剡然，侵削之貌。苓，地名，未詳所在。或曰：苓與靈同。漢書地理志常山郡有靈壽縣，今屬真定。或曰：「苓」當爲「卷」。案卷縣屬河南，非趙地也。松柏之塞，蓋趙樹松柏，與秦爲界，今秦據有之。**負西海而固常山，**負，背也。常山，本趙山，秦今有之。言秦背西海，東向以常山爲固也。**是地偏天下也。威動海内，彊殆中國，**秦之彊能危殆中國。「殆」，或爲「治」。○先謙案：「治」是「殆」之誤字，說見議兵篇。**然而憂患不可勝校也，諰諰然常恐天下之一合而軋己也，**○盧文弨曰：宋本無「然」

〔一〕「无」，原本作「朱」，據史記魏世家改。

字，元刻有，與前同。**此所謂廣大乎舜、禹也。**○盧文弨曰：此句或疑當在「彊殆中國」句下。王念孫曰：案此汪氏中説也。汪直移此句於上文「彊殆中國」下，是也。俞樾曰：案上文「威彊乎湯、武，廣大乎舜、禹」相對爲文，是於湯、武言「威彊」，舜、禹言「廣大」。若「威動海内，彊殆中國」下接「此所謂廣大乎舜、禹也」，則文義錯雜矣。汪説非也。「此所謂」句當移在「是地偏天下也」句下。試以上文例之：上文曰「是乃使讎人役也，此所謂威彊乎湯、武也」，此文曰「是地偏天下也，此所謂廣大乎舜、禹也」，文法正相準。「威動海内，彊殆中國」二句，又承「威彊乎湯、武」句以起下文。言「威彊」不言「廣大」者，舉一以包其一耳。**然則柰何？曰：節威反文，**節減威彊，復用文理。**案用夫端誠信全之君子治天下焉，**全，謂德全。**因與之參國政，正是非，治曲直，聽咸陽，**使聽咸陽之政。**順者錯之，不順者而後誅之，**錯，置也。謂捨而不伐。**若是，則兵不復出於塞外而令行於天下矣；若是，則雖爲之築明堂於塞外而朝諸侯，殆可矣。**明堂，天子布政之宮。「於塞外」三字衍也。以前有「兵不復出於塞外」，故誤重寫此三字耳。殆，庶幾也。秦若使賢人爲政，雖築明堂，朝諸侯，庶幾可矣。或曰：塞外，境外也。明堂，壇也。謂巡狩至方岳之下，會諸侯，爲宮方三百步，四門，壇十有二尋，深四尺，加方明於其上。左氏傳「爲王宮於踐土」，亦其類也。或曰：築明堂於塞外，謂使他國爲秦築帝宮也。戰國策韓王謂張儀曰「請比秦郡縣，築帝宮，祠春秋，稱東蕃」是也。○王念孫曰：楊前説是也，後説皆非。**假**

今之世，益地不如益信之務也。

應侯問孫卿子曰：「入秦何見？」應侯，秦相范睢，封於應也。杜元凱云「應國在襄陽城父縣西南」也。○盧文弨曰：案杜注無「南」字。孫卿子曰：「其固塞險，形埶便，山林川谷美，謂多良材及溉灌之利也。天材之利多，所出物産多也。是形勝也。形，地形，便而物産多，所以爲勝。故曰如高屋之上而建瓴水也。入境，觀其風俗，其百姓樸，其聲樂不流汙，流，邪淫也。汙，濁也。不流汙，言清雅也。其服不挑，挑，偷也。不爲奇異之服。詩序曰「長民者衣服不貳，從容有常，以齊其民，則民德歸壹」也。○盧文弨曰：案周語「郤至佻天」，說文引作「挑天」，是挑與佻同。甚畏有司而順，古之民也。及都邑官府，及，至也。至縣邑之解署。其百吏肅然莫不恭儉、敦敬、忠信而不楛，古之吏也。楛音苦，濫惡也。或曰：讀爲「王事靡盬」之「盬」。盬，不堅固也。入其國，觀其士大夫，出於其門，入於公門，出於公門，歸於其家，無有私事也，不比周，不朋黨，倜然莫不明通而公也，古之士大夫也。倜然，高遠貌。觀其朝廷，其閒聽決百事不留，恬然如無治者，古之朝也。其閒，朝退也，古莧反。恬然，安閑貌。如無治者，如都無聽治處也。故四世有勝，非幸也，數也。是所見也。故曰：佚而治，約而詳，不煩而功，治之至也。秦類之矣。雖佚而治，雖約而詳，雖不煩而有功，古之至治有如此者，今秦似之。雖然，則有其諰矣。諰，懼。○盧文弨曰：正文元刻作「則甚有其諰也」。兼是數具者而盡有之，然而縣之以王者之功名，則倜倜然其不及遠矣。縣音懸，謂聯繫。○先謙案：楊訓縣爲聯繫，非也。縣，猶衡也。謂衡之以王者之功名則不及也。荀書或言「縣衡」，或單言「縣」，單言「衡」，其義竝同。王霸篇云「禮之所以正國也，譬猶衡之於輕重也」，君道篇云「輕不得以縣重」，是縣猶衡也。君道篇又云「衡石稱縣者，所以爲平也」；禮論篇云「衡誠縣矣，則不可欺以輕重」；正名篇云「衡不正則重縣於仰而人以爲輕，輕縣於俛而人以爲重」；解蔽篇云「聖人兼陳萬物而中縣衡焉，是以衆異不得相蔽」：皆「縣」「衡」連言。王制篇云「名聲未足以縣天下也」；王霸篇云「以是縣天下，一四海」；正論篇云「聖人備道全美，是縣天下之權稱也」；又云「聖王没，有埶籍者罷，不足以縣天下」。所謂「縣天下」者，王者在上，能爲天下持平如縣衡然。荀書明言「縣天下之權稱」，是縣天下卽謂縣衡天下。楊訓縣爲繫，亦非也。漢書鄒陽傳「臣聞秦倚曲臺之宮，縣衡天下」，正用荀書「縣天下」義。是何也？則其殆無儒邪！故曰：粹而王，粹，謂全用儒道。駮而霸，無一焉而亡。此亦秦之所短也。」

積微，月不勝日，時不勝月，歲不勝時。積微細之事，月不如日。言常須日日留心於庶事，不可怠忽也。凡人好敖慢小事，大事至然後興之務之，如是則常不勝夫敦比於小事者矣。敦比，精審躬親之謂。○郝懿行曰：敦，讀如堆。敦比者，敦迫比近，叢集於前也。注似末了。先謙案：敦比，治也，義具榮辱篇。**是何也？則小事之至也數，其縣日也博，其爲積也大；**數音朔。博，謂所縣繫時日多也。大，謂積小以成大，若蟻蛭然也。**大事之至也希，其縣日也淺，其爲積也小。**時日既淺，則所積亦少也。**故善日者王，善時者霸，補漏者危，大荒者亡。**善謂愛惜，不怠棄也。補漏，謂不能積功累業，至於敝漏然後補之。大荒，謂都荒廢不治也。**故王者敬日，**敬，謂不敢慢也。故曰「吉人爲善，惟日不足」。**霸者敬時，**動作皆不失時。或曰：時變則懼治之不立也。**僅存之國危而後慼之，**慼，憂。**亡國至亡而後知亡，至死而後知死，亡國之禍敗不可勝悔也。**所悔之事不可勝舉，言多甚也。**霸者之善著焉，可以時託也，**霸者其善明著，以其所託不失時也。○俞樾曰：「託」乃「記」字之譌。言霸者之善所以明著者，以其可以時記也。下文云「王者之功名不可勝日志也」，正王者敬日、霸者敬時之意。記、志義同，「記」譌作「託」，則「時託」與「日志」不倫矣。**王者之功名不可勝日志也。**日記識其政事，故能功名不可勝數。○王念孫曰：玩楊注，則正文「不可勝」下當有「數」字。俞樾曰：「日志也」上亦當有「可以」二字，與「可以時記也」一例。**財物貨寶以大爲重，政教功名反是，能積微者速成。詩曰：「德輶如毛，民鮮克舉之。」此之謂也。**詩，大雅烝民之篇。輶，輕也。引之以明積微至著之功。

凡姦人之所以起者，以上之不貴義、不敬義也。上行下效。**夫義者，所以限禁人**

之爲惡與姦者也。今上不貴義，不敬義，如是，則下之人百姓皆有棄義之志，而有趨姦之心矣，此姦人之所以起也。且上者，下之師也，夫下之和上，譬之猶響之應聲、影之像形也。故爲人上者不可不順也。不可不順義。或曰：當爲「愼」。夫義者，內節於人而外節於萬物者也，節，卽謂限禁也。○俞樾曰：節，猶適也。呂氏春秋重己篇「故聖人必先適欲」，高注曰：「適，猶節也。」然則節亦猶適矣。管子禁藏篇「故聖人之制事也，能節宮室、適車輿以實藏」，是節與適同義。下文曰「上安於主而下調於民者也」，訓節爲適，則與「調」「安」相近。楊注非是。上安於主而下調於民者也。得其節則上安而下調也。內外上下節者，義之情也。義之情皆在得其節。然則凡爲天下之要，義爲本而信次之。古者禹、湯本義務信而天下治，桀、紂棄義倍信而天下亂，故爲人上者必將愼禮義、務忠信然後可。此君人者之大本也。「愼」，或爲「順」。

堂上不糞，則郊草不瞻曠芸；曠，空也。空，謂無草也。芸，謂有草可芸鋤也。堂上猶未糞除，則不暇瞻視郊野之草有無也。言近者未理，不暇及遠。魯連子謂田巴曰：「堂上不糞者郊草不芸也」。○郝懿行曰：「糞」者，「坌」之假借，隸變作「拚」。少儀曰：「埽席前曰拚。」經典俱通作「糞」。王念孫曰：此言事當先其所急，後其所緩，故堂上不糞除，則不暇芸野草也。「芸」上不當有「瞻曠」二字，不知何處脫文闌入此句中也。據楊注引魯連子「堂上不糞者郊草不芸也」，無「瞻曠」二字，卽其證。楊注又曰「堂上猶未糞除，則不暇瞻視郊野之草有無也」，此則不得其解而曲爲之說。**白刃扞乎胸，則目不見流矢；**扞，蔽也。扞蔽於胸，謂見斬刺也。懼白刃之甚，不暇憂流矢也。○王念孫曰：案扞蔽非斬刺之義，楊說非也。扞之言干也。干，犯也。謂白刃犯胸，則不暇顧流矢也。史記游俠傳「扞當世之文罔」，謂犯法也。漢書董仲舒傳「抵冒殊扞」，文穎曰：「扞，突也。」突，亦犯也。**拔戟加乎首，則十指不辭斷。**言不惜十指而救首也。「拔」，或作「校」，或作「枝」。○郝懿行曰：拔，讀如少儀「毋拔來」之拔，鄭注：「拔，疾也。」釋文：「拔，王本作校。」然則此注「拔或作校」亦可；注又云「或作枝」，則非。古無枝戟之名。**非不以此爲務也，疾養緩急之有相先者也。**疾，痛也。養與癢同。言非不以郊草、流矢、十指爲務，痛癢緩急有所先救者也。言此者，明人君當先務禮義，然後及它事也。

天論篇第十七

天行有常，天自有常行之道也。○俞樾曰：爾雅釋宮：「行，道也。」天行有常，卽天道有常，楊注「天自有常行之道」，則「道」字反爲增出矣。**不爲堯存，不爲桀亡。應之以治則吉，應之以亂則凶。**吉凶由人，非天愛堯而惡桀也。**彊本而節用，則天不能貧；**本，謂農桑。**養備而動時，則天不能病；**養備，謂使人衣食足。動時，謂勸人勤力，不失時，亦不使勞苦也。

養生既備，動作以時，則疾疹不作也。**修道而不貳，則天不能禍。**貳，卽倍也。○王念孫曰：案「修」當爲「循」，字之誤也。（隸書「循」「修」相似，説見管子形勢篇。）循，順也。「貳」當爲「貣」，亦字之誤也。（凡經傳中「貣」字多誤作「貳」，説見管子勢篇。）貣與忒同。（管子正篇「如四時之不貣」，史記宋世家「二衍貣」，竝以「貣」爲「忒」。字本作「⿱代心」，又作「貸」，説見管子勢篇。又作「慝」、作「匿」，説見後「匿則大惑」下。）忒，差也。言所行皆順乎道而不差，則天不能禍也。下文曰「倍道而妄行，則天不能使之吉」，正與此相反。今本「循」作「修」，「貣」作「貳」，則非其旨矣。楊不知「貳」爲「貣」之誤，又見下文言「倍道妄行」，遂釋之曰「貳卽倍也」，此望下文生義，而非本句之旨。羣書治要作「循道而不忒」，足正楊本之誤。又禮論篇「萬物變而不亂，貳之則喪也」，「貳」亦當爲「貣」。貣，差也。言禮能治萬變而不亂，若於禮有所差忒，則必失之也。大戴記禮三本篇作「貸之則喪」，是其證。（貸見上注。）楊云「貳謂不一」，亦失之。又解蔽篇「心枝則無知，傾則不精，貳則疑惑」，「貳」亦當爲「貣」，言差忒則生疑惑也。貣則疑惑，猶天論篇言「匿則大惑」也。（匿與慝、忒通，説見「匿則大惑」下。）彼以「中」「從」爲韻，「畸」「爲」爲韻，「匿」「惑」爲韻，此以「枝」「知」爲韻，「傾」「精」爲韻，「貣」「惑」爲韻。忒、貣、慝、匿竝通，故「貣」「匿」竝與「惑」爲韻，「貳」則非韻矣。（貣從弋聲，於古音屬之部；貳從弍聲，於古音屬脂部。）**故水旱不能使之飢渴，寒暑不能使之疾，祆怪不能使之凶。**畜積有素，故水旱不能使之飢渴。既無飢寒之患，則疫癘所不能加之也。○劉台拱曰：「渴」字衍，「飢」當作「饑」。此承上文而言：彊本節用，故水旱不能使之饑；養備動時，故寒暑不能使之疾，修道不貳，故祆怪不能使之凶。王念孫曰：案羣書治要無「渴」字。下文「水旱未至而飢」，亦無「渴」字。注內「渴」字，亦後人據已衍之正文加之。本荒而用侈，則天不能使之富；養略而動罕，則天不能使之全；略，減少也。罕，希也。養略，謂使人衣食不足也。動希，言怠惰也。衣食減少而又怠惰，則天不能全也。○俞樾曰：上云「養備而動時，則天不能病」，「備」與「略」義正相對，「時」與「罕」則不倫矣。「罕」，疑「屰」字之誤，「屰」，即今「逆」字。説文干部：「屰，不順也。」辵部：「逆，迎也。」是「逆」爲「送逆」字，其「順逆」字本作「屰」也。「養略而動屰」，正與「養備而動時」相對成義。倍道而妄行，則天不能使之吉。故水旱未至而飢，寒暑未薄而疾，薄，迫也，音博。祆怪未至而凶。○王念孫曰：「未至」二字，與上文複。羣書治要「至」作「生」，是也。下文「祆是生於亂」即其證。「生」「至」字相似，又涉上文「未至」而誤。受時與治世同，而殃禍與治世異，不可以怨天，其道然也。非天降災，人自使然。故明於天人之分，則可謂至人矣。知在人不在天，斯爲至人。不爲而成，不求而得，夫是之謂天職。不爲而成，不求而得，四時行焉，百物生焉，天之職任如此，豈愛憎於堯、桀之閒乎？如是者，雖深，其人不加慮焉；雖大，不加能焉；雖精，不加察焉：夫是之謂不與天爭職。其人，至人也。言天道雖深遠，至人曾不措意測度焉，以其無益於理。若措其在人者，慕其在天者，是爭職也。莊子曰「六合之外，聖人存而不論」也。天有其時，地有其財，人有其治，夫是之謂能參。人能治天時地財而用之，則是參於天地。捨其所以參而願其所參，則惑矣。捨人事而欲知天意，斯惑矣。列星隨旋，日月遞炤，四時代御，陰陽大化，風雨博施，列星，有列位者，二十八宿也。隨旋，相隨回旋也。炤與照同。陰陽大化，謂寒暑變化萬物也。博施，謂廣博施行，無不被也。萬物各得其和以生，各得其養以成，不見其事而見其功，夫是之謂神。和，謂和氣。養，謂風雨。不見和養之事，但見成功，斯所以爲神，若有真宰然也。皆知其所以成，莫知其無形，夫是之謂天。言天道之難知。或曰：當爲「夫是之謂天功」，脱「功」字耳。○王念孫曰：或説是也。人功有形而天功無形，故曰「莫知其無形，夫是之謂天功」。「天功」二字，下文凡三見。唯聖人爲不求知天。既天道難測，故聖人但修人事，不務役慮於知天也。天職既立，天功既成，形具而神生，好惡、喜怒、哀樂臧焉，夫是之謂天情。言人之身亦天職、天功所成立也。形，謂百骸九竅。神，謂精魂。天情，所受於天之情也。耳目鼻口形能，各有接而不相能也，夫是之謂天官。耳辨聲，目辨色，鼻辨臭，口辨味，形辨寒熱疾癢。其所能皆可以接物而不能互相爲用。官，猶任也。言天之所付任有如此也。○王念孫曰：楊以「耳目鼻口形」連讀，而以「能」字屬下讀，於義未安。余謂「形能」當連讀，能讀爲態。楚辭招魂注曰：「態，姿也。」形態，即形也。言耳目鼻口形態各與物接而不能互相爲用也。古字「能」與「耐」通，（説詳唐韻正。）故亦與「態」通。楚辭九章「固庸態也」，論衡累害篇

「態」作「能」。漢書司馬相如傳「君子之態」，史記作「能」。（徐廣本如是，今本作「態」，非。）易林「无妄之賁，女工多能，亂我政事」，「能」卽「態」字也。（多態謂淫巧。）故以「形能」連文。正名篇以「耳目口鼻」與「形體」竝列，彼言「形體」，猶此言「形態」。心居中虛以治五官，夫是之謂天君。心居於中空虛之地，以制耳目鼻口形之五官，是天使爲形體之君也。財非其類，以養其類，夫是之謂天養。財與裁同。飲食衣服與人異類，裁而用之，可使養口腹形體，故曰「裁非其類，以養其類」，是天使奉養之道如此也。順其類者謂之福，逆其類者謂之禍，夫是之謂天政。順其類，謂能裁者也。逆其類，謂不能裁者也。天政，言如賞罰之政令。自「天職既立」已上，竝論天所置立之事；已下，論逆天、順天之事在人所爲也。暗其天君，昏亂其心。亂其天官，聲色臭味過度。棄其天養，不能務本節用。逆其天政，不能養其類也。背其天情，好惡、喜怒、哀樂無節。以喪天功，喪其生成之天功，使不蕃滋也。夫是之謂大凶。此皆言不修政違天之禍。聖人清其天君，正其天官，備其天養，順其天政，養其天情，以全其天功。如是，則知其所爲，知其所不爲矣，知務導達，不攻異端。則天地官而萬物役矣。言聖人自修政則可以任天地、役萬物也。其行曲治，其養曲適，其生不傷，夫是之謂知天。其所自修行之政，曲盡其治；其所養人之術，曲盡其適；其生長萬物，無所傷害：是謂知天也。言明於人事則知天物，其要則曲盡也。故大巧在所不爲，大智在所不慮。此明不務知天，是乃知天也。亦猶大巧在所不爲，如天地之成萬物也，若偏有所爲，則其巧小矣；大智在所不慮，如聖人無爲而治也，若偏有所慮，則其智窄矣。**所志於天者，已其見象之可以期者矣；**志，記識也。聖人雖不務知天，猶有記識以助治道。所以記識於天者，其見垂象之文，可以知其節候者是也。謂若堯「命羲和，欽若昊天，曆象日月星辰，敬授人時」者也。○俞樾曰：禮記緇衣篇曰「爲上可望而知也，爲下可述而志也」，鄭注：「志，猶知也。」所志於天者，即所知於天者。下文「志於地」、「志於四時」、「志於陰陽」，竝同。此即承上文「知其所爲，知其所不爲」而言。楊訓志爲記識，非。**所志於地者，已其見宜之可以息者矣；**所以記識於地者，其見土宜可以蕃息嘉穀者是也。**所志於四時者，已其見數之可以事者矣；**數，謂春作夏長，秋斂冬藏，必然之數。事，謂順時理其事也。所記識於四時者，取順時之數而令生長收臧者也。**所志於陰陽者，已其見知之可以治者矣。**知，謂知其生殺也。所以記識陰陽者，爲知其生殺，效之爲賞罰以治之也。「知」或爲「和」。○王念孫曰：作「和」者是也。上文云「陰陽大化」，「萬物各得其和以生」，是其證。陰陽見其和而聖人法之以爲治，故曰「所志於陰陽者，以其見和之可以治者矣」。「和」與「知」字相似而誤。楊前注謂「知其生殺，而效之爲賞罰以治之」，此曲説也。**官人守天而自爲守道也。**官人，任人。欲任人守天，在於自守道也。皆明不務知天之義也。

治亂天邪？曰：日月、星辰、瑞曆，是禹、桀之所同也，或曰：當時星辰書之名也。

○郝懿行曰：堯典「曆象日月星辰」，此「瑞曆」即「曆象」也。象謂璿、璣、玉衡，神其器，故言瑞。禹以治，桀以亂，治亂非天也。時邪？曰：繁啟蕃長於春夏，繁，多也。蕃，茂也。畜積收臧於秋冬，是又禹、桀之所同也，禹以治，桀以亂，治亂非時也。地邪？曰：得地則生，失地則死，是又禹、桀之所同也，禹以治，桀以亂，治亂非地也。皆言在人，不在天地與時也。詩曰：「天作高山，大王荒之，彼作矣，文王康之。」此之謂也。詩，周頌天作之篇。引此以明吉凶由人，如大王之能尊大岐山也。

天不爲人之惡寒也輟冬，地不爲人之惡遼遠也輟廣，君子不爲小人匈匈也輟行。匈匈，諠譁之聲，與訩同，音凶，又許用反。行，下孟反。○盧文弨曰：三「輟」字上，俗閒本皆有「而」字，宋本無。先謙案：「小人」下，羣書治要有「之」字。以上文例之，有「之」字是也。文選答客難用此文，亦有「之」字。天有常道矣，地有常數矣，君子有常體矣。君子道其常而小人計其功。道，言也。君子常造次必守其道，小人則計一時之功利，因物而遷之也。詩曰：「何恤人之言兮！」此之謂也。逸詩也。以言苟守道不違，何畏人之言也。○俞樾曰：「何恤」上本有「禮義之不愆」五字，而今奪之。文選答客難篇：「傳曰：『天不爲人之惡寒而輟其冬，地不爲人之惡險而輟其廣，君子不爲小人之匈匈而易其行。天有常度，地有常形，君子有常行。君子道其常，小人計其功。詩云：「禮義之不愆，何恤人之言！」』」李善注曰：「皆孫卿子文。」是其證也。正名篇引此詩曰「禮義之不愆兮，何恤人之言兮」，亦其證也。

楚王後車千乘，非知也；君子啜菽飲水，非愚也：是節然也。節，謂所遇之時命也。○劉台拱曰：正名篇：「節遇謂之命。」俞樾曰：節，猶適也，説詳彊國篇。是節然也，猶曰「是其適然者也」。劉引正名篇「節遇謂之命」釋之，「節遇」之「節」亦當訓適，適與之遇，所謂命也。楊注竝非。又大略篇「湯旱而禱曰『政不節與』」，節亦適也，謂不調適。若夫心意修，○王念孫曰：「心意」當爲「志意」，字之誤也。荀子書皆言「志意修」，無言「心意修」者。修身篇曰「志意修則驕富貴」，富國篇曰「修志意，正身行」，皆其證。又榮辱篇曰「志意致脩，德行致厚，智慮致明」，正論篇曰「志意修，德行厚，知慮明」，皆與此文同一例，尤其明證。德行厚，知慮明，生於今而志乎古，則是其在我者也。故君子敬其在己者，○俞樾曰：「敬」，當爲「苟」。説文苟部：「苟，自急敕也。」經典通作「亟」。爾雅釋詁「亟，疾也」，釋文曰「字又作苟」是也。君子苟其在己者，猶云「君子急其在己者」，正與「小人錯其在己者」相對成義。學者罕見「苟」字，因誤爲「敬」耳。而不慕其在天者；在天，謂富貴也。小人錯其在己者，而慕其在天者。錯，置。君子敬其在己者而不慕其在天者，是以日進也；求己而不苟，故日進。小人錯其在己者而慕其在天者，是以日退也。望徼倖而不求己，故日退也。故君子之所以日進與小人之所以日退，一也。皆有慕有不慕。君子小人之所以相縣者在此耳。

星隊、木鳴，國人皆恐。○俞樾曰：木不能鳴，或因風而鳴，人亦不恐，而此云然者，蓋古有「社鳴」之說。文選運命論「里社鳴而聖人出」，李善注引春秋潛潭巴曰：「里社明，此里有聖人出。其响，百姓歸，天辟亡。」「明」與「鳴」，古字通。所謂「社鳴」者，社必樹其土所宜木，故古文「社」從木作「𥘸」，社鳴，實即其木鳴也。古人蓋甚畏之，故荀子以「星隊、木鳴」竝言也。**曰：是何也？曰：無何也，**假設問答。無何也，言不足憂也。**是天地之變、陰陽之化、物之罕至者也，**星隊，天地之變。木鳴，陰陽之化。罕，希也。**怪之可也，而畏之非也。**以其罕至，謂之怪異則可，因遂畏懼則非。**夫日月之有蝕，風雨之不時，怪星之黨見，**黨見，頻見也，言如朋黨之多。見，賢遍反。○郝懿行曰：黨，宜訓朗，出方言注，不謂朋黨也。韓詩外傳二「黨」作「晝」，於義爲長。楊注望文生訓耳。王念孫曰：楊説甚迂，且訓黨爲頻，於古無據。惠氏定宇九經古義曰：「黨見，猶所見也。」訓黨爲所，雖據公羊注，然「怪星之所見」殊爲不詞。余謂「黨」，古「儻」字，儻者或然之詞。「怪星之黨見」，與「日月之有蝕，風雨之不時」對文，謂怪星之或見也。莊子繕性篇「物之儻來寄也」，釋文：「儻，崔本作黨。」史記淮陰侯傳「恐其黨不就」，漢書伍被傳「黨可以徼幸」，黨竝與儻同。韓詩外傳作「怪星之晝見」，「晝」字恐是後人所改。羣書治要引此正作「怪星之儻見」。**是無世而不常有之。**○先謙案：羣書治要「常」作「嘗」，是也。**上明而政平，則是雖竝世起，無傷也；**竝世起，謂一世之中竝起也。**上闇而政險，則是雖無一至**

者，無益也。夫星之隊，木之鳴，是天地之變、陰陽之化、物之罕至者也，怪之可也，而畏之非也。物之已至者，人祅則可畏也。物之既至可畏，謂在人之祅也。楛耕傷稼，耘耨失薉，政險失民，楛耕，謂麤惡不精也。失薉，謂耘耨失時，使穢也。政險，威虐也。薉與穢同。○盧文弨曰：「耘耨失薉」，韓詩外傳二作「枯耘傷歲」，枯與楛同，疑是也。此處句法不一律，注强爲之説，頗難通。郝懿行曰：「耘耨失薉」，韓詩外傳二作「枯耘傷歲」，與上句相儷，是也。此蓋轉寫之譌，不成文義。王念孫曰：盧説是也。「楛耘失歲」，上對「楛耕傷稼」，下對「政險失民」。今本作「耘耨失薉」，則文不成義。「歲」之爲「薉」，乃涉下文「田稼薉惡」而誤，而楊所見本已然，故强爲之説而不可通。田薉稼惡，糴貴民飢，道路有死人，夫是之謂人祅。政令不明，舉錯不時，本事不理，夫是之謂人祅。舉，謂起兵動衆。錯，謂懷安失於事機也。本事，農桑之事也。禮義不修，內外無別，男女淫亂，則父子相疑，上下乖離，○王念孫曰：案「內外無別」二句爲一類，「父子相疑」二句爲一類，「父子」上不當有「則」字。羣書治要無「則」字，韓詩外傳亦無。寇難竝至，夫是之謂人祅。○先謙案：羣書治要三「謂人祅」下竝有「也」字，下「無安國」下有「矣」字，「棄而不治」下有「也」字。祅是生於亂，三者錯，無安國。三者，三人祅也。錯，置也。置此三祅於中，國則無有安也。○王念孫曰：錯，交錯也。（説文作「逪」，云：「逪，遭也。」）言此三祅交錯於國中，則國必危也。楊讀錯爲「措置」之「措」，失之。其説甚

爾，其菑甚慘。爾，近也。三人祆之説，比星隊、木鳴爲淺近，然其災害人則甚慘毒也。**勉力不時，則牛馬相生，六畜作祆，**勉力，力役也，不時則人多怨曠，其氣所感，故生非其類也。○盧文弨曰：宋本此段在「禮義不修」之上，注首有「此三句，直承『其菑甚慘』之下」十一字，然後接以「勉力，力役也」云云。　王念孫曰：案呂本所載正文，此三句本在上文「禮義不修」之上。勉力不時則牛馬相生，六畜作祆，此是祆由人興，故曰「祆是生於亂」。自錢本始依楊注移置於下文「可怪也，而不可畏也」之上，（楊注「勉力不時」三句云：「此三句直承『其菑甚慘』之下。」注「可怪也」二句云：「此二句承『六畜作祆』之下。」）且删去楊注，而各本及盧本從之，謬矣。今録呂本原文於左：「星隊、木鳴，國人皆恐。曰：是何也？曰：無何也。是天地之變、陰陽之化、物之罕至者也，怪之可也，而畏之非也。夫日月之有蝕，風雨之不時，怪星之黨見，是無世而不常有之。上明而政平，則是雖竝世起，無傷也；上闇而政險，則是雖無一至者，無益也。夫星之隊、木之鳴，是天地之變、陰陽之化、物之罕至者也，怪之可也，而畏之非也。物之已至者，人祆則可畏也。楛耕傷稼，耘耨失薉，政險失民，田薉稼惡，糴貴民飢，道路有死人，夫是之謂人祆。政令不明，舉錯不時，本事不理，夫是之謂人祆。（案此句當在下文「六畜作祆」之下，乃總上之詞。今倒在「勉力不時」之上，則文義不順。「政令不明，舉錯不時，本事不理，勉力不時」四句相連，「牛馬相生」二句乃總承此四句而言，非專承「勉力不時」而言。）勉力不時，則牛馬相生，六畜作祆；禮義不修，内外無別，男女淫亂，則父子相疑，上下乖離，寇難竝至，夫是之謂人祆。祆是生於亂，三者錯，無安邦。

其説甚爾，其菑甚慘，可怪也，而不可畏也。」（「不可畏也」，當作「亦可畏也」。蓋星隊、木鳴乃天地之變，陰陽之化，非人事之所招，故曰「怪之可也，而畏之非也」。若牛馬相生，六畜作祅，則政亂之所致，所謂人祅也。其説甚邇，其菑甚慘，可怪也，而亦可畏矣。上文云「物之已至者，人祅則可畏也」，正與此句相應；若作「不可畏」，則與上文相反矣。楊不知「不」爲「亦」之誤，故欲顛倒其文耳。外傳曰：「星隊、木鳴，國人皆恐，何也？曰：是天地之變、陰陽之化、物之罕至者也，怪之可也，畏之非也。夫日月之薄蝕，怪星之晝見，風雨之不時，是無世而不嘗有也。上明政平，是雖竝至，無傷也；上闇政險，是雖無一至，無益也。夫萬物之有災，人妖最可畏也。曰：何謂人妖？曰：枯耕傷稼，枯耘傷歲，政險失民，田穢稼惡，糴貴民饑，道有死人，寇賊竝起，上下乖離，鄰人相暴，對門相盜，禮義不循，牛馬相生，六畜作妖，臣下殺上，父子相疑，是謂人妖，是生於亂。」案此文與荀子略同。「牛馬相生，六畜作妖」在「是謂人妖」之上，是「牛馬相生」二句乃人妖也。然則荀子原文本作「政令不明，舉錯不時，本事不理，勉力不時，則牛馬相生，六畜作妖，夫是之謂人妖」明矣。）**可怪也，而不可畏也。**○盧文弨曰：宋本有注云「此二句承『六畜作祅』之下，蓋録之時錯亂迷誤，失其次也」，共二十二字。元刻已如其説移正，故盡删去。**傳曰：「萬物之怪，書不説。**書，謂六經也。可以勸戒則明之，不務廣説萬物之怪也。**無用之辯，不急之察，棄而不治。」若夫君臣之義，父子之親，夫婦之别，則日切瑳而不舍也。**○郝懿行曰：切瑳，言務學也。韓詩外傳二云「夫子之門內，切瑳以孝」，與此義合。「磋」，古作「瑳」，今作「磋」。

雩而雨，何也？曰：無何也，猶不雩而雨也。雩，求雨之禱也。或者問：歲旱，雩則得雨，此何祥也？對以與不雩而雨同，明非求而得也。周禮司巫「國大旱，則率巫而舞雩」也。日月食而救之，天旱而雩，卜筮然後決大事，非以爲得求也，以文之也。得求，得所求也。言爲此以示急於災害，順人之意，以文飾政事而已。故君子以爲文，而百姓以爲神。以爲文則吉，以爲神則凶也。順人之情，以爲文飾，則無害；淫祀求福，則凶也。

在天者莫明於日月，在地者莫明於水火，在物者莫明於珠玉，在人者莫明於禮義。故日月不高，則光暉不赫；水火不積，則暉潤不博；珠玉不睹乎外，則王公不以爲寶；○王念孫曰：「不睹乎外」四字，文義不明，「睹」當爲「暏」。說文：「暏，旦明也，從日，者聲。」玉篇：「丁古切。」暏之言著也。上言「日月不高則光煇不赫，水火不積則煇潤不博」，則此言「珠玉暏乎外」，亦謂其光采之著乎外，故上文云「在物者莫明於珠玉」也。世人多見「睹」，少見「暏」，故「暏」誤爲「睹」。夏小正傳「蓋陽氣且暏也」，今本「且暏」作「旦睹」，誤與此同。禮義不加於國家，則功名不白。故人之命在天，國之命在禮。君人者隆禮尊賢而王，重法愛民而霸，好利多詐而危，權謀、傾覆、幽險而盡亡矣。幽險，謂隱匿其情而凶虐難測也。權謀、多詐、幽險三者，盡亡之道也。○先謙案：「盡」字無義，衍文也。彊國篇四語與此同，無「盡」字。大天而思之，孰與物畜而制之？尊大天而思慕之，欲其豐富，孰與使物畜積而我裁制之也。○王念孫曰：「物畜而制之」，「制」當爲「裁」。「思」「裁」爲韻，「頌」「用」爲韻，「待」「使」爲韻，「多」「化」爲韻。「思」「裁」二字，於古音竝屬之部，「制」字於古音屬祭部，不得與「思」爲韻也。又案：楊注云「使物畜積而我裁制之」，此釋正文「物畜而裁之」也。正文作「裁之」，而注言「裁制之」者，加一「制」字以申明其義耳。今正文作「制之」，卽因注內「制之」而誤。**從天而頌之，孰與制天命而用之？**頌者，美盛德也。從天而美其盛德，豈如制裁天之所命而我用之？謂若曲者爲輪，直者爲桷，任材而用也。**望時而待之，孰與應時而使之？**望時而待，謂若農夫之望歲也，孰與應春生夏長之候，使不失時也？**因物而多之，孰與騁能而化之？**因物之自多，不如騁其智能而化之使多也。若后稷之播種然也。**思物而物之，孰與理物而勿失之也？**思得萬物以爲己物，孰與理物皆得其宜，不使有所失喪？**願於物之所以生，孰與有物之所以成？**故錯人而思天，則失萬物之情。物之生雖在天，成之則在人也。此皆言理平豐富，在人所爲，不在天也。若廢人而妄思天，雖勞心苦思，猶無益也。

百王之無變，足以爲道貫。無變，不易也。百王不易者，謂禮也。言禮可以爲道之條貫也。**一廢一起，應之以貫，**雖質文廢起時有不同，然其要歸以禮爲條貫。論語：「孔子曰：『殷因於夏禮，所損益可知也；周因於殷禮，所損益可知也；其或繼周者，雖百代可知也。』」**理貫不亂。**知禮則其條貫不亂也。**不知貫，不知應變，**不知以禮爲條貫，則不能應變。言必差錯而亂也。○郝懿行曰：逸詩云「九變復貫，知言之選」，蓋荀此語所本。上云「百王之無變，足以爲道貫」，道卽禮也。**貫之大體未嘗亡也。亂生其差，治盡其詳。**差，謬也。所以亂者，生於條貫差謬；所以治者，在於精詳也。**故道之所善，中則可從，畸則不可爲，匿則大惑。**畸者，不偶之名，謂偏也。道之所善，得中則從，偏側則不可爲。匿，謂隱匿其情。禮者，明示人者也，若隱匿，則大惑。畸音羈。○王念孫曰：隱匿與大惑，義不相屬，楊曲爲之説，非也。匿與慝同。（逸周書大戒篇「克禁淫謀，衆匿乃雍」，管子七法篇「百匿傷上威」，竝以「匿」爲「慝」。又管子明法篇「比周以相爲匿」，明法解「匿」作「慝」。漢書五行志「朔而月見東方，謂之仄慝」，書大傳「慝」作「匿」。）慝，差也。（洪範「民用僭忒」，漢書王嘉傳引此「忒」作「慝」，而釋之曰：「民用僭差不壹。」董仲舒雨雹對曰：「無有差慝。」）言大惑生於差慝也。上文曰「亂生其差」，正謂此也。道貴乎中，畸則偏，差則惑矣，故曰「中則可從，畸則不可爲，慝則大惑」。又，樂論篇曰「亂世之徵，其聲樂險，其文章匿而采」，匿，亦讀爲慝，慝，邪也，言文章邪慝而多采飾也。（鄘風柏舟傳曰：「慝，邪也。」漢書嚴安傳「樂失而淫，禮失而采」，如淳曰：「采，飾也。」）**水行者表深，表不明則陷；**表，標準也。陷，溺也。○俞樾曰：「水行」，當作「行水」。「行水者表深」，與下文「治民者表道」一律。孟子離婁篇「如智者，若禹之行水也」，此「行水」二字之證。**治民者表道，表不明則亂。禮者，表也。非禮，昬世也。昬世，大亂也。**昬世，謂使世昬闇也。**故道無不明，外內異表，隱顯有常，民陷乃去。**道，禮也。外，謂朝聘；內，謂冠昏。所表識章示各異也。隱顯，卽内外也。有常，言有常法也。如此，民陷溺之患乃去也。○郝懿行曰：外、内，皆謂禮也。禮有内心，有外心。竹箭有筠，禮之外心也；松柏有心，禮之内心也。注非。

萬物爲道一偏，一物爲萬物一偏，愚者爲一物一偏，愚者不能盡一物也。**而自以爲知道，無知也。**以偏爲知道，豈有知哉？**慎子有見於後，無見於先；**慎到本黄、老之術，明不尚賢、不使能之道。故莊子論慎到曰：「塊不失道。」以其無争先之意，故曰「見後而不見先」也。漢書藝文志慎子著書四十二篇，班固曰「先申、韓，申、韓稱之」也。**老子有見於詘，無見於信；**老子，周之守藏史，姓李，字伯陽，號稱老聃，孔子之師也。著五千言，其意多以屈爲伸，以柔勝剛，故曰「見詘而不見信」也。信讀爲伸。**墨子有見於齊，無見於畸；**畸，謂不齊也。墨子著書，有上同、兼愛，是見齊而不見畸也。**宋子有見於少，無見於多。**宋子名鈃，宋人也，與孟子同時。下篇云：「宋子以人之情爲欲寡，而皆以己之情爲欲多，爲過也。」據此説，則是少而不見多也。鈃音形，又胡泠反。漢書藝文志有宋子十八篇，班固曰：「荀卿道宋子，其言黄、老意。」○盧文弨曰：注引下篇，元刻作「宋子以人之情欲寡，而皆以己之情欲多，是過也」，與下篇合。但引書不必定全依本文，楊氏以「情欲」二字相連，慮人不明，故以兩「爲」字間之，不可謂衍文。今并下一「爲」字，皆從宋本。**有後而無先，則羣衆無門；**夫羣衆在上之開導，皆處後而不處先，羣衆無門户也。**有詘而無信，則貴賤不分；**貴者伸而賤者詘，則分别矣。若皆貴柔弱卑下，則無貴賤之別矣。有齊而無畸，則政令不施；夫施政令，所以治不齊者。若上同，則政令何施也？有少而無多，則羣衆不化。夫欲多則可以勸誘爲善。若皆欲少，則何能化之？書曰：「無有作好，遵王之道；無有作惡，遵王之路。」此之謂也。書，洪範。以喻偏好則非遵王道也。

荀子卷第十二

正論篇第十八

世俗之爲説者曰：「主道利周。」是不然。此一篇皆論世俗之乖謬，荀卿以正論辨之。周，密也，謂隱匿其情，不使下知也。世俗以爲主道利在如此也。○先謙案：楊注「此一篇」至「辨之」十七字應在「正論篇第十八」下，傳鈔者誤入正文。**主者，民之唱也；上者，下之儀也。**謂下法上之表儀也。○先謙案：周語「儀之於民」，韋注：「儀，準也。」文選東京賦「儀姬伯之渭陽」，薛注：「儀，則也。」言上是下之準則。**彼將聽唱而應，視儀而動。唱默則民無應也，儀隱則下無動也。不應不動，則上下無以相有也。**上不導其下，則下無以效上，是不相須也。○先謙案：「有」當爲「胥」，字之誤也。據注云「是不相須也」，則正文非「相有」明甚。詩桑扈疏：「胥、須，古今字。」孟子萬章篇趙注：「胥，須也。」是「胥」「須」字義竝同，故正文云「無以相胥」，注卽以「是不相須也」釋之。「胥」與「有」形近致誤。**若是，則與無上同也，不祥莫大焉。故上者，下之本也，上宣明則下治辨矣，**宣，露。辨，別也。下知所從，則明別於事也。○郝懿行曰：辨與辨同，非「辨別」之辨。**上端誠則下愿愨矣，上公正則下易直矣。**上公正，則下不敢險曲也。治辨則易一，愿愨則易使，易直則易知。易一則彊，易使則功，易知則明，是治之所由生也。上周密則下疑玄矣，玄，謂幽深難知。或讀爲眩，惑也，下同。○郝懿行曰：玄與眩同，注後說是。上幽險則下漸詐矣，幽，隱也。險，難測也。漸，進也，如字。又曰：漸，浸也，謂浸成其詐也，子廉反。○郝懿行曰：漸讀爲潛。「潛」與「漸」，古音同字通。潛者，深也。潛詐者，謂幽深而險詐也。先謙案：漸亦詐也，說見不苟篇。上偏曲則下比周矣。疑玄則難一，疑或不知所從，故難一也。漸詐則難使，比周則難知。人人懷私親比，則上不可知其情。禮記曰「下難知則君長勞」也。難一則不彊，難使則不功，難知則不明，是亂之所由作也。故主道利明不利幽，利宣不利周。故主道明則下安，主道幽則下危。下知所從則安，不知所從則自危也。故下安則貴上，下危則賤上。貴，猶愛也。賤，猶惡也。故上易知則下親上矣，上難知則下畏上矣。下親上則上安，下畏上則上危。畏則謀上。故主道莫惡乎難知，莫危乎使下畏己。傳曰：「惡之者衆則危。」書曰：「克明明德。」書多方曰：「成湯至於帝乙，罔不明德慎罰。」詩曰：「明明在下。」詩，大雅大明之篇。言文王之德明明在下，故赫赫然著見於天也。故先王明之，豈特玄之耳哉！特，猶直也。

世俗之爲說者曰：「桀、紂有天下，湯、武篡而奪之。」是不然。以桀、紂爲常有

天下之籍則然，以常主天下之圖籍則然。○盧文弨曰：案「常」當爲「嘗」，「籍」當爲「憑藉」之「藉」。下文云「埶籍」，爲埶力憑藉也。有之而不能用，故曰不能親有。**親有天下之籍則不然，**躬親能有天下則不然，以其不能治之也。○先謙案：兩「天下之籍」並當作「天子之籍」，説見儒效篇。常有，謂世相及。親有，身爲天子也。上盧説非。「則不然」當作「則然」，説見下。**天下謂在桀、紂則不然。**○王引之曰：上「則不然」亦當作「則然」。親有天下之籍則然，天下謂在桀、紂則不然者，言桀、紂雖親有天下之籍，而天下之人心已去桀、紂而歸湯、武也。今本「則然」作「則不然」，涉下句而誤耳。下文云「有天下之後也，埶籍之所在也」，則桀、紂固親有天下之籍矣，何得云「不然」乎？楊曲爲之説，非是。**古者天子千官，諸侯百官。**○郝懿行曰：明堂位云「有虞氏官五十，夏后氏官百，殷二百，周三百」，鄭注：「周之六卿，其屬各六十，則周三百六十官也。」以夏、周推前後之差，有虞氏官宜六十，夏后氏宜百二十，殷宜二百四十，不得如此記也。然則依鄭此説，參以記文，可知天子千官，古未有矣。**以是千官也，令行於諸夏之國，謂之王；**夏，大也。中原之大國。**以是百官也，令行於境内，國雖不安，不至於廢易遂亡，謂之君。**僅存之君。○先謙案：遂讀爲墜，説見王制篇。**聖王之子也，**子，子孫也。**有天下之後也，埶籍之所在也，**○先謙案：埶籍猶埶位，説見儒效篇。**天下之宗室也；然而不材不中，**不中，謂處事不當也。中，丁仲反。○王念孫曰：中，讀「中正」之「中」。孟子離婁篇「中也養不中，材也養不材」是其證。楊説非。內則百姓疾之，外則諸侯叛之，近者境內不一，遥者諸侯不聽，令不行於境內，甚者諸侯侵削之，攻伐之，若是，則雖未亡，吾謂之無天下矣。聖王没，有埶籍者罷不足以縣天下，聖王，禹、湯也。有埶籍者，謂其子孫也。罷，謂弱不任事也。縣，繫也，音懸。○先謙案：注「弱不任事」，各本「任」誤「在」，據宋台州本正。縣天下，謂持天下之衡，説詳彊國篇。楊注非。天下無君，桀、紂不能治天下，是無君。諸侯有能德明威積，海內之民莫不願得以爲君師，師，長。然而暴國獨侈，安能誅之，暴國，即桀、紂也。侈謂奢汰放縱。○先謙案：以上下文義求之，「能」字不當有。此以「安」代「則」字用，暴國獨侈，安誅之者，暴國獨侈則誅之也。此「能」字緣上下文「能」字而衍。必不傷害無罪之民，誅暴國之君若誅獨夫，天下皆去，無助之者，若一夫然。若是，則可謂能用天下矣。能用天下之謂王。湯、武非取天下也，非奪桀、紂之天下也。修其道，行其義，興天下之同利，除天下之同害，而天下歸之也。桀、紂非去天下也，非天下自去也。反禹、湯之德，亂禮義之分，禽獸之行，積其凶，全其惡，而天下去之也。天下歸之之謂王，天下去之之謂亡。故桀、紂無天下而湯、武不弑君，由此效之也。天下皆去桀、紂，是無天下也。湯、武誅獨夫耳，豈爲弑君乎？由，用也。效，明也。用此論明之。○先謙案：注「豈」，各本誤「其」，據宋台州本正。湯、武者，民之父母也；桀、紂者，民之怨賊也。今世俗之爲説者，以桀、紂爲君而以湯、武爲弒，然則是誅民之父母而師民之怨賊也，師，長。不祥莫大焉。以天下之合爲君，則天下未嘗合於桀、紂也。然則以湯、武爲弒，則天下未嘗有説也，直墮之耳。自古論説，未嘗有此，世俗之人墮損湯、武耳。○郝懿行曰：墮者，毁也。言以湯、武爲弒，非有説也，直爲妄言詆毁之耳。王念孫曰：「天下未嘗有説」，「天下」二字涉上文而衍。據楊注云「自古論説，未嘗有此」，則本無「天下」二字明矣。先謙案：天下，王説是也，此緣上文「天下」字而衍。墮之，郝説是也。仲尼篇云「則墮之者衆」，富國篇云「非將墮之也」，議兵篇云「辟之猶以錐刀墮太山也」，與此文皆當訓爲毁。注云「墮損」，其義未諦。故天子唯其人。天下者，至重也，非至彊莫之能任；物之至彊者乃能勝重任。至大也，非至辨莫之能分；至大則難詳，故非小智所能分别也。至衆也，非至明莫之能和。天下之人至衆，非極知其情僞，不能和輯也。此三至者，非聖人莫之能盡。故非聖人莫之能王。重大如此三者，非聖人安能王乎？王，于況反。聖人備道全美者也，是縣天下之權稱也。縣天下如權稱之懸，揔知輕重也。稱，尺證反。桀、紂者，其知慮至險也，其至意至闇也，「至意」當爲「志意」。○先謙案：荀書「至」「志」通借，説見儒效篇。其行之爲至亂也；○王引之曰：「知慮」「志意」「行爲」相對爲文，則「行」下不當有「之」字。（荀子書「行爲」字皆作「僞」，今作「爲」者，後人以其所知改其所不知耳。）親者疏之，賢者賤之，生民怨之，禹、湯之後也，而不得一人之

與；刳比干，囚箕子，身死國亡，爲天下之大僇，後世之言惡者必稽焉；言惡者必稽考桀、紂以爲龜鏡也。**是不容妻子之數也。**不能容有其妻子，是如此之人數也。猶言不能保妻子之徒也。列子梁王謂楊朱曰「先生有一妻一妾不能治」也。○王念孫曰：楊未曉「數」字之意。數猶道也。（呂氏春秋壅塞篇「寡不勝衆，數也」，高注：「數，道數也。」）言是不容妻子之道也。凡道有吉有凶。下文曰：「故至賢疇四海，湯、武是也；至罷不容妻子，桀、紂是也。」然則如湯、武者，是疇四海之道也，吉道也；如桀、紂者，是不容妻子之道也，凶道也。**故至賢疇四海，湯、武是也；至罷不容妻子，桀、紂是也。**疇四海，謂以四海爲疇域。或曰：疇與籌同，謂計度也。○盧文弨曰：古以「疇」爲「儔」，楊注未是。郝懿行曰：疇者，匹也。罷者，病也，言不能任事也。齊語云：「罷士無伍，罷女無家。」又云：「人與人相疇，家與家相疇。」俞樾曰：疇者，保也。國語楚語「臣能自壽也」，韋注：「壽，保也。」晏子雜篇「賴君之賜，得以壽三族」，「壽三族」卽「保三族」也。管子霸言篇「國在危亡而能壽者，明聖也」，「能壽」卽「能保」也。此文作「疇」者，古字通耳。說文土部：「壔，保也。」凡作「疇」作「壽」，皆「壔」之叚字。**今世俗之爲說者，以桀、紂爲有天下而臣湯、武，豈不過甚矣哉！**以桀、紂爲君，以湯、武爲臣而殺之，是過甚也。**譬之是猶傴巫、跛匡大自以爲有知也。**匡讀爲尪，廢疾之人。王霸篇曰「賤之如尪」，與此「匡」同。禮記曰：「吾欲暴尪而奚若？」言世俗此說猶巫尪大自以爲神異也。○俞樾曰：「大」乃「而」

之謁，「而」「大」篆文相似，因而致誤。注云「猶巫尫大自以爲神異」，則曲爲之説矣。**故可以有奪人國，不可以有奪人天下；**○先謙案：以下「竊國」「竊天下」例之，兩「人」字當衍。下文「有擅國，無擅天下」句例亦同。**可以有竊國，不可以有竊天下也。**一國之人易服，故可以有竊者；天下之心難歸，故不可也。竊國，田常、六卿之屬是也。**可以奪之者可以有國，而不可以有天下，**○王念孫曰：「奪之」上不當有「可以」二字，此涉上下文而衍。**竊可以得國，而不可以得天下。是何也？曰：國，小具也，可以小人有也，可以小道得也，可以小力持也；天下者，大具也，不可以小人有也，不可以小道得也，不可以小力持也。國者，小人可以有之，然而未必不亡也，**小人既可以有之，則易滅亡。明取國與取天下殊也。**天下者，至大也，非聖人莫之能有也。**

世俗之爲説者曰：「治古無肉刑而有象刑：治古，古之治世也。肉刑，墨、劓、剕、宮也。象刑，異章服，恥辱其形象，故謂之象刑也。書曰「皋陶方施，象刑惟明」，孔安國云：「象，法也。」案書之象刑，亦非謂形象也。**墨黥；**世俗以爲古之重罪，以墨涅其面而已，更無劓、刖之刑也。或曰：「墨黥」當爲「墨幏」，但以墨巾幏其頭而已。○盧文弨曰：注「幏」，俗本作「幪」，今從説文、玉篇改正，下同。**慅嬰；**當爲「澡嬰」，謂澡濯其布爲纓，鄭云：「凶冠之飾，令罪人服之。」禮記曰「緦冠澡纓」，鄭云：「有事其布以爲纓也。」澡，或讀爲草，慎子作「草纓」也。**共，艾畢；**

共，未詳，或衍字耳。艾，蒼白色。畢與韠同，紱也，所以蔽前，君以朱，大夫素，士爵韋。令罪人服之，故以蒼白色爲韠也。○盧文弨曰：注「紱」當作「韍」。**菲，對屨；**菲，草屨也。「對」當爲「紨」，傳寫誤耳。紨，枲也，慎子作「紨」。言罪人或菲或枲爲屨，故曰「菲紨屨」。紨，方孔反。「對」或爲「蒯」。禮有「疏屨」，傳曰：「藨蒯之菲也。」**殺，赭衣而不純。**以赤土染衣，故曰「赭衣」。純，緣也。殺之，所以異於常人之服也。純音準。殺，所介反。慎子曰：「有虞氏之誅，以畫跪當黥，以草纓當劓，以履紨當刖，以艾畢當宫。此有虞之誅也。」又尚書大傳曰：「唐、虞之象刑，上刑赭衣不純，中刑雜屨，下刑墨幪。」幪，巾也。○劉台拱曰：「共」當作「宫」，「菲」當作「剕」，「殺」當如字讀。言犯墨黥之罪者以草纓代之，宫罪以艾畢代之，刖罪以紨屨代之，殺罪以赭衣不純代之。注引尚書大傳及慎子之言，正可參證。郝懿行曰：此皆謂古有象刑也。墨，一名黥。此「墨黥」，謂以墨畫代黥，不加刻涅，慎子所謂「畫跪當黥」也。（按，今本作「幪巾當墨」。）「慅嬰」，慎子作「草纓」，「草」與「慅」，蓋音同假借字耳。詩之「勞人草草」，即「慅慅」矣。「共，艾畢」者，「共」當爲「宫」，亦假借字，慎子謂「以艾畢當宫」是也。（今本「畢」作「韠」。）艾，讀當與刈同，蓋斬艾其韠以代宫刑也。「對屨」，慎子作「履紨」。（今作「菲履」，蓋誤。紨，枲履也。「對」當爲「紨」。「菲」當爲「剕」。）「殺，赭衣而不純」，純，緣也，殺，殺罪也。今慎子作「布衣無領當大辟」，「布衣」即「赭衣」，「無領」即「不緣」也，去其衣領以代死刑。慎子以爲有虞氏之誅，尚書大傳以爲唐、虞之象刑，竝與此義合。王念孫曰：「墨黥」二字語意未完，當有脱文，以慎子言「畫跪當黥」、書大傳言

「下刑墨幪」知之。「慅嬰」上，蓋脱「劓」字，以慎子言「草纓當劓」知之。治古如是。」世俗説以治古如是。是不然。以爲治邪？則人固莫觸罪，非獨不用肉刑，亦不用象刑矣。以爲人或觸罪矣，而直輕其刑，然則是殺人者不死，傷人者不刑也。罪至重而刑至輕，庸人不知惡矣，亂莫大焉。惡，烏路反。凡刑人之本，禁暴惡惡，且徵其未也。徵讀爲懲。未謂將來。殺人者不死而傷人者不刑，是謂惠暴而寬賊也，非惡惡也。故象刑殆非生於治古，竝起於亂今也。今之亂世妄爲此説。治古不然。凡爵列、官職、賞慶、刑罰，皆報也，以類相從者也。報，謂報其善惡。各以類相從，謂善者得其善、惡者得其惡也。一物失稱，亂之端也。失稱，謂失其所稱類，不相從也。稱，尺證反。○先謙案：稱，權稱也。失稱，謂失其平，楊注非。夫德不稱位，能不稱官，賞不當功，罰不當罪，不祥莫大焉。昔者武王伐有商，誅紂，斷其首，縣之赤旆。史記「武王斬紂頭，懸之太白旗」，此云「赤旆」，所傳聞各異也。禮記明堂位説旗曰「殷之大白，周之大赤」，卽史記之説非也。○謝本從盧校作「赤旆」。王念孫曰：呂本作「赤旂」。錢本「旂」作「旆」，（注「旂」字同。）元刻、世德堂本同。案解蔽篇云「紂縣於赤旆」，則作「旆」者是。先謙案：王説是。今依錢本改「赤旆」。虞、王本同。夫征暴誅悍，治之盛也。殺人者死，傷人者刑，是百王之所同也，未有知其所由來者也。刑稱罪則治，不稱罪則亂。故治則刑重，亂則刑輕，治世刑必行，則不敢犯，故重；

亂世刑不行，則人易犯，故輕。李奇注漢書曰：「世所以治，乃刑重；所以亂，乃刑輕也。」**犯治之罪固重，犯亂之罪固輕也。**治世家給人足，犯法者少，有犯則衆惡之，罪固當重也。亂世人迫於飢寒，犯法者多，不可盡用重典，當輕也。○郝懿行曰：治期無刑，故重；亂用哀矜，故輕。注兩説，前義較長。**書曰：「刑罰世輕世重。」此之謂也。**書，甫刑。以言世有治亂，故法有輕重也。

世俗之爲説者曰：「湯、武不能禁令，是何也？言不能施禁令，故有所不至者。**曰：楚、越不受制。」是不然。湯、武者，至天下之善禁令者也。**○先謙案：至猶極。**湯居亳，武王居鄗，皆百里之地也，天下爲一，諸侯爲臣，通達之屬莫不振動從服以化順之，**振與震同，恐也。**曷爲楚、越獨不受制也？彼王者之制也，視形埶而制械用，**卽禮記所謂「廣谷大川異制，民生其閒者異俗，器械異制，衣服異宜」也。**稱遠邇而等貢獻，豈必齊哉！**稱，尺證反。等，差也。**故魯人以糖，衛人用柯，齊人用一革，**未詳。或曰：方言云：「盌謂之糖。盂謂之柯。」或曰：方言「糖，張也」，郭云：「謂彀張也。」○盧文弨曰：案方言「盌謂之櫂」，宋本荀子注正作「櫂」，但與正文似不合。「盂」，宋本作「或」字，今方言作「盂」。至「糖，張也」之「糖」，方言作「搪」，從手。此注恐有傅會。郝懿行曰：注引方言「盌謂之糖，盂謂之柯」，蓋楊所見古本如是。今本「糖」作「櫂」，宋本荀子注已作「櫂」，或唐以後人據方言改耳。

「一革」二字，雖未能詳，然攷史記貨殖傳「適齊，爲鴟夷子皮」，索隱引大顏云：「若盛酒者鴟夷也，用之則多所容納，不用則可卷而懷之。」據此，知鴟夷以革爲之。吴語「盛以鴟鴺而投之於江」，韋注：「鴟鴺，革囊。」參以揚雄酒賦，則鴟夷乃酒器。范蠡適齊而爲鴟夷子皮，此正齊人所用，與魯人以榶，衞人用柯，文義正合。先謙案：以，用同義，承上「貢獻」言，各以其土物也。**土地刑制不同者，械用備飾不可不異也。故諸夏之國同服同儀，**儀謂風俗也。諸夏迫近京師，易一以教化，故同服同儀也。○郝懿行曰：儀與義同。「義」，古作「誼」，謂行誼也。此言「同服同儀」，猶中庸言「同軌同倫」。王念孫曰：風俗不得謂之儀。儀，謂制度也。下文「蠻、夷、戎、狄之國同服不同制」，正與此相反。**蠻、夷、戎、狄之國同服不同制。**夷、狄遐遠，又各在一方，雖同爲要、荒之服，其制度不同也。**封内甸服，**王畿之内也。禹貢「五百里甸服」，孔安國曰：「爲天子服治田也。」○盧文弨曰：案周語「封」俱作「邦」。古封、邦通用。**封外侯服，**畿外也。禹貢「五百里侯服」，孔云：「甸服之外五百里也。侯，候也。斥候而服事王也。」韋昭云：「侯服，侯圻也。」**侯衞賓服，**韋昭注國語曰：「侯，侯圻。衞，衞圻。自侯圻至衞圻，其間五圻，圻五百里，五五二千五百里，中國之界也，謂之賓服，常以服貢賓見於王。五圻者，侯圻之外甸圻，甸圻之外男圻，男圻之外采圻，采圻之外衞圻。康誥曰『侯、甸、男、采、衞』是也。」此據周官職方氏，與禹貢異制也。**蠻夷要服，**職方氏云：「衞服之外五百里曰蠻服，又其外五百里曰夷服。」孔安國云：「要，謂要束以文教。」要，一昭反。**戎狄荒服。**職方氏所謂「鎮服」「蕃服」也。韋昭曰：「各相去五百里。九州之外，荒裔之地，與戎、狄同俗，故謂之荒。荒忽無常之言也。」**甸服者祭，侯服者祀，賓服者享，要服者貢，荒服者終王。**韋昭曰：「日祭，祭於祖考，上食也。近漢亦然。月祀於曾祖也，時享於二祧也，歲貢於壇墠也。終謂世終，朝嗣王也。」○盧文弨曰：「曾祖」，今韋注作「曾高」。顧千里曰：「終」字疑不當有。觀上文四句「祭」「祀」「享」「貢」，不言「日」「月」「時」「歲」，知此句「王」不言「終」明甚，涉下「終王之屬也」及楊注而衍。**日祭、月祀、時享、歲貢，**此下當有「終王」二字，誤脱耳。**夫是之謂視形執而制械用，稱遠近而等貢獻，是王者之至也。**「至」當爲「志」。所以志識遠近也。○王念孫曰：「至」當爲「制」。上文云「彼王者之制也，視形執而制械用，稱遠邇而等貢獻」，下文云「則未足與及王者之制也」，皆其證。楊説非。**彼楚、越者，且時享、歲貢、終王之屬也，必齊之日祭、月祀之屬然後曰受制邪？是規磨之説也，**規磨之説，猶言差錯之説也。規者正圓之器，磨久則偏盡而不圓，失於度程也。文子曰：「水雖平，必有波；衡雖正，必有差。」韓子曰：「規有磨而水有波，我欲更之，無奈之何。此通於權者言也。」○郝懿行曰：「磨」當作「摩」，古今字也。規摩，蓋言規畫揣摩，不必無失也。**溝中之瘠也，**謂行乞之人在溝壑中羸瘠者，以喻智慮淺也。**則未足與及王者之制也。**○俞樾曰：此文當在「東海之樂」下。荀子原文，蓋云「語曰『淺不足與測深，愚不足以謀知，坎井之鼃不可與語東海之樂，溝中之瘠未足與及王者之制』，此之謂也」。「坎井之鼃」二句，所謂「淺不足與測深」也；「溝中之瘠」二句，所謂「愚不足以謀知」也。傳寫誤倒在上，又衍兩「也」字、一「則」字。**語曰：「淺不足與測深，愚不足與謀知，坎井之鼃不可與語東海之樂。」此之謂也。**言小不知大也。司馬彪曰：「坎井，壞井也。鼃，蝦蟇類也。」事出莊子。「坎井」或作「壇井」。鼃，户媧反。○盧文弨曰：正文「淺不足」，宋本作「淺不可」。

世俗之爲説者曰：「堯、舜擅讓。」擅與禪同，墠亦同義。謂除地爲墠，告天而傳位也。後因謂之禪位。世俗以爲堯、舜德厚，故禪讓聖賢；後世德薄，故父子相繼。荀卿言堯、舜相承，但傳位於賢而已，與傳子無異，非謂求名而禪讓也。案書序曰「將遜于位，讓于虞舜」，是亦有讓之説。此云非禪讓，葢書序美堯之德，雖是傳位，與遜讓無異，非是先自有讓意也。孟子亦云：「萬章曰：『堯以天下與舜，有諸？』孟子曰：『天子不能以天下與人。』曰：『孰與之？』曰：『天與之。』」又曰「天與賢則與賢，天與子則與子」也。**是不然。天子者，埶位至尊，無敵於天下，夫有誰與讓矣？**讓者，埶位敵之名，若上下相縣，則無與讓矣。有，讀爲又也。**道德純備，智惠甚明，南面而聽天下，生民之屬莫不振動從服以化順之，天下無隱士，無遺善，**無隱藏不用之士也。**同焉者是也，異焉者非也，夫有惡擅天下矣？**夫自知不堪其事，則求賢而禪位。今以堯、舜之明聖，事無不理，又烏用禪位哉？**曰：「死而擅之。」**或者既以生無禪讓之事，因謂堯、舜預求聖賢，至死後而禪之。**是又不然。聖王在上，圖德而定次，量能而授官，**○盧文弨曰：舊校云：「一本作『決德而定次』。」先謙案：作「決」者是，説見儒效篇。**皆使民載其事而各得其宜，不能以義制利，不能以僞飾性，則兼以爲民。**僞，謂矯其本性也。無能者則兼并之，令盡爲民氓也。○先謙案：僞與爲同，謂作爲也。**聖王已沒，天下無聖，則固莫足以擅天下矣。**固無禪讓。**天下有聖而在後者，則天下不離，**有聖繼其後者，則天下有所歸，不離叛也。○俞樾曰：「後」下當有「子」字。下文云「聖不在後子而在三公，則天下如歸」，楊注曰：「後了，嗣子，謂丹朱、商均；三公，宰相，謂舜、禹。」此説是也。荀子之意，謂傳賢與傳子同。天下有聖而在後子，則傳之子可也；聖不在後子而在三公，則傳之賢可也。故兩言「天下厭然與鄉無以異也，以堯繼堯，夫又何變之有矣」，正見傳賢、傳子之不異也。自此文奪「子」字而其義不顯，楊氏遂疑後三句爲重出矣。**朝不易位，國不更制，天下厭然與鄉無以異也，**厭然，順服貌，一涉反。鄉音向。○先謙案：「厭然」，謝本誤「厭焉」，據宋台州本正。**以堯繼堯，夫又何變之有矣？**言繼位相承，與一堯無異，豈爲禪讓改變與他人乎？**聖不在後子而在三公，則天下如歸，猶復而振之矣，**後子，嗣子，謂丹朱、商均也；三公，宰相，謂舜、禹。天下如歸，言不歸後子而歸三公也。復而振之，謂猶如天下已去而衰息，今使之來復而振起也。**天下厭然與鄉無以異也，以堯繼堯，夫又何變之有矣？**疑此三句重也。**唯其徙**

朝改制爲難。謂殊徽號、異制度也。舜、禹相繼，與父子無異，所難而不忍者，在徙朝改制也。後世見其改易，遂以爲擅讓也。故天子生則天下一隆，致順而治，論德而定次；天下一隆，謂天下之人皆得其崇厚也。致，極也。○先謙案：一隆者，天下之人有專尊也，注非。「論」當爲「決」，説見儒效篇。死則能任天下者必有之矣。夫禮義之分盡矣，擅讓惡用矣哉？夫讓者，禮義之名，今聖王但求其能任天下者傳之，則是盡禮義之分矣，豈復更求禪讓之名哉？曰：「老衰而擅。」是又不然。血氣筋力則有衰，若夫智慮取舍則無衰。曰：「老者不堪其勞而休也。」是又畏事者之議也。或者自以畏憚勞苦，以爲聖王亦然也。天子者，埶至重而形至佚，心至愉而志無所詘，而形不爲勞，尊無上矣。衣被則服五采，雜閒色，衣被，謂以衣被身。服五采，言備五色也。閒色，紅、碧之屬。禮記曰「衣正色，裳閒色」也。重文繡，加飾之以珠玉；食飲則重大牢而備珍怪，期臭味，重，多也。謂重多之以太牢也。珍怪，奇異之食也。「期」當爲「綦」，極也。曼而饋，「曼」當爲「萬」。饋，進食也。列萬舞而進食。○郝懿行曰：曼訓長也。傳粢進膳，列人持器，以次遞傳，故曰曼也。論語「詠而饋」，謂祭也。（論衡明雩篇。）此云「曼而饋」，謂食也。代睪而食，皋，未詳，葢香草也。或曰：皋讀爲槀，卽所謂蘭茝本也。或曰：當爲「澤」。澤，蘭也。既夕禮：「茵著用荼，實綏澤焉。」俗書「澤」字作「水」傍「睪」，傳寫誤遺其「水」耳。代睪而食，謂焚香氣歇，卽更以新者代之。○盧文弨曰：案正文「睪」本作「皋」，故注一云「皋未詳」，再云「皋當槀，卽所謂蘭茝槀本也」，三云「當爲澤，俗書澤字作水旁皋，傳寫誤遺其水耳」。史記天官書「其色大圜黃滜」，卽「黃澤」，是其證。今本及宋本皆脱誤。若「水」旁作「睪」，乃「澤」字正體，不得云「俗書」也。郝懿行曰：「睪」卽「皋」字。下云「側載睪芷」，葢皆謂香草也。此云「代睪」，葢進食人更迭佩帶，助其馨香。洪頤煊曰：淮南主術訓「鼛鼓而食，奏雍而徹」，與此上下文義同。「鼛」「皋」，古字通用。劉台拱曰：「代睪」當爲「伐皋」。主術訓注引詩「鼓鐘伐鼛」，考工記韗人作「皋鼓」。王念孫曰：周官大司樂：「王大食，三侑，皆令奏鍾鼓。」又案：淮南亦本作「伐鼛而食」，與「奏雍而徹」對文。淮南卽本於荀子也。高注引詩「鼓鍾伐鼛」，正釋「伐鼛」二字之義。今本正文作「鼛鼓」者，涉注文而誤。玉海一百九引淮南正作「伐鼛而食」。**雍而徹乎**雍，詩周頌樂章名。奏雍而徹饌。論語曰「三家者以雍徹」，言其僭也。**五祀，**○劉台拱曰：此當以「雍而徹乎五祀」爲句。徹乎五祀，謂徹於竈也。周禮膳夫職云：「王卒食，以樂徹于造。」淮南主術訓云：「奏雍而徹，已飯而祭竈。」葢徹饌而設之於竈，若祭然，天子之禮也。「造」「竈」，古字通用。大祝「六祈」，「二曰造」。故書「造」作「竈」。吳語「係馬舌，出火竈」，吳越春秋作「出火於造」。（王念孫云：史記秦本紀「客卿竈」，秦策作「造」。管子輕重己篇「熯竈泄井」，禁藏篇作「造」。）專言之則曰竈，連言之則曰五祀，若謂丞相爲三公、左馮翊爲三輔也。楊氏失其句讀，乃爲是多方駢枝之説。此言天子奉養之盛，而以祭祀爲言，何當乎？**執薦者百人侍西房；**周禮宗伯「以血祭祭社稷、五祀」，鄭云「五祀，四時迎五行之氣於四郊，而祭五德之帝」也。或曰：此五祀謂礿、祠、烝、嘗及大祫也。或曰：國語展禽曰：「禘、郊、祖、宗、報，此五者，國之祀典也。」皆王者所親臨之祭，非謂户、竈、中霤、門、行之五祀也。薦，謂所薦陳之物，籩豆之屬也。侍，侍立也。西房，西廂。「侍」，或爲「待」也。○劉台拱曰：天子羞用百有二十品。執薦者百人，舉成數。**居則設張容，負依而坐，諸侯趨走乎堂下；**居，安居也，聽朝之時也。容，謂羽衞也。居則設張其容儀，負依而坐也。户牖之閒謂之依，亦作「扆」。扆、依音同。或曰：爾雅云「容謂之防」，郭璞云「如今牀頭小曲屏風，唱射者所以自防隱」也。言施此容於户牖閒，負之而坐也。○盧文弨曰：注「所以自防隱也」，宋本作「所以隱見也」，誤，今攷正。郝懿行曰：張與帳同，古以「張」爲「帳」也。容則楊注引爾雅郭注是也。張、容二物，與負依而爲三。王念孫曰：「坐」當爲「立」，説見儒效篇。**出户而巫覡有事，**出户，謂出内門也。女曰巫，男曰覡。有事，祓除不祥。**出門而宗祀有事，**出門，謂車駕出國門。宗者，主祭祀之官。「祀」當爲「祝」。有事，謂祭行神也。國語曰：「使名姓之後能知四時之生，犧牲之物，玉帛之類，采服之儀，彝器之量，次主之度，屏攝之位，壇場之所，上下之神祇，氏姓之所出，而心帥舊典者，爲之宗。」又曰：「使先聖之後能知山川之號，宗廟之事，昭穆之世，齊敬之勤，禮節之宜，威儀之則，容貌之崇，忠信之質，禋絜之服，而敬恭明神者，爲之祝。」韋昭曰：「宗，大宗伯也，掌祭祀之禮。祝，大祝，掌祈福祥也。」○盧文弨曰：注「上下之神祇，氏姓之所出」，今國語無「祇」字「所」字，宋本有之，與周禮大宗伯注合。「宗，大宗伯也」，韋注無「大」字。又「祝，大祝」，舊本誤作「禮記曰大祝」，今皆攷正。**乘**

大路、趨越席以養安，人路，祭天車。禮記曰：「大路，繁纓一就。」「趨」，衍字耳。越席，結蒲爲席。養安，言恐其不安，以此和養之。按，禮以大路、越席爲質素，此云養安以爲盛飾，未詳其意。或曰：古人以質爲重也。○先謙案：史記禮書正義云：「蒲草爲席，既潔且柔，潔可以祀神，柔可以養體也。」**側載睪芷以養鼻**，睪芷，香草也，已解上。於車上傍側載之，用以養鼻也。○先謙案：史記作「側載臭茝」，索隱引劉氏云：「側，特也。臭，香也。茝，香草也。言天子行，特得以香草自隨也，其餘則否。」今以側爲邊側。載者，置也。言天子之側常置芳香於左右。**前有錯衡以養目**，詩曰「約軧錯衡」，毛云：「錯衡，文衡。」**和鸞之聲，步中武、象，騶中韶、護以養耳**，和、鸞，皆車上鈴也。韓詩外傳云：「鸞在衡，和在軾前。」升車則馬動，馬動則鸞鳴，鸞鳴則和應，皆所以爲行節也。許慎曰：「和取其敬，鸞以象鳥之聲。」武、象、韶、護，皆樂名。「騶」當爲「趨」。步謂車緩行。趨謂車速行。周禮大馭云「凡馭路，行以肆夏，趨以采齊，以鸞和爲節」，鄭云：「行，謂大寢至路門；趨，謂路門至應門也。」**三公奉軶持納**，軶，轅前也。納與軜同。軜謂驂馬內轡繫軾前者。詩曰：「鋈以觼軜。」○盧文弨曰：注「內轡」，舊作「內軜」。今據説文改正。**諸侯持輪挾輿先馬**，挾輿，在車之左右也。先馬，導馬也。或持輪者，或挾輿者，或先馬者。**大侯編後，大夫次之**，大侯，國稍大，在五等之列者。**小侯、元士次之**，小侯，僻遠小國及附庸也。元士，上士也。禮記曰：「庶大、小侯，入天子之國，曰某人。」又曰「天子之元士視附庸」也。**庶士介**

而夾道，庶士，軍士也。介而夾道，被甲夾於道側，以禦非常也。○謝本從盧校作「坐道」，注二「夾」字竝作「坐」。王念孫曰：宋呂本作「庶士介而夾道」。錢本及元刻「夾道」竝誤作「坐道」，而盧本從之。案作「坐道」者非也。上文云「天子出則三公奉軛持納，諸侯持輪挾輿先馬」，然則庶士豈得坐道乎？當從呂本作「夾道」。周官條狼氏「王出入則八人夾道」是也。楊注本云「介而夾道，被甲夾於道側，以禦非常也」，而今本注文兩「夾」字亦誤爲「坐」矣。先謙案：王說是，今從呂本改。**庶人隱竄，莫敢視望；居如大神，動如天帝，**言畏敬之甚也。**持老養衰，猶有善於是者與不？老者，休也，休猶有安樂恬愉如是者乎？**不老，老也，猶言不顯，顯也。或曰：「不」字衍耳。夫老者，休息之名，言豈更有休息安樂過此。○郝懿行曰：不老者，不衰老也，猶詩之言「永錫難老」矣。故以「天子無老」申之。楊注「不老，老也」，又曰「不字衍」，二說皆非。王念孫曰：或說是。俞樾曰：案此當作「猶有善於是者不與」，不讀爲否，傳寫誤倒在「與」下。楊注曰「不老，老也」，或曰「衍不字」，竝非。**故曰：諸侯有老，天子無老，**諸侯供職貢朝聘，故有筋力衰竭求致仕者，與天子異也。**有擅國，無擅天下，古今一也。**讓者，執位敵之名。一國事輕，則有請於天子而讓賢，天下則不然也。**夫曰「堯、舜擅讓」，是虛言也，是淺者之傳、陋者之說也，不知逆順之理，小大、至不至之變者也，**小謂一國；大謂天下。至不至，猶言當不當也。**未可與及天下之大理者也。**

世俗之爲説者曰：「堯、舜不能教化，是何也？曰：朱、象不化。」是不然也。堯、舜，至天下之善教化者也，南面而聽天下，生民之屬莫不振動從服以化順之；言天下無不化。然而朱、象獨不化，是非堯、舜之過，朱、象之罪也。朱、象乃罪人之當誅戮者，豈堯、舜之過哉？論語曰「上智與下愚不移」是也。堯、舜者，天下之英也；鄭康成注禮記云：「英，謂俊選之尤者。」朱、象者，天下之嵬、一時之瑣也。言嵬瑣之人，雖被堯、舜之治，猶不可化。言教化所不及。嵬瑣，已解在非十二子之篇。○先謙案：嵬瑣猶委瑣，説見前。儒效篇云「英傑化之，嵬瑣逃之」，亦以「英傑」「嵬瑣」對文。今世俗之爲説者不怪朱、象而非堯、舜，豈不過甚矣哉！夫是之謂嵬説。狂妄之説。羿、蠭門者，天下之善射者也，不能以撥弓、曲矢中；撥弓，不正之弓。中，丁仲反。○陳奐曰：案「中」下脱「微」字。撥弓、曲矢不能中微，與下文辟馬、毁輿不能致遠句法相同。儒效篇曰：「輿固馬選矣，而不能以致遠一日而千里，則非造父也；弓調矢直矣，而不能以射遠中微，則非羿也。」王霸篇曰：「人主欲得善射，射遠中微，則莫若羿、蠭門矣；欲得善馭，及速致遠，則莫若王良、造父矣。」君道篇曰：「人主欲得善射，射遠中微者；欲得善馭，及速致遠者。」議兵篇曰：「弓矢不調則羿不能以中微，六馬不和則造父不能以致遠。」皆「中微」與「致遠」作對文，可證。小雅毛傳曰「殪，壹發而死，言能中微而制大也」，語本荀子。王梁、造父者，天下之善馭者也，不能以辟馬、毁輿致遠；辟與躄同，必亦反。堯、舜者，天下之善教化者也，不能使嵬瑣化。何世而無嵬，何時而無瑣，自太皞、燧人莫不有也。太皞，伏羲也。燧人，太皞前帝王，始作火化者。故作者不祥，學者受其殃，非者有慶。作嵬瑣者不祥也。有慶，言必無刑戮也。○俞樾曰：此謂作世俗之說者不祥，學者從而傳述之，必受其殃，能非而闢之則有慶也。下文引詩曰「下民之孼，匪降自天，噂沓背憎，職競由人」，可見荀子之意，深疾世俗之說，故爲此言。楊注未得其旨。詩曰：「下民之孼，匪降自天，噂沓背憎，職競由人。」此之謂也。詩，小雅十月之交篇。言下民相爲妖孼，災害非從天降，噂噂沓沓然相對談語，背則相憎，爲此者，蓋由人耳。

世俗之爲說者曰：「太古薄葬，棺厚三寸，衣衾三領，葬田不妨田，故不掘也。此蓋言古之人君也。三領，三稱也。禮記「君陳衣於序東，西領南上」，故以「領」言。葬田不妨田，言所葬之地不妨農耕也。殷已前平葬，無丘壠之識也。亂今厚葬飾棺，故扣也。」是不及知治道，而不察於扣不扣者之所言也。扣，穿也，謂發冢也，胡骨反。凡人之盜也，必以有爲，其意必有所云爲也。不以備不足，足則以重有餘也。○盧文弨曰：下「足」字衍。而聖王之生民也，皆使當厚優猶不知足，而不得以有餘過度。當謂得中也，丁浪反。優猶寬泰也。「不知足」，「不」字亦衍耳。言聖王之養民，輕賦薄斂，皆使寬泰而知足也；又有禁限，不得以有餘過度也。○王念孫曰：「當厚」二字不詞，楊說非也。「當厚」蓋「富厚」之誤。（秦策：「勢位富厚。」）下「優猶知足」，正承「富厚」言之。**故盜不竊，賊不刺，**盜賊，通名。分而言之，則私竊謂之盜，劫殺謂之賊。○俞樾曰：楊蓋以刺爲「刺殺」之刺，實非然也。漢書郊祀志「刺六經中作王制」，師古注曰：「刺，采取之也。」又丙吉傳「至公車刺取」，注曰：「刺，謂探候之也。」然則刺者，探取之義。「盜不竊，賊不刺」，變文以成句耳，非有異義也。**狗豕吐菽粟，而農賈皆能以貨財讓，**農賈庶人猶讓，則其餘無不讓也。○郝懿行曰：吐者，棄也。（倉頡篇。）此蓋極言菽粟之多耳，非食而吐之也。孟子言「狗彘食人食」，揚雄蜀都賦云「糴米肥豬」，非聖世之事也。**風俗之美，男女自不取於涂而百姓羞拾遺。**○郝懿行曰：大略篇云「國法禁拾遺」，蓋必申、商之法有此禁令，故荀舉以爲言。**故孔子曰：「天下有道，盜其先變乎！」**衣食足，知榮辱。**雖珠玉滿體，文繡充棺，黄金充椁，加之以丹矸，重之以曾青，**丹矸，丹砂也。曾青，銅之精，形如珠者，其色極青，故謂之曾青，加以丹矸，重以曾青，言以丹青采畫也。**犀象以爲樹，**樹之於壙中也。**琅玕、龍兹、華覲以爲實，**琅玕似珠，崑崙山有琅玕樹。龍兹，未詳。「覲」當爲「瑾」。華，謂有光華者也。或曰：龍兹，卽今之龍鬚席。公羊傳曰：「衛侯朔屬負兹。」爾雅曰：「蓐謂之兹。」史記曰「衛叔封布兹」，徐廣曰：「兹者，藉席之名。」列女傳無鹽女謂齊宣王曰：「漸臺五重，黄金、白玉，琅玕、龍疏、翡翠、珠璣，莫落連飾，萬民疲極，此二殆也。」疑「龍兹」卽「龍疏」，疏、鬚音相近也。曹大家亦不解。實，謂實於棺椁中。或曰：兹與髭同。○郭慶藩曰：上言「以爲樹」，下言「以爲實」，蓋謂植樹犀象而以珠玉爲之實也。上言「琅玕」，下言「華覲」，則龍兹非席明矣。列女傳之「龍疏」，亦列於珠玉之閒，不得爲席。「龍疏」或即「龍兹」，當爲珠玉名，猶左昭二十九年傳所稱「龍輔」爲玉名也。楊訓實爲實於棺椁，失之。人猶且莫之扣也。是何也？則求利之詭緩，而犯分之羞大也。詭，詐也。求利詭詐之心緩也。○郝懿行曰：詭者，責也。言扣人冢墓以求利，國法必加罪責也。詭訓責，古義也。漢書趙充國、陳湯、京房、尹賞、王莽傳及後漢孟嘗、陳重傳注皆以「詭」爲「責」也。俞樾曰：「詭」，疑「説」字之誤。言古者民生富厚，求利之説在所緩也。「詭」「説」形似致誤。楊注非。先謙案：郝説是。以犯分爲羞，非畏罪責也。夫亂今然後反是：上以無法使，下以無度行，知者不得慮，能者不得治，賢者不得使。不得在位使人。若是，則上失天性，下失地利，中失人和，故百事廢，財物詘而禍亂起。王公則病不足於上，庶人則凍餧羸瘠於下，於是焉桀、紂羣居，而盜賊擊奪以危上矣。言在上位者盡如桀、紂也。安禽獸行，虎狼貪，故脯巨人而炙嬰兒矣。若是，則有何尤扣人之墓、抉人之口而求利矣哉？抉，挑也。抉人口，取其珠也。○先謙案：有讀爲又。雖此倮而薶之，猶且必扣也，安得葬薶哉？不可得葬薶而不發。彼乃將食其肉而齕其骨也。夫曰「太古薄葬，故不扣也；亂今厚葬，故扣也」，是特姦人之誤於亂説，以欺愚者而潮陷之以偷取利焉，夫是之謂大姦。言是乃特姦人自誤惑於亂説，因以欺愚者，猶於泥潮之中陷之。謂使陷於不仁不孝也。以偷取利，謂偕弃死者而苟取其利於生者也。是時墨子之徒説薄葬以惑當世，故以此譏之。○盧文弨曰：「潮」當作「淖」。古「潮」字作「淖」，故「淖」誤爲「淖」，又誤爲「潮」。傳曰：「危人而自安，害人而自利。」此之謂也。危害死者以利生者，與此義同。

子宋子曰：「明見侮之不辱，使人不鬭。宋子，已解在天論篇。宋子言若能明侵侮而不以爲辱之義，則可使人不鬭也。莊子説宋子曰：「見侮不辱，救民之鬭。」尹文子曰：「見侮不辱，見推不矜，禁暴息兵，救世之鬭，此人君之德，可以爲王矣。」宋子蓋尹文弟子。何休注公羊曰：「以子冠氏上者，著其師也。」言此者，蓋以難宋子之徒也。人皆以見侮爲辱，故鬭也；知見侮之爲不辱，則不鬭矣。」應之曰：然則亦以人之情爲不惡侮乎？曰：「惡而不辱也。」雖惡其侮，而不以爲辱。惡，烏路反，下同。曰：若是，則必不得所求焉。求不鬭，必不得。凡人之鬭也，必以其惡之爲説，非以其辱之爲故也。凡鬭，在於惡，不在於辱也。今俳優、侏儒、狎徒詈侮而不鬭者，是豈鉅知見侮之爲不辱哉？狎，戲也。鉅與遽同。言此倡優豈速遽知宋子有見侮不辱之論哉？○謝本從盧校，注「豈」下無「速」字。王念孫曰：豈鉅知者，豈知也。鉅亦豈也，古人自有複語耳。或言「豈鉅」，或言「豈遽」，或言「庸鉅」，或言「何遽」，其義一而已矣。（説見漢書陸賈傳。）楊讀鉅爲遽，而云「豈速遽知」，失之。盧刪注「速」字，各本皆有。先謙案：王説是。今依各本增。然而不鬭者，不惡故也。今人或入其央瀆，竊其豬彘，央瀆，中瀆也，如今人家出水溝也。則援劒戟而逐之，不避死傷，是豈以喪豬爲辱也哉？然而不憚鬭者，惡之故也。雖以見侮爲辱也，不惡則不鬭；不知宋子之論者也。雖知見侮爲不辱，惡之則必鬭。知宋子之論也。然則鬭與不鬭邪，亡於辱之與不辱也，乃在於惡之與不惡也。夫今子宋子不能解人之惡侮，而務説人以勿辱也，豈不過甚矣哉！解，達也。不知人情惡侮，而使見侮不辱，是過甚也。解，如字。説讀爲税。金舌弊口，猶將無益也。金舌，以金爲舌。金舌弊口，以喻不言也。雖子宋子見侵侮，金舌弊口而不對，欲以率先，猶無益於不鬭也。揚子法言曰：「金口而木舌。」金，或讀爲噤。○盧文弨曰：上云「説人以勿辱」，此蓋言舌弊猶不見聽耳。一説：遒人木鐸，金口木舌，今卽爲之金舌，振之至於口弊，亦何益哉？俞樾曰：金舌弊口，謂説人，非謂不言，楊注非也。此文當作「金口弊舌」。金讀爲唫。説文口部：「唫，口急也。」弊讀爲敝。言雖説之至於口唫舌敝，猶無益也。戰國策秦策「舌敝耳聾」，此可證敝舌之義。今作「金舌弊口」，義不可通。據楊注引法言「金口而木舌」，又似本作「金口」者，豈爲後人改竄故歟？不知其無益則不知；不知此説無益，是不知也。知其無益也，直以欺人則不仁。不仁不知，辱莫大焉。發論而不仁不知，辱無過此也。將以爲有益於人，則與無益於人也，與讀爲預。本謂有益於人，反預於無益人之論也。

〇盧文弨曰：注「論」，宋本作「謂」。王念孫曰：楊説甚迂。余謂與讀爲舉。（「舉」，古通作「與」，説見經義述聞禮運。）舉，皆也。（見左傳宣十七年注、哀六年注。）言其説皆無益於人也。則得大辱而退耳。説莫病是矣。本欲使人見侮不辱，反自得大辱耳。子宋子曰：「見侮不辱。」應之曰：凡議，必將立隆正然後可也。崇高正直，然後可也。〇先謙案：隆正，猶中正。下文「大隆」，即「大中」也，説見致士篇。無隆正，則是非不分而辨訟不決。故所聞曰：「天下之大隆，是非之封界，分職名象之所起，王制是也。」名謂指名。象謂法象。王制，謂王者之舊制。故凡言議期命，是非以聖王爲師，期，物之所會也；命，名物也：皆以聖王爲法也。〇王引之曰：「是非」當作「莫非」。正文云「莫非以聖王爲師」，故楊注云「皆以聖王爲師」，「皆」字正釋「莫非」二字。（凡本書中言「莫非」「莫不」者，注悉以「皆」字釋之。）今本「莫非」作「是非」，則義不可通，蓋涉上文兩「是非」字而誤。而聖王之分，榮辱是也。聖王以榮辱爲人之大分，豈如宋子以見侮爲不辱哉？是有兩端矣：榮辱各有二也。有義榮者，有埶榮者；有義辱者，有埶辱者。志意修，德行厚，知慮明，是榮之由中出者也，夫是之謂義榮。爵列尊，貢禄厚，形埶勝，貢，謂所受貢賦，謂天子諸侯也。禄，謂受君之禄，卿相士大夫也。形埶，謂埶位也。上爲天子諸侯，下爲卿相士大夫，是榮之從外至者也，夫是之謂埶榮。流淫、汙僈，汙，穢行也。「僈」當爲「漫」，已解在榮辱篇。犯分、亂理，驕暴、貪利，

是辱之由中出者也，夫是之謂義辱。詈侮捽搏，捽，持頭也。搏，手擊也。**捶笞、臏腳，**捶、笞，皆杖擊也。臏，膝骨也。「腳」，古「脚」字。臏腳，謂刖其膝骨也。鄒陽曰：「司馬喜臏腳於宋，卒相中山。」**斬、斷、枯、磔，**斷，如字。枯，弃市暴屍也。磔，車裂也。周禮「以疈辜祭四方百物」，注謂披磔牲體也。或者枯與疈辜義同歟？韓子曰：「楚南之地，麗水之中生金，民多竊采之。采金之禁，得而輒辜磔。所辜磔甚衆，而民竊金不止。」疑「辜」即「枯」也。又莊子有「辜人」，謂犯罪應死之人也。○王念孫曰：後説是也。周官掌戮「殺王之親者辜之」，鄭注曰：「辜之言枯也，謂磔之。」**藉、靡、舌縪，**藉，見淩藉也，才夜反。靡，繫縛也，與縻義同，即謂胥靡也，謂刑徒之人以鐵鎖相連繫也。舌縪，未詳。或曰：莊子云「公孫龍口呿而不合，舌舉而不下」，謂辭窮，亦恥辱也。**是辱之由外至者也，夫是之謂埶辱。是榮辱之兩端也。故君子可以有埶辱，而不可以有義辱；小人可以有埶榮，而不可以有義榮。有埶辱無害爲堯，有埶榮無害爲桀。義榮、埶榮，唯君子然後兼有之；義辱、埶辱，唯小人然後兼有之。是榮辱之分也。聖王以爲法，士大夫以爲道，官人以爲守，百姓以爲成俗，萬世不能易也。**言上下皆以榮辱爲治也。士大夫，主教化者。官人，守職事之官也。○王念孫曰：第四句本作「百姓以成俗」，與上三句對文。晉語注曰：「爲，成也。」（廣雅同。）「以成俗」，即「以爲俗」。今本「成」上有「爲」字，乃涉上三「爲」字而衍。呂本無「爲」字。禮論篇「官人以爲守，百姓以成俗」，

「成」上亦無「爲」字。**今子宋子案不然，獨詘容爲己，慮一朝而改之，說必不行矣。**言宋子不知聖人以榮辱爲大分，獨欲屈容受辱爲己之道，其謀慮乃欲一朝而改聖王之法，說必不行矣。**譬之是猶以塼涂塞江海也，以焦僥而戴太山也，**塼涂，以涂壘塼也。焦僥，短人長三尺者。○盧文弨曰：「塼」，俗字。荀書當本作「摶」。摶塗泥而塞江海，必無用矣。**蹎跌碎折不待頃矣。**蹎與顛同，躓也。頃，少頃也。○郝懿行曰：蹎者，僵仆也。經典俱假借作「顛」，唯此是其本字。注云「蹎與顛同」，蓋不知「顛」乃假借耳。**二三子之善於子宋子者，殆不若止之，將恐得傷其體也。**二三子，慕宋子道者也。止，謂息其說也。傷其體，謂受大辱。○盧文弨曰：得，未詳。或云：古與「礙」通。梵書以「导」爲「礙」，亦有所本。俞樾曰：「得」字無義，疑「復」字之誤。復者，反也。猶曰「將恐反傷其體也」。言子宋子之說非徒無益於人，或反以傷其體耳。**子宋子曰：「人之情欲寡，而皆以己之情爲欲多，是過也。」**宋子以凡人之情，所欲在少，不在多也。莊子說宋子曰「以禁攻寢兵爲外，以情欲寡少爲内」也。○謝本從盧校作「欲爲多」。王念孫曰：「人之情」三字連讀，「欲寡」二字連讀，非以「情欲」連讀也。「而皆以己之情欲爲多」，呂本作「而以己之情爲欲多」，是也。（錢校亦云：「監本作『情爲欲多』。」）「己之情」三字連讀，「欲多」二字連讀。謂人皆以己之情爲欲多不欲寡也。自錢本始誤作「以己之情欲爲多」，則似以「情欲」二字連讀矣。（互見下條。）天論篇注引此正作「以己之情爲欲多」。先謙案：王說是，今從呂本改作「爲欲多」。故率其羣徒，辨其談説，明其譬稱，將使人知情欲之寡也。稱，謂所宜也。稱，尺證反。「情欲之寡」，或爲「情之欲寡」也。○王念孫曰：案或本是也。此謂宋子將使人知情之欲寡不欲多也。下文云「古之人以人之情爲欲多而不欲寡」，「今子宋子以人之情爲欲寡而不欲多也」，（下「人之情」，各本作「是之情」。案「人之情」三字，上文凡七見，今據改。）是其證。楊本作「情欲之寡」，非。應之曰：然則亦以人之情爲欲。○盧文弨曰：此「欲」字衍，句當連下。一説：當作「亦以人情爲不欲乎」。先謙案：前説是。目不欲綦色，耳不欲綦聲，口不欲綦味，鼻不欲綦臭，形不欲綦佚。此五綦者，亦以人之情爲不欲乎？曰：「人之情欲是已。」○先謙案：欲是者，欲上五綦。曰：若是，則説必不行矣。以人之情爲欲此五綦者而不欲多，譬之是猶以人之情爲欲富貴而不欲貨也，好美而惡西施也。古之人爲之不然。以人之情爲欲多而不欲寡，故賞以富厚而罰以殺損也，謂以富厚賞之，以殺損罰之。殺，減也，所介反。是百王之所同也。故上賢禄天下，次賢禄一國，下賢禄田邑，愿慤之民完衣食。以人之情爲欲多，故使德重者受厚禄，下至愿慤之民，猶得完衣食，皆所以報其功。今子宋子以是之情爲欲寡而不欲多也，然則先王以人之所不欲者賞而以人之所欲者罰邪？亂莫大焉。如宋子之説，乃大亂之道。今子宋子嚴然而好説，嚴讀爲儼。好説，自喜其説也。好，呼報反。聚人徒，立師學，成文曲，文曲，文章也。○

王念孫曰：成文曲義不可通，「曲」當爲「典」，字之誤也。故楊注云：「文典，文章也。」（今本注文亦誤作「文曲」。）成文典，謂作宋子十八篇也。（見藝文志。）非十二子篇云「終日言成文典」，是其證。

然而說不免於以至治爲至亂也，豈不過甚矣哉！

荀子卷第十三

禮論篇第十九舊目録第二十三，今升在論議之中，於文爲比。

禮起於何也？曰：人生而有欲，欲而不得，則不能無求；求而無度量分界，則不能不争；量，力鄕反。○先謙案：宋台州本無此四字，有「分，扶問反」四字。争則亂，亂則窮。窮，謂計無所出也。先王惡其亂也，故制禮義以分之，以養人之欲，給人之求，有分，然後欲可養，求可給。使欲必不窮乎物，物必不屈於欲，兩者相持而長，是禮之所起也。屈，竭也。先王爲之立中道，故欲不盡於物，物不竭於欲，欲與物相扶持，故能長久，是禮所起之本意者也。故禮者，養也。芻豢稻粱，五味調香，所以養口也；○王念孫曰：香，臭也，非味也，與「五味調」三字義不相屬。下文云「椒蘭芬苾，所以養鼻」，是香以養鼻，非以養口也。「香」當爲「盉」。説文：「盉，調味也，從皿，禾聲」。今通作「和」。昭廿年左傳曰：「和如羹焉。水火醯醢鹽梅，以亨魚肉，宰夫和之，齊之以味，濟其不及，以洩其過，君子食之，以平其心。」故曰「五味調盉，所以養口也」。「盉」與「香」字相似，故「盉」誤爲「香」，而楊注不釋「盉」字，則所見本已誤爲「香」矣。説文又曰：「鬻，（與羹同。）五味盉羹也。」博古圖所載商、周器皆有盉，蓋因其可以盉羹而名之，故其字從皿而以禾爲聲。今經傳皆通用「和」字，而「盉」字遂廢。此「盉」字若不誤爲「香」，則後人亦必改爲「和」矣。 椒蘭芬苾，所以養鼻也；雕琢、刻鏤、黼黻、文章，所以養目也；鍾鼓、管磬、琴瑟、竽笙，所以養耳也；疏房、檖䫉、越席、牀笫、几筵，所以養體也。疏，通也。疏房，通明之房也。䫉，古「貌」字。檖䫉，未詳。或曰：檖讀爲邃。貌，廟也。廟者，宮室尊嚴之名。或曰：䫉讀爲邈。言屋宇深邃緜邈也。笫，牀棧也。越席，翦蒲席也，古人所重。司馬貞曰：「疏，窗也。」○先謙案：宋台州本注「緜」作「緬」。 故禮者，養也。君子既得其養，又好其別。曷謂別？曰：○先謙案：史記禮書作「又好其辨也，所謂辨者」。 貴賤有等，長幼有差，貧富輕重皆有稱者也。稱，謂各當其宜，尺證反。 故天子大路越席，所以養體也；側載睪芷，所以養鼻也；○盧文弨曰：睪芷，説在上篇。史記禮書作「臭茝」，「臭」亦「睪」之誤。 前有錯衡，所以養目也；和鸞之聲，步中武、象，趨中韶、護，所以養耳也；竝解在正論篇。 龍旗九斿，所以養信也；龍旗，畫龍旗。爾雅曰：「素陞龍于縿，練斿九。」旗正幅爲縿，斿所以屬之者也。信謂使萬人見而信之，識至尊也。養猶奉也。○盧文弨曰：注「正幅爲縿」，宋本「縿」作「緇」，元刻作「絲」，皆誤，今改正。元刻「練斿」作「練旒」，與今爾雅同。郝懿行曰：信與神同。畫龍於旗，取其神變。此「信」蓋「神」之叚借。古多借「信」爲「伸」，此又借「信」爲「神」，「神」與「伸」皆同聲之字，故可相通。楊氏不知叚借之義，故云「信謂使人見而信之」，其望文生訓，不顧所安，往往如此。**寢兕、**謂武士寢處於甲冑者也。**持虎、**謂以虎皮爲弓衣，武士執持者也。詩曰：「虎韔鏤膺。」劉氏云「畫虎於鈴竿及楯」也。○盧文弨曰：「持」當爲「特」，字之誤也。寢兕、特虎，謂畫輪爲飾也。劉昭注輿服志引古今注：「武帝天漢四年，令諸侯王朱輪，特虎居前，左兕右麋；小國朱輪，畫特熊居前，寢麋居左右。」白虎通亦曰：「朱輪特熊居前，寢麋居左右。」此謂朱輪每輪畫一虎居前，兕麋在兩旁，卻後而相竝，故虎稱特。左右，謂每輪兩旁也。寢，伏也。大國畫特虎，兕麋不寢；小國則畫特熊，二寢麋，無兕。天子乘輿，蓋畫二寢兕居輪左右，畫特虎居前歟？此段若膺說。**蛟韅、**韅，馬服之革，蓋象蛟形。徐廣曰：「以蛟魚皮爲之。」○盧文弨曰：史記「蛟」作「鮫」，古字通用。注「馬服」乃「馬腋」之誤。徐說本說文。楊云「象蛟形」，與上下文「虎」「兕」「龍」一例，勝徐說。**絲末、**末與幦同。禮記曰「君羔幦虎犆」，鄭云：「覆苓也。」絲幦，蓋織絲爲幦，亡狄反。○盧文弨曰：「絲末」，史記無。**彌龍，所以養威也；**彌，如字，又讀爲弭。弭，末也。謂金飾衡軛之末爲龍首也。徐廣曰：「乘輿車以金薄繆龍爲輿倚較，文虎伏軾，龍首銜軛。」○盧文弨曰：「彌」，即說文之「靡」。廣韻引說文云：「靡，乘輿金耳也，讀若渳水。一讀若月令『靡艸』之『靡』。」金耳謂車耳，即重較也。徐廣說爲得之。「繆龍」，史記作「璆龍」，索隱云：「璆然，龍貌。」徐又云「文虎伏軾，龍首銜軛」，此引古類及之，非正釋也。「銜軛」，當從史記注作「衡軛」爲是。郝懿行曰：金耳者，金飾車耳也。於倚較上刻爲交龍之形，飾之以金，以養威重。龍，取其威也。王念孫曰：盧注亦段說也。今本說文作「乘輿金飾馬耳也」，經段氏校正。説見段氏説文注。**故大路之馬必倍至教順，然後乘之，所以養安也。**倍至，謂倍加精至也。或以「必倍」爲句。倍謂反之，車在馬前，令馬熟識車也。至極教順，然後乘之，備驚奔也。○盧文弨曰：史記「倍至」作「信至」。先謙案：「倍」，當依史記作「信」。「倍」「信」形近而譌。據楊注，則所見本已誤。信至，謂馬調良之極。**孰知夫出死要節之所以養生也！**孰，甚也。出死，出身死寇難也。要節，自要約以節義，謂立節也。使其孰知出死要節，盡忠於君，是乃所以受禄養生也。若不能然，則亂而不保其生也。要，一遥反。○盧文弨曰：此注舊本有賸有脱，今訂正。先謙案：史記「出死」上多一「士」字。**孰知夫出費用之所以養財也！**費，用財以成禮，謂問遺之屬，是乃所以求奉養其財，不相侵奪也。○郭嵩燾曰：「用」上疑奪文。或作「出費制用」，四句爲一例。先謙案：史記「出」作「輕」，文義大異。**孰知夫恭敬辭讓之所以養安也！**無恭敬辭讓，則亂而不安也。**孰知夫禮義文理之所以養情也！**無禮義文理，則縱情性，不知所歸也。**故人苟生之爲見，若者必死；**言苟唯以生爲所見，不能出死要節，若此者必死也。**苟利之爲見，若者必害；**苟唯以利爲所見，不能用財以成禮，若此者必遇害也。**苟怠惰偷懦之爲安，若者必危；**懦讀爲儒。言苟以怠惰爲安居，不能恭敬辭讓，若此者必危也。○盧文弨曰：「偷懦」，非十二子篇作「偷儒」，是也。此與勸學篇作「偷儒」，皆非。先謙案：宋台州本「安」下有「居」字。據注，似正文本有「居」字。**苟情説之爲樂，若者必**

滅。説讀爲悦。言苟以情悦爲樂，不知禮義文理，恣其所欲，若此者必滅亡也。故人一之於禮義，則兩得之矣；一之於情性，則兩喪之矣。專一於禮義，則禮義情性兩得；專一於情性，則禮義情性兩喪也。故儒者將使人兩得之者也，墨者將使人兩喪之者也，是儒、墨之分也。

禮有三本：天地者，生之本也；先祖者，類之本也；類，種。君師者，治之本也。無天地惡生？無先祖惡出？無君師惡治？三者偏亡焉，無安人。偏亡，謂闕一也。故禮上事天，下事地，尊先祖而隆君師，是禮之三本也。所以奉其三本。故王者天太祖，謂以配天也。太祖，若周之后稷。諸侯不敢壞，謂不祧其廟，若魯周公。史記作「不敢懷」，司馬貞云「思也」，蓋誤耳。大夫士有常宗，繼別子之後，爲族人所常宗，百世不遷之大宗也。別子，若魯三桓也。所以別貴始。貴始，得之本也。「得」當爲「德」。言德之本在貴始。穀梁傳有此語。○盧文弨曰：「得」，大戴禮作「德」，古二字通用。先謙案：此上是貴始之義。史記作「所以別貴賤，貴賤治，德之本也」，傳鈔致誤。郊止乎天子，○先謙案：史記作「郊疇乎天子」，索隱：「疇，類也。天子類得郊天，餘並不合祭。」而社止於諸侯，○先謙案：史記作「社至諸侯」，索隱：「言天子已下至諸侯得立社。」説文：「社，地主也。」孝經緯：「社，土地之主也。土地闊，不可盡敬，故封土爲社，以報功也。」案「止」字義不合，當作「至」，「至」「止」形近而誤。楊所見荀子本亦作「至於諸侯」。若作「止於諸侯」，不訓爲「自諸侯通及士大夫」矣。**道及士大夫，**道，通也。言社自諸侯通及士大夫也。或曰：道，行神也。祭法，大夫適士皆得祭門及行。史記「道」作「蹈」，亦作「啗」，司馬貞曰：「啗音含，苞也。」言士大夫皆得苞立社。倞謂當是「道」誤爲「蹈」，傳寫又誤以「蹈」爲「啗」耳。○盧文弨曰：史記集解本「道及」作「函及」。郝懿行曰：案祭法云「大夫以下成羣立社，曰置社」，鄭注：「羣，衆也。大夫以下，謂下至庶人也。大夫不得特立社，與民族居，百家以上則共立一社，今時里社是也。」此則社之禮下達庶人。道，謂通達也。王念孫曰：楊注皆出於小司馬。其説「道」「啗」二字，皆非也。（楊以道爲行神，亦非。）道及者，覃及也，説見史記禮書。先謙案：史記作「函及士大夫」，集解：「函音含。」索隱作「啗」，云：「啗音含。含謂包容。鄒誕生音徒濫反。大戴禮作導，導亦通也。今此爲啗者，當以導與蹈同，後其字『足』失『止』，唯有『口』存，故使解者穿鑿也。」錢氏大昕云：「函及者，覃及也。説文：『𢎘，嘾也，讀若含。』函，從𢎘得聲，亦與嘾同義。古文導與禫同。士喪禮『中月而禫』，古文禫作導。説文，裧讀若『三年導服』之導，亦謂禫服也。導與禫通，則亦與覃、嘾通，而啗又與嘾同音，是文異而實不異。小司馬疑啗爲蹈之譌，由不知古音之變易也。」王氏念孫云：「錢謂導與覃通，導及卽覃及，是也。大雅蕩篇：『覃及鬼方。』爾雅：『覃，延也。』言社自諸侯延及士大夫也。函當爲臽。（今作「陷」。）啗從臽得聲，是臽與啗古同聲，故鄒本作啗，卽臽之異文也。啗與覃，古亦同聲，故鄒本之『啗及』，卽詩之『覃及』也。錢以函及爲覃及，非也。函訓爲容，非覃及之義。函與啗亦不同聲，若本是函字，無緣通作陷也。臽字本作臽，形與函相似，因譌爲函。後人多見函，少見臽，故經史中臽字多譌爲函。」（説詳經義述聞「若合而函吾中」下。）**所以別尊者事尊，卑者事卑，宜大者巨，宜小者小也。**○先謙案：宋台州本有「也」字，各本無。以上下文例之，當有，今據補。**故有天下者事十世，**「十」當爲「七」。穀梁傳作「天子七廟」。○先謙案：大戴禮、史記皆作「七」。**有一國者事五世，有五乘之地者事三世，**古者十里爲成，成出革車一乘。五乘之地，謂大夫有菜地者，得立三廟也。○盧文弨曰：注「菜」，俗閒本作「采」，宋本、元刻皆作「菜」。案諸經正義中亦多作「菜」字。白虎通京師篇凡三見，皆作「菜」。後漢馮魴傳：「食菜馮城。」是以匡謬正俗云：「古之經史，采、菜相通。」**有三乘之地者事二世，**祭法所謂「適士立二廟」也。**持手而食者不得立宗廟，**持其手而食，謂農工食力也。○先謙案：「持手」，大戴禮作「待年」，史記作「有特牲」。禮記曰：「庶人祭於寢。」**所以別積厚，積厚者流澤廣，積薄者流澤狹也。**積與績同，功業也。穀梁傳僖公十五年：「震夷伯之廟。」夷伯，魯大夫，因此以見天子至於士皆有廟也。天子七廟，諸侯五，大夫三，士二。故德厚者流光，德薄者流卑。是以貴始，德之本也。○盧文弨曰：大戴及史記「積厚」二字不重。王念孫曰：不重者是也。上文「所以別尊者事尊，卑者事卑」與此文同一例，則「積厚」二字不當重。**大饗，尚玄尊，俎生魚，先大羹，貴食飲之本也。**大饗，祫祭先王也。尚，上也。玄酒，水也。大羹，肉汁無鹽梅之味者也。本，謂造飲食之初。

禮記曰「郊血，大饗腥」也。**饗，尚玄尊而用酒醴，先黍稷而飯稻粱；**饗與享同，四時享廟也。用，謂酌獻也。以玄酒爲上而獻以酒醴，先陳黍稷而後飯以稻粱也。**祭，齊大羹而飽庶羞，貴本而親用也。**祭，月祭也。齊讀爲嚌，至齒也。謂尸舉大羹，但至齒而已矣，至庶羞而致飽也。用，謂可用食也。○盧文弨曰：大戴禮「齊」作「嚌」，史記「嚌」下有「先」字。俞樾曰：楊注「齊讀爲嚌」，此因大戴記而誤也。「齊」當爲「躋」，禮記樂記篇鄭注曰「齊讀爲躋」是也。文二年左傳「躋僖公」，杜注曰：「躋，升也。」然則躋大羹者，升大羹也，正與上文「尚玄尊」、「先黍稷」一律。下文云「豆之先大羹也」，是其義也。大戴記禮三本篇作「嚌」，疑卽「躋」之壞字。史記禮書「嚌」下有「先」字，疑史公原文作「先大羹」，後人因大戴之文，妄增「嚌」字耳。**貴本之謂文，親用之謂理，**文謂修飾。理謂合宜。**兩者合而成文，**○郝懿行曰：文、理一耳。貴本則溯追上古，禮至備矣，兼備之謂文；親用則曲盡人情，禮至察矣，密察之謂理。理統於文，故兩者通謂之文也。**以歸大一，夫是之謂大隆。**貴本、親用，兩者相合，然後備成文理。大讀爲太。太一，謂太古時也。禮記曰：「夫禮必本於太一。」言雖備成文理，然猶不忘本而歸於太一，是謂大隆於禮。司馬貞曰：「隆，盛也。得禮文理，歸於太一，是禮之盛也。」**故尊之尚玄酒也，俎之尚生魚也，俎之先大羹也，一也。**一，謂一於古也。此以象太古時，皆貴本之義，故云一也。○先謙案：下「俎」字，大戴禮、史記作「豆」。大羹盛於登，俎、豆葢通言之。**利爵之不醮也，成事之不**

俎不嘗也，三臭之不食也，一也。醮，盡也。謂祭祀畢，告利成，利成之時，其爵不卒，奠於筵前也。史記作「不晬」。成事，謂尸既飽禮成，不嘗其俎。儀禮：「尸又三飯，上〔一〕佐食，受尸牢肺、正脊加於肵。」是臭謂歆其氣，謂食畢也，許又反。皆謂禮畢無文飾，復歸於朴，亦象太古時也。史記作「三侑之不食」，司馬貞曰：「禮，祭必立侑以勸尸食，至三飯而止。每飯有侑一人，故曰三侑。既是勸尸，故不自食也。」○俞樾曰：楊注利爵不醮未盡其義。利者謂佐食也。利爵不醮，蓋據大夫儐尸之禮。有司徹篇「利洗爵獻於尸，尸酢獻祝，祝受祭酒，啐酒奠之」，是其事也。利既獻尸，尸卒爵酢利，利又獻祝，祝受奠之。不啐，示祭事畢也。先謙案：索隱云「成事，卒哭之祭，故記曰『卒哭曰成事』，既是卒哭始從吉祭，故受爵而不嘗俎」，與楊注義異。孔廣森云：「一也，三者皆禮之終。」**大昏之未發齊也，大廟之未入尸也，始卒之未小斂也，一也。**皆謂未有威儀節文，象太古時也。史記作「大昏之未廢齊也」，司馬貞曰：「廢齊，謂婚禮父親醮子而迎，故曲禮云：『齊戒以告鬼神。』」「此三〔二〕者皆禮之初始，質而未備，故云一也。」○盧文弨曰：案古廢、發音同通用。俞樾曰：齊當讀爲醮。發，猶致也。昏禮，父親醮子而命之迎。未發醮者，未致醮也。先謙案：孔廣森云「未入尸，謂若饋食，尸未入之前爲陰厭」也。**大路之素未集也，郊之麻**

〔一〕「上」，原本作「士」，據儀禮少牢饋食禮改。
〔二〕「三」，史記禮書索隱作「五」。

絻也，喪服之先散麻也，一也。大路，殷祭天車，王者所乘也。未集，不集丹漆也。禮記云：「大路素而越席。」又曰：「丹漆雕幾之美，素車之乘。」麻絻，緝麻爲冕，所謂大裘而冕，不用袞龍之屬也。士喪禮：「始死，主人散帶，垂長三尺。」史記作「大路之素幬」，司馬貞曰：「幬音稠。謂車蓋素帷，示質也。」○盧文弨曰：注末，舊本作「亦質者也」。俞樾曰：楊注「未集，不集丹漆也」，則但言「素」而其義已足矣，不必言「未集」。且「未集」二字義亦未足，楊注非也。「未」字當爲「末」。素末一事，素集一事，蓋一本作「末」，一本作「集」，傳寫誤合之，而因改「末」爲「未」，以曲成其義，非荀子原文也。「末」者，「幦」之叚字。上文「絲末」，楊注曰：「末與幦同。」禮記曰『君羔幦虎犆』，鄭云：『覆笭[一]也。』然則「大路之素末」亦卽「素幦」耳。大戴記禮三本篇作「素幭」，幭與幦同。荀子作「末」之本，與大戴合。「集」者，「幬」之叚字，集音轉而爲就。詩小旻篇「是用不集」，韓詩作「是用不就」是也。故得讀爲幬。爾雅釋訓「幬謂之帳」，釋文曰：「幬，本或作𢅥。」是「幬」字或從周聲。山海經中山經「暴山，其獸多麋、鹿、麢、就」，郭注曰：「就，雕也。」然則以「就」爲「𢅥」，猶以「就」爲「雕」矣。史記禮書正作「素幬」。荀子作「集」之本，與史記合。先謙案：大戴禮「散麻」作「散帶」，孔廣森云：「帶，要絰也。」喪禮，小斂，主人始絰，散垂之，既成服，乃絞。雜記曰：「大功以上散帶。」三者皆從質，故云一也。**三年之喪，哭之不文也；清廟之歌，一倡而**

[一]「笭」，禮記玉藻鄭注作「苓」。

三歎也；縣一鍾，尚拊之膈，朱絃而通越也，一也。不文，謂無曲折也。禮記曰：「斬衰之哭，若往而不反。」清廟之歌，謂工以樂歌清廟之篇也。一人倡，三人歎，言和之者寡也。縣一鍾，比於編鍾爲簡略也。尚拊之膈，未詳。或曰：尚謂上古也。拊，樂器名。膈，擊也。卽所謂「戛擊鳴球，搏拊琴瑟」也。尚古樂，所以示質也。揚子雲長楊賦曰「拮膈鳴球」，韋昭曰：「古文膈爲擊。」或曰：「膈」當爲「搏」。大戴禮作「搏拊」，一名相。禮記曰：「治亂以相拊，所以輔樂。」相亦輔之義。書曰「搏拊琴瑟」，孔安國曰：「搏拊，以韋爲之，實之以穅，所以節樂也。」周禮：「大祭祀，登歌令奏擊拊。」司馬貞曰：「拊鬲，謂縣鍾格也。不擊其鍾而拊其格，不取其聲，示質也。」朱絃疏越，鄭玄云：「朱絃，練朱絃也。練則聲濁。越，瑟底孔也，所以發越其聲，故謂之越。疏通之，使聲遲也。」史記作「洞越」。或曰：膈讀爲戛也。○盧文弨曰：「不文」，大戴禮、史記皆作「不反」。觀注意，此亦似本作「不反」，「文」字疑誤。郝懿行曰：樂論篇以「拊鞷」與「鞉柷」「椌楬」相儷，則皆樂器名也。拊者以韋爲之，實以穅。「膈」彼作「鞷」，其字從革，竊疑亦拊之類，不得依此注以膈爲擊也。若長楊賦之「拮膈鳴球」，則又借「拮膈」爲「戛擊」，楊注爲誤引矣。以此互相訂正，則此當「縣之一鍾」句，「尚拊膈」句，文誤倒耳。尚者上也。鐘聲宏大，言不貴彼而上此聲之近質者也。先謙案：「不文」當作「不反」，盧説是也。大戴禮「鍾」作「罄」，與「磬」同，「拊膈」作「拊搏」，無「之」字，史記亦無，明此「之」字衍。尚書大傳曰：「古者帝王升歌清廟之樂，大琴練絃達越，大瑟朱絃達越。」**凡禮，始乎梲，成乎文，終乎悅校。**史記作「始乎脫，成乎文，終乎稅」。

言禮始於脱略，成於文飾，終於稅減。禮記曰：「禮主其減。」校，未詳。大戴禮作「終於隆」，隆，盛也。○盧文弨曰：注「隆」字，舊本不重。案，大戴作「終於隆」，史記索隱所引同，云：「隆謂盛也。」今据增。郝懿行曰：「稅」，史記作「脱」。疑此當作「稅」，稅者斂也；「校」當作「恔」，恔者快也。孟子「於人心獨無恔乎」，趙注「恔，快」是矣。此言禮始乎收斂，成乎文飾，終乎悦快。**故至備，情文俱盡；**情文俱盡，乃爲禮之至備。情謂禮意，喪主哀、祭主敬之類。文謂禮物、威儀也。**其次，情文代勝；**不能至備，或文勝於情，情勝於文，是亦禮之次也。**其下，復情以歸大一也。**雖無文飾，但復情以歸質素，是亦禮也。若潢汙行潦之水可薦於鬼神也。**天地以合，日月以明，四時以序，星辰以行，江河以流，萬物以昌，好惡以節，喜怒以當，**言禮能上調天時，下節人情，若無禮以分別之，則天時人事皆亂也。昌，謂各遂其生也。**以爲下則順，以爲上則明，萬物變而不亂，貳之則喪也。禮豈不至矣哉！**禮在下位則使人順，在上位則治萬變而不亂。貳謂不一在禮。喪，亡也。○顧千里曰：「物」字、「而」字，疑不當有。大戴記禮三本篇無此二字，可以爲證。先謙案：「貳」乃「貣」之誤字，説見天論篇。大戴禮作「貸之則喪」。張參五經文字云：「貸，相承或借爲貣。」呂覽、管子、史記皆以「貣」爲「忒」。**立隆以爲極，而天下莫之能損益也。**立隆盛之禮以極盡人情，使天下不復更能損益也。**本末相順，**司馬貞曰：「禮之盛，文理合以歸太一；禮之殺，復情以歸太一：是本末相順也。」○俞樾曰：順讀爲巡。禮記祭義篇「終始相巡」，此云「本末相巡」，其義正同。順、巡竝從川聲，故得叚用。終始相應，司馬貞曰：「禮始於脱略，終於税，税亦殺也。殺亦〔一〕脱略，是終始相應也。」至文以有別，至察以有説。言禮之至文，以其有尊卑貴賤之別；至察，以其有是非分別之説。司馬貞曰：「説音悦。言禮之至察，有以明隆殺委曲之情文，足以悦人心也。」○王念孫曰：以，猶而也。（説見釋詞。）言至文而有別，至察而有説也。史記「以有」二字皆倒轉，誤也。楊前説誤解「以」字，後用小司馬説，讀説爲悦，尤非。天下從之者治，不從者亂；從之者安，不從者危；從之者存，不從者亡。小人不能測也。○先謙案：「測」，史記誤「則」。禮之理誠深矣，「堅白」「同異」之察入焉而溺；其理誠大矣，擅作典制辟陋之説入焉而喪；其理誠高矣，暴慢、恣睢、輕俗以爲高之屬入焉而隊。「隊」，古「墜」字，墮也。以其深，故能使「堅白」者溺；以其大，故能使擅作者喪；以其高，故能使暴慢者墜。司馬貞曰：「恣睢，毁訾也。」○先謙案：史記「理」竝作「貌」，「喪」作「嗛」。故繩墨誠陳矣，則不可欺以曲直；衡誠縣矣，則不可欺以輕重；規矩誠設矣，則不可欺以方圓；君子審於禮，則不可欺以詐僞。故繩者，直之至；衡者，平之至；規矩者，方圓之至；禮者，人道之極也。然而不法禮，不足禮，謂之

〔一〕「亦」，史記禮書索隱作「與」。

無方之民；法禮足禮，謂之有方之士。足，謂無闕失。方猶道也。○郝懿行曰：方猶隅也。廉隅，謂有稜角。士知砥厲，故德有隅；民無廉恥，故喪其隅者也。王念孫曰：足禮，謂重禮也。不足禮，謂輕禮也。儒效篇云「縱性情而不足問學，則爲小人矣」，樂論篇云「百姓不安其處，不樂其鄉，不足其上」，與此言「不足禮」同。反是則足禮矣。上文云「禮者人道之極也」，正足禮之謂也。楊注失之。又曰：「足」當爲「是」。爾雅曰：「是，則也。」則亦法也。非十二子篇曰「不法先王，不是禮義」，（脩身篇曰：「不是師法而好自用。」）猶此言「不法禮，不是禮」也。「是」與「足」字相似而誤。先謙案：王前說是。**禮之中焉能思索，謂之能慮；禮之中焉能勿易，謂之能固。**勿易，不變也。若不在禮之中，雖能思索、勿易，猶無益。**能慮能固，加好者焉，**○先謙案：史記「者」作「之」。此句當作「加好之者焉」，史記引刪「者」字，荀書奪「之」字也。無「之」字則語不圓足。王制篇云「爲之、貫之、積重之、致好之者，君子之始也」，「致好」下有「之」字，是其例。**斯聖人矣。故天者，高之極也；地者，下之極也；無窮者，廣之極也；**東西南北無窮。**聖人者，道之極也。故學者固學爲聖人也，非特學爲無方之民也。禮者，以財物爲用，**以貢獻問遺之類爲行禮之用也。**以貴賤爲文，**以車服旗章爲貴賤文飾也。**以多少爲異，**多少異制，所以別上下也。**以隆殺爲要。**隆，豐厚；殺，減降也。要，當也。禮或厚或薄，唯其所當爲貴也。**文理繁，情用省，是禮之隆也；**文理謂威儀；情用謂忠誠。若享獻之禮，賓主百拜，情唯主敬，文過於情，是禮之隆盛也。○先謙案：史記「理」作「貌」，「用」作「欲」，下同。**文理省，情用繁，是禮之殺也；**若尊之尚玄酒，本於質素，情過於文，雖減殺，是亦禮也。**文理、情用相爲内外表裏，竝行而襍，是禮之中流也。**或豐或殺，情文代勝，竝行相襍，是禮之中流。中流，言如水之清濁相混也。○王念孫曰：襍讀爲集。爾雅：「集，會也。」言文理、情用竝行而相會也。「集」「襍」古字通。（月令「四方來集」，吕氏春秋仲秋紀「集」作「襍」。論衡別通篇「集糅非一」，即「襍糅」。）楊未達假借之旨。俞樾曰：襍讀爲帀。古襍與帀通。吕氏春秋圜道篇「圜周復襍」，注曰：「襍，猶帀也。」淮南子詮言篇「以數襍之壽，憂天下之亂」，注曰：「襍，帀也。人生子，從子至亥爲一帀。」然則竝行而襍，言竝行而周帀也。楊注非。先謙案：中流，猶中道。下有複句，可互證。楊注非。**故君子上致其隆，下盡其殺，而中處其中。**君子，知禮者。致，極也。言君子於大禮則極其隆厚，小禮則盡其降殺，中用得其中，皆不失禮也。**步驟、馳騁、厲騖不外是矣，是君子之壇宇、宫廷也。**厲騖，疾騖也。史記作「廣騖」。言雖馳騁，不出於隆殺之閒。壇宇、宫廷，已解於上。**人有是，士君子也；外是，民也；**是猶此也。民，民氓無所知者。○王念孫曰：是謂禮也。有讀爲域。孟子公孫丑篇注曰：「域，居也。」人域是，人居是也，故與「外是」對文。商頌玄鳥篇「奄有九有」，韓詩作「九域」。（見文選册魏公九錫文注。）魯語「共工氏之伯九有也」，韋注曰：「有，域也。」漢書律曆志引祭典曰：「共工氏伯九域。」是域、有古通用。史記禮書正作「人域是」。（索隱：「域，居也。」）於是其中焉，方皇周挾，曲得其次序，是聖人也。方皇讀爲仿偟，猶徘徊也。挾讀爲浹，帀也。言於是禮之中，徘徊周帀，委曲皆得其次序而不亂，是聖人也。故厚者，禮之積也；大者，禮之廣也；高者，禮之隆也；明者，禮之盡也。聖人所以能厚重者，由積禮也；能弘大者，由廣禮也；崇高者，由隆禮也；明察者，由盡禮也。司馬貞曰：「言君子聖人有厚大之德，則爲禮之所歸積益弘廣也。」詩曰：「禮儀卒度，笑語卒獲。」此之謂也。引此明有禮，動皆合宜也。

禮者，謹於治生死者也。謹，嚴。生，人之始也；死，人之終也：終始俱善，人道畢矣。故君子敬始而慎終。終始如一，是君子之道、禮義之文也。夫厚其生而薄其死，是敬其有知而慢其無知也，是姦人之道而倍叛之心也。君子以倍叛之心接臧穀，猶且羞之，而況以事其所隆親乎！臧，已解在王霸篇。莊子曰：「臧與穀相與牧羊。」音義云：「孺子曰穀。」或曰：穀，讀爲「鬭穀於菟」之「穀」。穀，乳也，謂哺乳小兒也。所隆親，所厚之親也。○王引之曰：隆，尊也。（見經解注。）「隆親」二字平列。所隆謂君也。所親謂父母也。下文曰「臣之所以致重其君，子之所以致重其親」，是其證。楊注非。故死之爲道也，一而不可得再復也，臣之所以致重其君，子之所以致重其親，於是盡矣。以其一死不可再復，臣、子於極重之道不可不盡也。故事生不忠厚、不敬文謂之野，忠厚，忠心篤厚。敬文，恭敬有文飾。野，野人，不知禮者也。**送死不忠厚、不敬文謂之瘠。**瘠，薄。**君子賤野而羞瘠，故天子棺槨十重，諸侯五重，大夫三重，士再重，**禮記曰：「天子之棺四重，水兕革棺被之，其厚三寸，杝棺一，梓棺二，四者皆周。棺束，縮二，衡三，衽每束一。柏槨以端，長六尺。」又禮器曰「天子七月而葬，五重八翣」，鄭云：「五重，謂抗木與茵也。」今十重，蓋以棺槨與抗木合爲十重也。諸侯以下，與禮記多少不同，未詳也。○郝懿行曰：「十」當作「五」。古「五」作「乂」，與「十」形近易譌。上「有天下者事十世」，「十」當爲「七」。然天子七重，於古無文，作「五」或猶近之。而檀弓云「天子之棺四重」，鄭注「諸公三重，諸侯再重，大夫一重，士不重」，與此復不同。若依鄭義推之，此重數俱有加，亦當言「天子五重，諸侯三重，大夫二重，士一重」矣。王引之曰：「十」疑當作「七」。（凡經傳中「七」「十」二字多互譌，不可枚舉。）禮自上以下，降殺以兩，天子七重，故諸侯減而爲五，大夫減而爲三也。楊注非。**然後皆有衣衾多少厚薄之數，皆有翣菨文章之等以敬飾之，**衣謂衣衾。禮記所謂「君陳衣於庭，百稱」之比者也。衾謂君錦衾，大夫縞衾，士緇衾也。食謂遣車所苞。遣，奠也。「翣菨」當爲「蔞翣」，鄭康成云「蔞翣，棺之牆飾」也。翣，以木爲筐，衣以白布，畫爲雲氣，如今之攝也。周禮縫人「衣翣柳之材」，鄭云：「必先纏衣其木，乃以張飾也。柳之言聚也，諸飾所聚。」柳以象宮室也。劉熙釋名云：「輿棺之車，其蓋曰柳。」文章之等，謂君龍帷，三池，振容，黼荒，火三列，黻三列，素錦褚，加帷荒，纁紐六，齊，五采，五貝，黼翣二，黻翣二，畫翣二，皆戴圭，魚躍拂池。君纁戴六，纁披六。大夫以下各有差也。○盧文弨曰：正文「衣衾」，案注，當本作「衣食」。元刻於注頗有删節，今悉依宋本。王念孫曰：盧説是也。正文本作「然後皆有衣食多少厚薄之數」。（「衣」字統衣衾而言。）楊注本作「衣謂衣衾。（此釋正文「衣」字。）衣，禮記所謂『君陳衣於庭，百稱』之比者也。正文本無「衾」字。衾謂君錦衾，大夫縞衾，士緇衾也。（此是楊氏自釋注内「衣衾」二字，非釋正文也。）食謂遣車所苞。遣，奠也。」（此釋正文「食」字。）宋本正文「食」字誤而爲「衾」，注文「禮記」上又脱一「衣」字，則義不可通，而元刻遂妄加删節矣。**使生死終始若一，一足以爲人願，是先王之道、忠臣孝子之極也。**生死如一，則人願皆足，忠孝之極在此也。**天子之喪動四海，屬諸侯；諸侯之喪動通國，屬大夫；大夫之喪動一國，屬修士；修士之喪動一鄉，屬朋友；**屬，謂付託之，使主喪也。通國，謂通好之國也。一國，謂同在朝之人也。修士，士之進脩者，謂上士也。一鄉，謂一鄉内之姻族也。春秋傳曰：「天子七月而葬，同軌畢至；諸侯五月而葬，同盟至；大夫三月，同位至；士踰月，外姻至。」〇王念孫曰：屬，合也。（四「屬」字義竝同。）下文云「庶人之喪合族黨，動州里」是也。周官州長「各屬其州之民而讀法」，鄭注曰：「屬，猶合也、聚也。」晉語「三屬諸侯」，韋注：「屬，會也。」楊注失之。**庶人之喪合族黨，動州里。刑餘罪人之喪不得合族黨，獨屬妻子，棺槨三寸，衣衾三領，不得飾棺，不得晝行，以昏殣，凡緣而往埋之，**刑餘，遭刑之餘死者。墨子曰：「桐棺三寸，葛以爲緘。」趙簡子亦云。然則厚三寸，刑人之棺也。喪大記：「士陳衣於序東，三十稱。」今云「三領」，亦貶損之甚也。殣，道死人也。詩曰：「行有死人，尚或殣之。」

今昏殣，如掩道路之死人，惡之甚也。凡，常也。緣，因也。言其妻子如常日所服而埋之，不更加絰杖也。今猶謂無盛飾爲緣身也。○郝懿行曰：按「緣身」，今俗亦有此語。**反無哭泣之節，無衰麻之服，無親疏月數之等，各反其平，各復其始，**○王引之曰：「平」字文義不明，「平」當爲「本」，字之誤也。本，亦始也。（呂氏春秋孝行篇注：「本，始也。」晉語注：「始，本根也。」）反其本，卽復其始。復其始，謂若無喪時也。又曰：「平」字不誤。下文曰「久而平」，楊注「久則哀殺如平常也」，是其證。前謂「平當爲本」，失之。**已葬埋，若無喪者而止，夫是之謂至辱。**此蓋論墨子薄葬，是以至辱之道奉君父也。**禮者，謹於吉凶不相厭者也。**厭，掩也，烏甲反。謂不使相侵掩也。或曰不使相厭惡，非也。**紸纊聽息之時，則夫忠臣孝子亦知其閔已，**紸讀爲注。「注纊」卽「屬纊」也。言此時知其必至於憂閔也。或曰：「紸」當爲「絓」。絓，苦化反。以爲「黈」字，非也。○俞樾曰：楊注文義迂曲，殆非也。爾雅釋詁：「閔，病也。」詩柏舟篇「覯閔既多」，鴟鴞篇「鬻子之閔斯」，毛傳竝曰：「閔，病也。」亦知其閔已，猶言亦知其病已。病謂疾甚也。儀禮既夕記注曰：「疾甚曰病。」**然而殯斂之具未有求也；所謂不相厭也。垂涕恐懼，然而幸生之心未已，持生之事未輟也；卒矣，然後作、具之。**作之，具之。**故雖備家，必踰日然後能殯，三日而成服，**備，豐足也。○郝懿行曰：備，具也，皆也。物皆饒多夙具，故謂富家爲備家。　郭嵩燾曰：「備家」不詞，當卽下「備物」。此時雖備物，不敢遽也。踰日而殯，三日而成服，而後所備之物畢作也。然後告遠者出矣，備物者作矣。故殯，久不過七十日，速不損五十日。此皆據士喪禮首尾三月者也。損，減也。是何也？曰：遠者可以至矣，百求可以得矣，百事可以成矣，其忠至矣，其節大矣，其文備矣。忠，誠也。節，人子之節也。文，器用儀制也。子思曰：「喪三日而殯，凡附於身者，必誠必信，勿之有悔焉耳。三月而葬，凡附於棺者，必誠必信，勿之有悔焉耳。」然後月朝卜日，月夕卜宅，然後葬也。月朝，月初也。月夕，月末也。先卜日知其期，然後卜宅，此大夫之禮也。士則筮宅。士喪禮先筮宅，後卜日。此云「月朝卜日，月夕卜宅」，未詳也。○郝懿行曰：「夕」與「昔」，古字通。昔者舊也。舊已卜宅，月朝乃卜日也。王引之曰：當作「月朝卜宅，月夕卜日」。今本「宅」「日」二字上下互誤耳，斷無先卜日後卜宅之理。當是時也，其義止，誰得行之？其義行，誰得止之？聖人爲之節制，使賢者抑情，不肖者企及。故三月之葬，其須以生設飾死者也，殆非直留死者以安生也，須，象也。言其象以生之所設器用飾死者，三月乃能備也。是致隆思慕之義也。

喪禮之凡：凡謂常道。○盧文弨曰：「喪禮」，宋本作「卒禮」，下同。變而飾，謂殯斂每加飾。動而遠，禮記：「子游云：『飯於牖下，小斂於户内，大斂於阼，殯於客位，祖於庭，葬於墓，所以卽遠也。』」久而平。久則哀殺，如平常也。故死之爲道也，不飾則惡，惡則不哀；尒則翫，尒與邇同。翫，戲狎也。翫則厭，厭則忘，忘則不敬。一朝而喪其嚴親，○俞樾曰：禮記大傳篇「收族故宗廟嚴」，鄭注曰：「嚴，猶尊也。」嚴親卽尊親。嚴謂君，親謂父母。**而所以送葬之者不哀不敬，則嫌於禽獸矣，君子恥之。故變而飾，所以滅惡也；動而遠，所以遂敬也；**遂，成也。邇則懼敬不成也。**久而平，所以優生也。**優養生者，謂送死有已、復生有節也。**禮者斷長續短，損有餘，益不足，達愛敬之文，而滋成行義之美者也。**皆謂使賢不肖得中也。賢者則達愛敬之文而已，不至於滅性；不肖者用此成行義之美，不至於禽獸也。**故文飾、麤惡，聲樂、哭泣，恬愉、憂戚，是反也，**是相反也。**然而禮兼而用之，時舉而代御。**御，進用也。時吉則吉，時凶則凶也。○王念孫曰：此「時」字非謂天時，時者更（音庚。）也。謂文飾與麤惡、聲樂與哭泣、恬愉與憂戚，皆更舉而代御也。方言曰：「蒔，（郭音侍。）更也。」古無「蒔」字，故借「時」爲之。莊子徐無鬼篇云：「堇也，桔梗也，雞廱也，豕零也，是時爲帝者也。」（爾雅：「帝，君也。」）淮南齊俗篇云：「見雨則裘不用，升堂則蓑不御，此代爲帝者也。」（「帝」，今本誤作「常」。）說林篇云：「旱歲之土龍，疾疫之芻靈，是時爲帝者也。」（今本脫「時」字，據高注補。）太平御覽器物部十引馮衍詣鄧禹牋云：「見雨則裘不用，上堂則蓑不御，此更爲適者也。」（適讀「嫡子」之嫡。廣雅：「嫡，君也。」）或言「時爲」，或言「代爲」，或言「更爲」，是時、代皆更也。（方言：「更，代也。」說文：「代，更也。」）故曰「時舉而代御」。楊說「時」字之義未了。**故文飾、聲樂、恬愉，所以持平奉吉也；麤衰、哭泣、憂戚，**○王念孫曰：「麤衰」本作「麤惡」，此後人不曉文義而妄改之也。「麤惡」對「文飾」，「哭泣」對「聲樂」，「憂戚」對「恬愉」，皆見上文。「麤惡」二字所包者廣，不止麤衰一事，不得改「麤惡」爲「麤衰」也。下注云「立麤衰以爲居喪之飾」，則楊所見本已誤。**所以持險奉凶也。**持，扶助也。險，謂不平之時。**故其立文飾也至於窕冶；**窕讀爲姚。姚冶，妖美也。**其立麤衰也，不至於瘠棄；**立麤衰以爲居喪之飾，亦不使羸瘠自棄。**其立聲樂恬愉也，不至於流淫惰慢；其立哭泣哀戚也，不至於隘懾傷生：是禮之中流也。**隘，窮也。懾猶戚也，之怯反。中流，禮之中道也。**故情貌之變足以別吉凶，明貴賤親疏之節，期止矣，**「期」當爲「斯」。**外是，姦也，雖難，君子賤之。故量食而食之，量要而帶之。相高以毀瘠，是姦人之道也，非禮義之文也，非孝子之情也，將以有爲者也。**非禮義之節文、孝子之真情，將有作爲，以邀名求利，若演門也。○盧文弨曰：注「演門」，未詳。**故說豫娩澤，憂戚萃惡，是吉凶憂愉之情發於顏色者也。**說讀爲悅。豫，樂也。娩，媚也，音晚。澤，顏色潤澤也。萃與顇同。惡，顏色惡也。發，見也。○王念孫曰：娩讀若問。娩澤，顏色潤澤也。「說豫」與「憂戚」對文，「娩澤」與「萃惡」對文，故曰「是憂愉之情發於顏色者也」。內則「免薨」鄭注：「免，新生者。薨，乾也。」釋文：「免音問。」「娩」「免」古字通。內則以「免」對「薨」，猶此文之以「娩澤」對「惡萃」也。楊讀爲「婉娩」之娩，分「娩澤」爲二義，與「萃惡」不對矣。**歌謠謸笑，哭泣諦號，是吉凶憂愉之情發於聲音者也。**謸與傲同，戲謔也。

説文云「譈，悲聲」，與此義不同。諦讀爲啼。管子曰：「家人立而諦。」古字通用。號，胡刀反。○盧文弨曰：案春秋繁露執贄篇「羊殺之不諦」，淮南精神訓「病疵瘕者踦蹻而諦」，竝以「諦」爲「啼」。

芻豢、稻粱、酒醴、餰鬻，魚肉、菽藿、酒漿，是吉凶憂愉之情發於食飲者也。 餰鬻、菽藿，喪者之食。○郝懿行曰：藿，豆葉也。説苑十一：「藿食者尚何與焉？」是菽、藿皆卑賤之所食也。 王念孫曰：「酒漿」當爲「水漿」。芻豢、稻粱、酒醴、魚肉，吉事之飲食也；餰鬻、菽藿、水漿，凶事之飲食也。今本「水漿」作「酒漿」，則既與凶事不合，又與上文「酒醴」相複矣。此「酒」字卽涉上「酒醴」而誤。 俞樾曰：王説是也。「魚肉」二字當在「餰鬻」二字之上。蓋芻豢、稻粱、酒醴、魚肉屬吉，餰鬻、菽藿、水漿屬凶，方與上下文一律。今「魚肉」字誤倒在「餰鬻」下，則吉凶不倫矣。楊注「餰鬻、菽藿，喪者之食」，疑楊氏所見本尚未倒，故以「餰鬻、菽藿」連文也。當據以訂正。

卑絻、黼黻、文織，資麤、衰絰、菲繐、菅屨，是吉凶憂愉之情發於衣服者也。 卑絻，與裨冕同，衣裨衣而服冕也。裨之言卑也。天子六服，大裘爲上，其餘爲卑，以事尊卑服之，諸侯以下皆服焉。文織，染絲織爲文章也。資與齋同，卽齊衰也。麤，麤布也。今麤布亦謂之資。菲，草衣，蓋如蓑然，或當時喪者有服此也。繐，繐衰也。鄭玄云：「繐衰，小功之縷，四升半之衰也。凡布細而疎者謂之繐，今南陽有鄧繐布。」菅，茅也。春秋傳曰「晏子杖菅屨」也。○盧文弨曰：注「鄧繐布」，今儀禮無「布」字。 王念孫曰：案富國篇曰：「天子袾裷衣冕，諸侯玄裷衣冕，大夫裨冕，士皮弁。」大略篇曰：「天子山冕，諸侯玄冠，大夫裨冕，士韋弁。」其制上下不同，此不當獨舉「裨冕」言之。楊以卑絻爲裨冕，未是也。「卑絻」，疑當爲「𢍏絻」，「𢍏」卽今「弁」字。「弁絻、黼黻、文織」，皆二字平列，且「弁絻」二字兼上下而言。此篇曰：「弁絻、黼黻、文織。」君道篇曰：「冠弁、衣裳、黼黻、文章。」曾子問曰：「天子賜諸侯大夫冕弁服。」禮運曰：「冕弁兵革。」昭元年左傳曰：「吾與子弁冕端委。」九年傳曰：「猶衣服之有冠冕。」宣元年公羊傳曰：「已練可以弁冕。」僖八年穀梁傳曰：「弁冕雖舊，必加於首。」或言「弁冕」，或言「冕弁」，或言「冠冕」，或言「冠弁」，皆二字平列，且兼上下而言，故知「卑絻」爲「𢍏絻」之誤。説文：「覍，冕也。」籀文作「𢍏」，或作「弁」。今經傳皆作「弁」，而「覍」「𢍏」「弁」三字遂廢。此「𢍏」字若不誤爲「卑」，則後人亦必改爲「弁」矣。**疏房、檖䫉、越席、牀笫、几筵、屬茨、倚廬、席薪、枕塊，是吉凶憂愉之情發於居處者也。**茨，蓋屋草也。屬茨，令茨相連屬而已，至疎漏也。倚廬，鄭云：「倚木爲廬。」謂一邊著地，如倚物者。既葬，柱楣塗廬也。**兩情者，人生固有端焉。**兩情，謂吉與凶、憂與愉。言此兩情固自有端緒，非出於禮也。**若夫斷之繼之，博之淺之，益之損之，類之盡之，盛之美之，使本末終始莫不順比，足以爲萬世則，則是禮也，**人雖自有憂愉之情，必須禮以節制進退，然後終始合宜。類之，謂觸類而長。比，附會也，毗至反。**非順孰脩爲之君子莫之能知也。**順，從也。孰，精也。脩，治也。爲，作也。**故曰：性者，本始材朴也；僞者，文理隆盛也。無性則僞之無所加，無僞則性不能自美。**之，往。○郝懿行曰：「朴」當爲「樸」。

樸者，素也。言性本質素，禮乃加之文飾，所謂「素以爲絢」也。「僞」卽「爲」字。之不訓往，注非。下云「性僞合，然後聖人之名一」，言必性僞合一，斯乃聖人所以成名。性惡篇云「聖人化性而起僞，僞起於性而生禮義」，卽此所謂「性僞合」矣。**性僞合，然後聖人之名一，天下之功於是就也。**一，謂不分散。言性僞合，然後成聖人之名也。**故曰：天地合而萬物生，陰陽接而變化起，性僞合而天下治。天能生物，不能辨物也；地能載人，不能治人也；宇中萬物、生人之屬，待聖人然後分也。詩曰：「懷柔百神，及河喬嶽。」此之謂也。**引此喻聖人能並治之。詩，周頌時邁之篇。**喪禮者，以生者飾死者也，大象其生以送其死也。故如死如生，如亡如存，終始一也。**不以死異於生、亡異於存。○郝懿行曰：案檀弓云「之死而致生之，不知而不可爲也」，故言「如死」者，知之盡也。又云「之死而致死之，不仁而不可爲也」，故言「如生」者，仁之至也。中庸曰「事死如生，事亡如存」，仁知備矣。俞樾曰：「如死如生，如亡如存」，義不可通，當作「事死如生，事亡如存」，上兩「如」字誤也。篇末云「哀夫敬夫，事死如事生，事亡如事存」，可知此文之譌，當據以訂正。**始卒，沐浴、鬠體、飯唅，象生執也。**儀禮「鬠用組」，鄭云：「用組，組，束髮也。古文鬠皆爲括。」體，謂爪揃之屬。士喪禮「主人左扱米，實於右三，實一貝，左、中亦如之，凡實米，唯盈」，鄭云：「于右，尸口之右。唯盈，取滿而已。」是飯唅之禮也。象生執，謂象生時所執持之事。「執」或爲「持」。**不沐則濡櫛三律而止，不浴則**

濡巾三式而止。律，理髮也。今秦俗猶以枇髮爲栗。濡，溼也。式與拭同。士喪禮尸無有不沐浴者，此云「不」，蓋末世多不備禮也。○盧文弨曰：注「枇髮」，舊本「枇」作「批」，誤。案魏志管輅傳：筮十三物，「一一名之，惟以梳爲枇耳」。古「枇」作「比」。漢書有「比疏」，蓋梳疏而比密也。説文「櫛」下云：「梳、比之總名。」郝懿行曰：「枇」當作「比」。比者，梳之密者也。律猶類也。今齊俗亦以比去蟣蝨爲律，言一類而盡除之也。律、栗音同，注内「栗」字，依正文作「律」亦可，不必別出「栗」字也。**充耳而設瑱，**士喪禮「瑱用白纊」，鄭云：「瑱，充耳。纊，新緜也。」**飯以生稻，唅以槁骨，反生術矣。**生稻，米也。槁，枯也。槁骨，貝也。術，法也。前説象其生也，此已下，説反於生之法也。**説褻衣，襲三稱，縉紳而無鉤帶矣。**縉與搢同，扱也。紳，大帶也。搢紳，謂扱於帶。鉤之所用弛張也，今不復解脱，故不設鉤也。褻衣，親身之衣也。士喪禮：飯唅後「乃襲三稱，明衣不在算，設韐帶，搢笏」。禮記曰「季康子之母死，陳褻衣」，鄭玄云：「褻衣非上服，陳之將以斂也。」○盧文弨曰：正文「説」字，疑當作「設」。王念孫曰：錢本「説」作「設」，與盧説合。先謙案：宋台州本作「設」。**設掩面儇目，鬠而不冠笄矣。**士喪禮：「掩用練帛，廣終幅，長五尺。」儇與還同，繞也。士喪禮：「幎目用緇，方尺二寸，經裏，著組繫。」幎讀如縈。縈與還義同。鬠而不笄，謂但鬠髮而已，不加冠及笄也。士喪禮「笄用桑」，又云「鬠用組，乃笄」，此云「不笄」，或後世略也。**書其名，置於其重，則名不見而柩獨明矣。**書其名於旌也。士喪禮：「爲銘各以其物，亡則以緇，長半幅，經末長終幅，廣三寸。書銘於末曰：『某氏某之柩。』」重，以木爲之，長三尺。夏祝鬻餘飯，用二鬲，縣於重，冪用葦席。書其名，置於重，謂見所書置於重，則名已無，但知其柩也。士喪禮：「祝取銘置於重。」案銘皆有名，此云「無」，蓋後世禮變，今猶然。**薦器則冠有鍪而毋縰，**薦器，謂陳明器也。鍪，冠捲如兜鍪也。縰，韜髮者也。士冠禮：「緇纚廣終幅，長六尺。」謂明器之冠也，有如兜鍪加首之形，而無韜髮之縰也。鍪之言蒙也，冒也，所以冒首，莫侯反。或音冒。**甕、廡虛而不實，**士喪禮：「甕三，醯醢屑；廡二，醴酒。」皆有冪。蓋喪禮陳鬼器、人器，鬼器虛，人器實也。禮記：「宋襄公葬其夫人，醯、醢百甕。」曾子曰：『既曰明器，而又實之。』」○盧文弨曰：此與下所引士喪禮，皆見既夕篇中。鄭云：「古文甒皆作廡。」**有簟席而無牀笫，**此言棺中不施牀笫，大斂小斂則皆有也。**木器不成斲，陶器不成物，薄器不成內，**木不成於雕琢，不加功也。瓦不成於器物，不可用也。薄器，竹葦之器。不成內，謂有其外形，內不可用也。「內」，或爲「用」。禮記曰「竹不成用，瓦不成味」，鄭云：「成，善也。竹不可善用，謂籩無縢也。味當作沬。沬，靧也。」○郝懿行曰：內與納同，古皆以「內」爲「納」。內者，入也，入卽納也，非「內外」之內，注誤。注云「內或爲用」，「用」字於義較長。檀弓云：「竹不成用。」王念孫曰：案作「用」者是，「內」卽「用」之譌。注前説非。**笙竽具而不和，琴瑟張而不均，**鄭云「無宮商之調」也。**輿藏而馬反，告不用也。**輿，謂輁軸也，國君謂之輴。藏，謂埋之也。馬，謂駕輁軸之馬。告，示也，言也。士喪禮：「既啟，遷于祖廟，用軸。」禮記「君葬用輴，四綍二碑，夫人葬用輴，二綍二碑，士葬用團車」，皆至葬時埋之也。**具生器以適墓，象徙道也。**生器，用器也，弓矢、盤盂之屬。徙，遷改也。徙道，其生時之道。器當在家，今以適墓，以象人行，不從常行之道，更徙它道也。○郝懿行曰：徙者，迻也。象徙道者，謂如將迻居然耳，亦不忍死其親之意。注似未了。**略而不盡，貌而不功，趨輿而藏之，金革轡靷而不入，明不用也。**略而不盡，謂簡略而不盡備也。貌，形也。言但有形貌，不加功精好也。趨輿而藏之，謂以輿趨於墓而藏之。趨者，速藏之意。金，謂和鸞。革，車靷也。說文云：「靷，所以引軸者也。」杜元凱云：「靷在馬胷。」或曰：貌讀如邈，像也。今謂畫物爲貌。下貌皆同義。○盧文弨曰：「趨者」下，俗閒本有「速也」二字，宋本、元刻皆無。「車靷」，舊誤作「車軼」，今據爾雅改正。王念孫曰：金革，即小雅蓼蕭所謂「鞗革」也。說文「鞗」作「鋚」，云：「轡首銅也，從金，攸聲。」（石鼓文及寅簋文作「鋚勒」，焦山鼎作「攸勒」，伯姬鼎作「攸勒」，宰辟父敦作「攸革」。）爾雅曰：「轡首謂之革。」故曰「金革轡靷」。楊以金爲和鸞，失之。又曰：「革，車鞅也」，宋本「鞅」譌作「軮」，今本譌作「軼」，盧又改「軼」爲「靷」，皆與「金革」無涉。**象徙道，又明不用也，**以器適墓，象其改易生時之器，亦所以明不用。**是皆所以重哀也。**有異生時，皆所以重孝子之哀也。**故生器文而不功，明器貌而不用。**生器，生時所用之器，士喪禮曰「用器」，弓矢、耒耜、兩敦、兩杅、盤匜之屬。明器，鬼器，木不成斲、竹不成用、瓦不成沫之屬。禮記曰「周人兼用之」，以言不知死者有知無知，故襍用生器與明器也。

凡禮，事生，飾歡也；送死，飾哀也；祭祀，飾敬也；師旅，飾威也：是百王之所同，古今之所一也，未有知其所由來者也。故壙壠，其須象室屋也；壙，墓中。壠，冢也。禮記曰：「適墓不登壠。」須，猶意也，言其意以象生時也，或音邈。棺椁，其須象版、蓋、斯、象、拂也；版，謂車上障蔽者。蓋，車蓋也。斯，未詳。象，衍字。拂即茀也。爾雅釋器云「輿革，前謂之鞎，後謂之茀」，郭云：「以韋靶車軾及後户也。」○郝懿行曰：版蓋者，棺椁所以象屋，旁爲版，上爲蓋，非車之版蓋也。斯，疑縰之音譌。（縰與纚同。）象非衍字。拂與茀同。斯象拂者，蓋如喪大記云「飾棺，君龍帷黼荒」、「大夫畫帷畫荒」、「士布帷布荒」之類，皆所以蒙茀棺上，因以爲飾也。禮記問喪篇「雞斯」，當爲「笄纚」，聲之誤，此誤正同。俞樾曰：版者，車轓也。漢書景帝紀「令長吏二千石車朱兩轓，千石至六百石朱左轓」，應劭曰：「車耳反。出所以爲之藩屏，翳塵泥也。」廣雅釋器曰：「轓謂之軬。」版與軬通。楊注說「版」字未了。又云「斯，未詳；象，衍字」，既爲衍字，則「斯拂」連文。楊云「拂即茀也」，然則斯與拂必同類之物。爾雅釋器云：「輿革，前謂之鞎，後謂之茀。」「鞎」字從艮聲，與斤聲相近，故「垠」從艮聲，或體作「圻」，從斤聲，是其例也。「斯」，疑「靳」字之誤。靳之本義當膺，而古或借爲「鞎」。廣雅釋器：「弸轅謂之靳。」王氏疏證亦云「未詳」，不知弸轅之靳即「輿革，前謂之鞎」也。惟其在前，故繫於轅也。此以「版、蓋」「靳、拂」竝言，版即軬也，在車旁，蓋者，車蓋也，在車上，靳在前，拂在後，其所說至爲詳備矣。「靳」字本當作「鞎」，而借用「靳」，亦猶「齒」本字本當作「齗」，而太玄密「次八，琢齒依齦」，則借用「齦」。齦者，齧也，非齒本也。艮、斤聲近，故字得通耳。乃「靳」又誤作「斯」，則其義遂不可見矣。**無、帾、絲、歶、縷、翣，其須以象菲、帷、幬、尉也；**無讀爲幠。幠，覆也，所以覆尸者也。士喪禮「幠用斂衾、夷衾」是也。帾與褚同。禮記曰「素錦褚」，又曰「褚幕丹質」，鄭云「所以覆棺」也。絲、歶，未詳，蓋亦喪車之飾也。或曰：絲讀爲綏。禮記曰「畫翣二，皆戴綏」，鄭云「以五采羽注於翣首」也。歶讀爲魚。謂以銅魚縣於池下。禮記曰：「魚躍拂池。」縷讀爲柳，「蔞」字誤爲「縷」字耳。菲，謂編草爲蔽，蓋古人所用障蔽門户者，今貧者猶然。或曰：「菲」當爲「扉」，隱也，謂隱奧之處也。或曰：菲讀爲扉，户扇也。幬讀爲帳。尉讀爲罻。罻，網也。帷帳如網也。○王念孫曰：幠者，柳車上覆，卽禮所謂「荒」也。喪大記曰「飾棺，君龍帷，黼荒，素錦褚，加僞荒」，鄭注曰：「荒，蒙也。（鄘風君子偕老傳曰：「蒙，覆也。」）在旁曰帷，在上曰荒，皆所以衣柳也。」「僞，當爲帷。大夫以上，有褚以襯覆棺，乃加帷荒於其上。」（以上鄭注。）荒、幠一聲之轉，皆謂覆也。故柳車上覆謂之荒，亦謂之幠。帾，卽「素錦褚」之褚。幠、帾皆所以飾棺，幠在上，象幕，帾在下，象幄，故曰：「其須象菲、帷、幬、尉也。」周官縫人「掌縫棺飾」，鄭注曰「若存時居於帷幕而加文繡」是也。若斂衾、夷衾，非所以飾棺，不得言「象菲、帷、幬、尉」矣。詩公劉傳曰：「荒，大也。」閟宫傳曰：「荒，有也。」爾雅曰：「幠，大也，有也。」是幠與荒同義。幠從無聲，荒從巟聲，巟從亡聲，荒之轉爲幠，猶亡之轉爲無。故詩「遂荒大東」，爾雅注引作「遂幠大東」；禮記「毋幠毋敖」，大戴作「無荒無傲」矣。**抗折，其須以象槾茨、番、閼也。**士喪禮「陳明器於乘車之西，折橫覆之」，鄭云：「折如牀，縮者三，橫者五，無簀，窆事畢，加之壙上，以承抗席。」抗，禦也，所以禦止土者。幔，扞也。茨，葢屋也。幔茨，猶墍茨也。幔，莫于反。番讀爲藩。藩，籬也。閼，謂門户壅閼風塵者。抗所以禦土，折所以承抗，皆不使外物侵内，有象於幔茨、藩、閼也。○盧文弨曰：舊本注引士喪禮多脱誤，今補正。**故喪禮者，無它焉，明死生之義，送以哀敬而終周藏也。故葬埋，敬藏其形也；**葬也者，藏也。所以爲葬埋之禮，敬藏其形體也。**祭祀，敬事其神也；其銘、誄、繫世，敬傳其名也。**銘，謂書其功於器物，若孔悝之鼎銘者；誄，謂誄其行狀以爲謚也；繫世，謂書其傳襲，若今之譜諜也：皆所以敬傳其名於後世也。○俞樾曰：周官小史職曰「奠世繫，辨昭穆」，鄭司農云「繫世，謂帝繫、世本之屬」是也。以帝繫解「繫」字，世本解「世」字，則繫也、世也自是二事，與銘、誄相對。楊注未得。**事生，飾始也；送死，飾終也。終始具而孝子之事畢、聖人之道備矣。刻死而附生謂之墨，刻生而附死謂之惑，**刻，損減。附，增益也。墨，墨子之法。惑，謂惑亂過禮也。○王念孫曰：「墨」與「惑」「賊」對文，則墨非墨子之謂。上文云「事生不忠厚、不敬文謂之野，送死不忠厚、不敬文謂之瘠」，（楊注：「瘠，薄。」）此云「刻死而附生謂之墨」，樂論云「亂世之徵，其養生無度，其送死瘠墨」，又以「瘠墨」連文，則墨非墨子明矣。**殺生而送死謂之賊。**殉葬殺人，與賊同也。**大象其生以送其死，使死生終始莫不稱宜而好善，是禮義之法式也，儒者是矣。**

三年之喪何也？曰：稱情而立文，鄭康成曰：「稱人之情輕重而制其禮也。」因以飾羣別、親疏、貴賤之節而不可益損也，故曰無適不易之術也。羣別，謂羣而有別也。適，往也。無往不易，言所至皆不可易此術。或曰：適讀爲敵。謝本從盧校作「不是」。郝懿行曰：依注，「是」當爲「易」，轉寫之譌。或曰「適讀爲敵」，亦通。先謙案：各本譌「是」，據宋台州本正作「易」。創巨者其日久，痛甚者其愈遲，三年之喪，稱情而立文，所以爲至痛極也；創，傷也，楚良反。日久、愈遲，互言之也。皆言久乃能平，故重喪必待三年乃除，亦爲至痛之極，不可朞月而已。齊衰、苴杖、居廬、食粥、席薪、枕塊，所以爲至痛飾也。「齊衰」，禮記作「斬衰」。苴杖，謂以苴惡色竹爲之杖。鄭云：「飾，謂章表也[一]。」三年之喪，二十五月而畢，哀痛未盡，思慕未忘，然而禮以是斷之者，豈不以送死有已、復生有節也哉！斷，決也，丁亂反。鄭云：「復生，謂除喪反生者之事也。」凡生乎天地之閒者，有血氣之屬必有知，有知之屬莫不愛其類。今夫大鳥獸則失亡其羣匹，○先謙案：則，猶若也，說見議兵篇。越月踰時則必反鉛過故鄉，則必徘徊焉，鳴號焉，躑躅焉，踟躕焉，然後能去之也。鉛與沿同，循也。禮記作「反巡過故鄉」。徘徊，回旋飛翔之貌。躑躅，以足擊地也。踟躕，不

[一] 鄭注禮記三年問作「飾，情之表章也」。

能去之貌。小者是燕爵，猶有啁噍之頃焉，然後能去之。燕爵，與鸗雀同。故有血氣之屬莫知於人，故人之於其親也，至死無窮。鳥獸猶知愛其羣匹，良久乃去，況人有生之最智，則於親喪，悲哀之情至死不窮已，故以三年節之也。將由夫愚陋淫邪之人與？則彼朝死而夕忘之，然而縱之，則是曾鳥獸之不若也，彼安能相與羣居而無亂乎？將由夫脩飾之君子與？則三年之喪，二十五月而畢，若駟之過隙，然而遂之，則是無窮也。隙，壁孔也。鄭云：「喻疾也。遂之，謂不時除也。」故先王聖人安爲之立中制節，一使足以成文理，則舍之矣。禮記作「焉爲之立中制節」，鄭云：「焉，猶然。立中制節，謂服之年月也。舍，除也。」王肅云：「一，皆也。」○郝懿行曰：此云「安爲之」，下云「案以此象之」，又云「案使倍之」、「案使不及」，此三「案」一「安」，禮記三年問俱作「焉」，皆語辭也。鄭注「焉猶然」，亦語辭。然則何以分之？分，半也，半於三年矣。曰：至親以期斷。斷，決也。鄭云：「言服之正，雖至親，皆期而除也。」是何也？鄭云：「問服斷於期之義也。」曰：天地則已易矣，四時則已徧矣，其在宇中者莫不更始矣，宇中者，謂萬物。故先王案以此象之也。然則三年何也？鄭云：「法此變易，可以期，何乃三年爲？」曰：加隆焉，案使倍之，故再期也。鄭云：「言於父母加厚其恩，使倍期也。」由九月以下何也？由，從也，從大功以下也。曰：案使不及也。鄭云：「言使其恩不若父母。」故三年以爲隆，緦、小功以爲殺，期、九月以爲

閒。隆，厚也。殺，減也，所介反。閒，廁其閒也，古莧反。情在隆殺之閒也。**上取象於天，下取象於地，中取則於人，人所以羣居和一之理盡矣。**鄭云：「取象於天地，謂法其變易也。自三年以至緦，皆歲時之數。言既象天地，又足盡人聚居粹厚之恩也。」○盧文弨曰：注「恩」字，俗本在「聚居」上，宋本上下皆有。今案：上「恩」字衍，去之。下「恩」字，元刻作「理」，即依本文，似未是。**故三年之喪，人道之至文者也。夫是之謂至隆，**至文飾人道，使成忠孝。鄭云：「言三年之喪，喪禮之最盛也。」**是百王之所同，古今之所一也。**一，謂不變。**君子喪所以取三年，何也？**問君之喪何取於三年之制。**曰：君者，治辨之主也，文理之原也，情貌之盡也，相率而致隆之，不亦可乎！**治辨，謂能治人，使有辨別也。文理，法理條貫也。原，本也。情，忠誠也。貌，恭敬也。致，至也。言人所施忠敬，無盡於君者，則臣下相率服喪而至於三年，不亦可乎！○郝懿行曰：率者，循也。循人子爲父母喪三年推之，爲君亦致隆三年也。先謙案：辨，亦治也。楊注非。**詩曰：「愷悌君子，民之父母。」彼君子者，固有爲民父母之説焉。**○俞樾曰：「子」字衍文。此本説君之喪所以三年之故，故引詩而釋之曰「彼君者固有爲民父母之説焉」。下文云「父能生之，不能養之；母能食之，不能教誨之；君者已能食之矣，又善教誨之者也」。下言「君者」，則此文亦當作「君者」，涉上「愷悌君子」之文而衍「子」字耳。**父能生之，不能養之，**養，謂哺乳之也。養或謂食。○王念孫曰：作「食」者是也。下文兩「食」字，竝承此「食」字而言。母能食之，不能教誨之；食音嗣也。君者，已能食之矣，又善教誨之者也，食，謂祿廪。教誨，謂制命也。三年畢矣哉！君者兼父母之恩，以三年報之，猶未畢也。乳母，飲食之者也，而三月；慈母，衣被之者也，而九月；君，曲備之者也，三年畢乎哉！曲備，謂兼飲食衣服。得之則治，失之則亂，文之至也；文，謂法度也。治亂所繫，是有法度之至也。得之則安，失之則危，情之至也。情，謂忠厚。使人去危就安，是忠厚之至也。兩至者俱積焉，以三年事之猶未足也，直無由進之耳。直，但也。故社，祭社也；稷，祭稷也；社，土神，以句龍配之，稷，百穀之神，以棄配之，但各止祭一神而已。郊者，并百王於上天而祭祀之也。百王，百神也，或「神」字誤爲「王」。言社稷唯祭一神，至郊天則兼祭百神，以喻君兼父母者也。〇郝懿行曰：上云「祭社」、「祭稷」，配止一人；此言郊祭上天，配以百王，尊之至也。百王，百世之王，皆前世之君也。楊注欲改「王」爲「神」，則謬矣。郭嵩燾曰：「故社」以下數語，在此終爲不類，疑當在下「尊尊親親之義至矣」下。言社以報社，稷以報稷，郊者并百神而盡報之，皆志意思慕之積也。三月之殯何也？此殯，謂葬也。〇王引之曰：死三日而殯，三月而葬，則殯非葬也。三月之殯，謂既殯之後，未葬之前，約有三月之久也。上文曰「殯，久不過七十日，速不損五十日」，楊彼注云「此皆據士喪禮首尾三月者也」，是其義矣。下文曰「將舉錯之，遷徙之，離宮室而歸丘陵也」，乃言葬事耳。曰：大之也，重之也，所致隆也，所致

親也，將舉錯之，遷徙之，離宮室而歸丘陵也，先王恐其不文也，是以繇其期、足之日也。所至厚至親，將徙而歸丘陵，不可急遽無文飾，故繇其期足之日，然後葬也。繇讀爲由，從也。○王引之曰：繇讀爲遥。（凡從䍃之字，多竝見於蕭、尤二韻，故「徭役」之徭，漢書多作「繇」。「歌謡」之謡，漢書李尋傳作「繇」。首飾之步摇，周官追師注作「繇」。）遥其期，謂遠其葬期也。足之日，謂足其日數也。楊誤讀繇爲由，且誤以「期足之日」連讀。**故天子七月，諸侯五月，大夫三月，皆使其須足以容事，事足以容成，成足以容文，文足以容備，曲容備物之謂道矣。**須，待也。謂所待之期也。事，喪具也。道者，委曲容物備物者也。○王引之曰：須者，遲也。（論語樊須字遲。）謂遲其期，使足以容事也。楊訓待，失之迂。**祭者，志意思慕之情也。**○王念孫曰：情與志意義相近，可言「思慕之情」，不可言「志意思慕之情」，「情」當爲「積」，字之誤也。（儒效篇「師法者所得乎情」，楊注：「或曰：情當爲積。」）志意思慕積於中而外見於祭，故曰「祭者，志意思慕之積也」。下文「唈僾」，注云「氣不舒，憤鬱之貌」，正所謂志意之積也。又下文「則其於志意之情者惆然不嗛」，「情」亦當爲「積」，言志意之積於中者不慊也。楊云「忠臣孝子之情悵然不足」，則所見本已誤。**愅詭、唈僾而不能無時至焉。**愅，變也；詭，異也：皆謂變異感動之貌。唈僾，氣不舒，憤鬱之貌。爾雅云「僾，唈也」，郭云：「嗚唈，短氣也。」言人感動或憤鬱不能無時而至，言有待而至也。愅音革。唈音邑。僾音愛。○盧文弨曰：「唈」，宋本作「悒」。案爾雅作

「唈」，陸德明釋文作「邑」，烏合反。今從元刻作「唈」。郝懿行曰：愅與革，恑與詭，竝同。恑，變也。革，更也。此言祭者思慕之情。愅、恑，皆變動之貌；唈僾，氣不舒之貌：四字俱以雙聲爲義。故人之歡欣和合之時，則夫忠臣孝子亦愅詭而有所至矣。歡欣之時，忠臣孝子則感動而思君親之不得同樂也。彼其所至者甚大動也，言所至之情甚大感動也。案屈然已，則其於志意之情者惆然不嗛，其於禮節者闕然不具。屈，竭也。屈然，空然也。惆然，悵然也。嗛，足也。言若無祭祀之禮，空然而已，則忠臣孝子之情悵然不足，禮節又闕然不具也。○先謙案：「志」，各本作「至」。荀書「至」「志」同字，然上下文皆作「志」。今依宋台州本改正。故先王案爲之立文，尊尊親親之義至矣。文，謂祭禮節文。故曰：祭者，志意思慕之情也，忠信愛敬之至矣，禮節文貌之盛矣，苟非聖人，莫之能知也。聖人明知之，士君子安行之，官人以爲守，百姓以成俗。其在君子，以爲人道也；其在百姓，以爲鬼事也。以爲人道，則安而行之；以爲鬼事，則畏而奉之。故鐘鼓、管磬、琴瑟、竽笙，韶、夏、護、武、汋、桓、箾、簡象，是君子之所以爲愅詭其所喜樂之文也。因説祭，遂廣言喜樂、哀痛、敦惡之意本皆因於感動而爲之文飾也。喜樂不可無文飾，故制爲鐘鼓、韶、夏之屬。箾音朔，賈逵曰：「舞曲名。」武、汋、桓，皆周頌篇名。簡，未詳。象，周武王伐紂之樂也。○王念孫曰：箾、象，卽左傳之象、箾也。自「鐘鼓管磬」以下，皆四字爲句，則「箾、象」之閒不當有「簡」字，疑卽「箾」字之誤而衍者。**齊衰、苴杖、居廬、食粥、席薪、枕塊，是君子之所以爲悼詭其所哀痛之文也。**感動其所哀痛而不可無文飾，故制爲齊衰、苴杖之屬。言本皆因於感動也。**師旅有制，刑法有等，莫不稱罪，是君子之所以爲悼詭其所敦惡之文也。**師旅，所以討有罪。制，謂人數也。有等，輕重異也。敦，厚也。厚惡，深惡也。或曰：敦讀爲頓。頓，困躓也。本因感動敦惡，故制師旅刑法以爲文飾。○盧文弨曰：案方言七：「諄憎，所疾也。宋、魯凡相惡謂之諄憎。」敦與諄音義同。**卜筮視日，齋戒修涂，几筵、饋、薦、告祝，如或饗之；**視日之吉凶。史記「周文爲項燕視日修涂」，謂修自宮至廟之道塗也。几筵，謂祝筵几於室中東面也。饋，獻牲體也。薦，進黍稷也。告祝，謂尸命祝以嘏於主人曰「皇尸命工祝，承致多福無疆於女孝孫，來女孝孫，使女受祿於天，宜稼於田，眉壽萬年，勿替引之」，如或歆饗其祀然也。○王念孫曰：涂讀爲除。周官典祀「若以時祭祀，則帥其屬而修除」，鄭注曰：「修除，芟埽之。」「修除」二字，專指廟中而言，作「涂」者，借字耳，非謂「修自宮至廟之道涂」也。**物取而皆祭之，如或嘗之；**物取，每物皆取也。謂祝命挼祭，尸取菹擩於醢，祭於豆閒，佐食取黍稷肺授尸啐祭之，又取肝擩於鹽，振祭嚌之是也。如或嘗之，謂以尸啐嚌之，如神之親嘗然也。**毋利舉爵，**當云「無舉利爵」，卽上文云「利爵之不醮也」。○俞樾曰：案特牲饋食禮，主人、主婦、賓長三獻之後，長兄弟、衆賓長又行加爵之禮，然後利洗，散獻於尸。鄭注謂「以利待尸，禮將終，宜一進酒」。然則利之獻尸，非祭之正，故以

祭禮將終，始行之也。此云「毋利舉爵」，蓋以主人爲重，猶言不使利代舉爵耳，故下云「主人有尊，如或觴之」。|楊注「當云『無舉利爵』」，則與下意不貫矣。**主人有尊，如或觴之；**謂主人設尊酌以獻尸，尸飲之，如神飲其觴然。**賓出，主人拜送，反易服，卽位而哭，如或去之。**此禯説喪祭也。易服，易祭服，反喪服也。賓出，祭事畢，卽位而哭，如神之去然也。**哀夫敬夫！事死如事生，事亡如事存，狀乎無形影，然而成文。**狀，類也。言祭祀不見鬼神，有類乎無形影者，然而足以成人道之節文也。

荀子卷第十四

○盧文弨曰：「此卷各本皆無注。」

樂論篇第二十

夫樂者，樂也，人情之所必不免也，故人不能無樂。樂則必發於聲音，形於動靜，而人之道，聲音、動靜、性術之變盡是矣。故人不能不樂，樂則不能無形，形而不爲道，則不能無亂。先王惡其亂也，故制雅、頌之聲以道之，使其聲足以樂而不流，使其文足以辨而不諰，○盧文弨曰：禮記樂記作「論而不息」，史記樂書作「綸而不息」。此作「諰」，乃「諰」字之訛。莊子人閒世篇「氣息茀然」，向本作「諰」，崔本亦同。案詩「南有喬木，不可休息」，「息」亦是「思」字，此二字形近易訛也。郝懿行曰：「諰」乃別字，古止作「息」，樂記作「論而不息」是也。荀書多以「諰」爲「葸」，此又以「諰」爲「息」，皆假借也。使其曲直、繁省、廉肉、節奏足以感動人之善心，○盧文弨曰：「繁省」，史記同，禮記作「繁瘠」。使夫邪汙之氣無由得接焉。是先王立樂之方也，而墨子非之，奈何！○盧文弨曰：墨子書有非樂篇。故樂在宗廟之中，君臣上下同聽之，則莫不和敬；閨門之內，父子兄弟同聽之，則莫不和親；鄉里族長之中，長少同聽之，則莫不和順。故樂者，審一以定和者也，比物以飾節者也，合奏以成文者也，○盧文弨曰：禮記作「節奏合以成文」，史記同。郝懿行曰：節以分析言之，奏以合聚言之，語甚明晰。樂記作「節奏合以成文」，則總統言之，而此於義較長。足以率一道，足以治萬變。是先王立樂之術也，而墨子非之，奈何！故聽其雅、頌之聲，而志意得廣焉；執其干戚，習其俯仰屈伸，而容貌得莊焉；行其綴兆，要其節奏，而行列得正焉，進退得齊焉。故樂者，出所以征誅也，入所以揖讓也。征誅揖讓，其義一也。出所以征誅，則莫不聽從；入所以揖讓，則莫不從服。故樂者，天下之大齊也，中和之紀也，人情之所必不免也。是先王立樂之術也，而墨子非之，奈何！且樂者，先王之所以飾喜也；軍旅鈇鉞者，先王之所以飾怒也。先王喜怒皆得其齊焉。○盧文弨曰：禮記「齊」作「儕」。郝懿行曰：齊，才細切，謂分齊也。樂記作「儕」，假借字耳。先謙案：史記樂書作「齊」。是故喜而天下和之，怒而暴亂畏之。先王之道，禮樂正其盛者也，而墨子非之。故曰：墨子之於道也，猶瞽之於白黑也，猶聾之於清濁也，猶欲之楚而北求之也。○先謙案：各本脱「欲」字，據宋台州本補正。夫聲樂之入人也深，其化人也速，故先王謹爲之文。樂中平則民和而不流，樂肅莊則民齊而不亂。民和齊則兵勁城固，敵國不敢嬰也。如是，則百姓莫不安其處，樂其鄉，以至足其上矣。然後名聲於是白，光輝於是大，四海之民莫不願得以爲師。○先謙案：師，長也，説詳儒效篇。是王者之始也。樂姚冶以險，則民流僈鄙賤矣。流僈則亂，鄙賤則争。亂争則兵弱城犯，敵國危之。如是，則百姓不安其處、不樂其鄉、不足其上矣。故禮樂廢而邪音起者，危削侮辱之本也。故先王貴禮樂而賤邪音。其在序官也，曰：「修憲命，審誅賞，禁淫聲，以時順修，使夷俗邪音不敢亂雅，太師之事也。」○先謙案：「序官」以下，語見王制篇。「審誅賞」，當爲「審詩商」之誤，説詳彼注。墨子曰：「樂者，聖王之所非也，而儒者爲之，過也。」君子以爲不然。樂者，聖人之所樂也，而可以善民心，其感人深，其移風易俗，○先謙案：史記作「其風移俗易」，語皆未了。此二語相儷，當是「其感人深，其移風俗易」，與富國篇「其道易，其塞固，其政令一，其防表明」句法一例。上文「聲樂之入人也深，其化人也速」，即是此意。讀者據下文妄改耳。故先王導之以禮樂，而民和睦。夫民有好惡之情而無喜怒之應則亂。先王惡其亂也，故脩其行，正其樂，而天下順焉。故齊衰之服，哭泣之聲，使人之心悲；帶甲嬰軸，歌於行伍，使人之心傷；○俞樾曰：歌於行伍，何以使人心傷？義不可通。「傷」當爲「愓」。荀子書多用「愓」字。修身篇曰「加愓悍而不順」，注引韓侍郎云：「愓與蕩同。字作心邊昜，謂放蕩兇悍也。」又榮辱篇曰「愓悍憍暴」，注亦云：「愓與蕩同。」歌於行伍，則使人之心爲之動蕩，故曰「使人之心愓」。

「惕」「傷」形似，因致譌耳。先謙案：説文「胄」，司馬法作「䩜」，又見議兵篇。姚冶之容，鄭、衛之音，使人之心淫；紳端章甫，舞韶歌武，使人之心莊。故君子耳不聽淫聲，目不視女色，口不出惡言。此三者，君子慎之。凡姦聲感人而逆氣應之，逆氣成象而亂生焉；正聲感人而順氣應之，順氣成象而治生焉。唱和有應，善惡相象，故君子慎其所去就也。君子以鐘鼓道志，以琴瑟樂心，動以干戚，飾以羽旄，從以磬管。○盧文弨曰：元刻作「簫管」，與禮記同。故其清明象天，其廣大象地，其俯仰周旋有似於四時。○盧文弨曰：元刻「周旋」作「隨還」。故樂行而志清，禮脩而行成，耳目聰明，血氣和平，移風易俗，天下皆寧，美善相樂。○謝本從盧校作「莫善於樂」。盧文弨曰：宋本作「美善相樂」。王念孫曰：元刻以上文言「移風易俗」，又以孝經言「移風易俗，莫善於樂」，故改爲「莫善於樂」也。不知「美善相樂」正承上五句而言。唯其樂行志清，禮修行成，是以天下皆移風易俗而美善相樂。此「樂」字讀「喜樂」之樂，下文「君子樂得其道，小人樂得其欲」云云，皆承此「樂」字而言。若改爲「莫善於樂」，則仍讀「禮樂」之樂，與上下文皆不相應矣。樂記亦云：「故樂行而倫清，耳目聰明，血氣和平，移風易俗，天下皆寧。」此下若繼之曰「莫善於樂」，尚成文理乎？仍當依宋本作「美善相樂」爲是。先謙案：王説是，今改從宋本。故曰：樂者，樂也。君子樂得其道，小人樂得其欲。以道制欲，則樂而不亂；以欲忘道，則惑而不樂。故樂

者，所以道樂也。金石絲竹，所以道德也。樂行而民鄉方矣。故樂者，治人之盛者也，而墨子非之。且樂也者，和之不可變者也；禮也者，理之不可易者也。樂合同，禮別異。禮樂之統，管乎人心矣。窮本極變，樂之情也；著誠去僞，禮之經也。墨子非之，幾遇刑也。明王已没，莫之正也。愚者學之，危其身也。君子明樂，乃其德也。亂世惡善，不此聽也。○顧千里曰：「德」字，疑當作「人」，與上下韻。此篇楊注亡，宋本與今本同，蓋皆誤。俞樾曰：自「窮本極變，樂之情也」至「弟子勉學，無所營也」十八句，皆有韻之文，獨「德」字不入韻，當必有誤。荀子原文，疑作「乃斯聽也」。「斯」與「此」文異義同。「乃斯聽也」與「不此聽也」，反復相明。古人用韻，不避重複。如采薇首章連用二「玁狁之故」句，正月一章連用二「自口」字，十月之交首章連用二「而微」字，車舝三章連用二「庶幾」字，文王有聲首章連用二「有聲」字，召旻卒章連用二「百里」字，竝其例也。後人疑兩句不得疊用「聽」字，因改上句爲「乃其德也」，不特於韻不諧，而亦失其義矣。**於乎哀哉！不得成也。弟子勉學，無所營也。**○盧文弨曰：「勉」，元刻作「免」，古通用。**聲樂之象：鼓大麗，**○盧文弨曰：宋本作「天麗」。○先謙案：作「大」者是。鼓之爲物大，音亦大也。麗者，方言三郭注：「偶物爲麗。」説文：「周禮六鼓：靁鼓八面，靈鼓六面，路鼓四面，鼖鼓、皋鼓、晉鼓皆兩面。」**鐘統實，**○先謙案：統者，鐘統衆樂爲君。樂叶圖徵曰：「據鐘以知君，鐘聲調則君道得。」實者，成實也。五經通義曰：「鐘，秋分之音，萬物至秋而成也。」磬廉制，○先謙案：廣雅釋詁：「廉，棱也。」磬有隅棱曰廉。禮記樂記疏：「制，謂裁斷也。」磬以明貴賤、親疏、長幼之節，是有制也。詳白虎通禮樂篇。下文「莫不廉制」，亦謂舞之容節莫不廉棱而有裁斷也。竽笙簫和，○王引之曰：「簫」當爲「肅」。言竽笙之聲既肅且和也。漢書劉向傳曰「雜遝衆賢，罔不肅和」是也。「竽笙肅和，筦籥發猛，塤篪翁博」，三句相對爲文。今本「肅」作「簫」者，因「竽笙」二字相連而誤加「竹」耳。又下文云「鼓似天，鐘似地，磬似水，竽笙筦籥似星辰日月」，今本「竽笙」下有「簫和」二字，亦因上文而衍。筦籥發猛，○先謙案：樂書集解引王肅曰：「猛起，發揚。」是發、猛同義。塤篪翁博，○俞樾曰：「翁」當爲「滃」。文選江賦曰：「氣滃渤以霧杳。」翁博，猶滃渤也。博與渤亦一聲之轉。瑟易良，○先謙案：非十二子篇云「其容良」，注：「良，謂樂易也。」是易、良同義。琴婦好，○郝懿行曰：「鼓天麗」已下，蓋古樂經之文，而荀子述之，故以終篇。俞樾曰：賦篇蠶賦曰「此夫身女好而頭馬首者與」，注云：「女好，柔婉也。」婦好當與女好同，亦柔婉之意。歌清盡，○先謙案：盡者，反復以盡之。舞意天道兼。鼓，其樂之君邪！故鼓似天，鐘似地，磬似水，竽笙、簫和、筦籥似星辰日月，鞉、柷、拊、鞷、椌、楬似萬物。○郝懿行曰：「拊鞷」，禮論篇作「拊膈」，其義當同。又「簫和」與「竽笙」「筦籥」相儷，亦皆樂器名，所未聞。先謙案：「簫和」二字衍，說見上。曷以知舞之意？曰：目不自見，耳不自聞也，然而治俯仰、詘信、進退、遲速莫不廉制，盡筋骨之力以要鐘鼓俯會之節，而靡有悖逆者，衆積意謘謘乎！○盧文弨曰：元刻無「意」字。「謘」，説文作「譁」，云：「語諄也，直离切。」元刻正同。郝懿行曰：此論舞意與衆音繁會而應節，如人告語之熟，謘謘然也。

吾觀於鄉，而知王道之易易也。○盧文弨曰：案禮記鄉飲酒義，此爲孔子之言，句首「孔子曰」三字似當有。主人親速賓及介，而衆賓皆從之，至于門外，主人拜賓及介而衆賓皆入，貴賤之義別矣。○盧文弨曰：兩「皆」字，元刻作「自」，與禮記同。三揖至于階，三讓以賓升，拜至，獻酬，辭讓之節繁。及介省矣。至于衆賓，升受，坐祭，立飲，不酢而降。隆殺之義辨矣。○謝本從盧校，無「降」字。盧文弨曰：元刻「而」字下有「降」字，與禮記同。王念孫曰：元刻是。先謙案：宋本奪「降」字，今從元刻。工入，升歌三終，主人獻之；笙入三終，主人獻之；閒歌三終，合樂三終，工告樂備，遂出。二人揚觶，乃立司正。焉知其能和樂而不流也。賓酬主人，主人酬介，介酬衆賓，少長以齒，終於沃洗者焉。○謝本從盧校，無「洗」字。盧文弨曰：元刻「沃」下有「洗」字，與禮記同。王念孫曰：元刻是。「焉」字下屬爲句，説見劉氏經傳小記。先謙案：宋本奪「洗」字。今從元刻。知其能弟長而無遺也。降，説屨，升坐，脩爵無數。飲酒之節，朝不廢朝，莫不廢夕。賓出，主人拜送，節文終遂。焉知其能安燕而不亂也。貴賤明，隆殺辨，和樂而不流，弟長而無遺，安燕而不亂：此五行者，是足以正身安國矣。○盧文弨曰：元刻無「是」字，與禮記同。彼國安而天下安。故曰：吾觀於鄉，而知王道之易易也。

亂世之徵：○盧文弨曰：舊本不提行，今案當分段。其服組，○先謙案：書禹貢馬注：「組，文也。」服組，謂華侈。其容婦，其俗淫，其志利，其行雜，其聲樂險，○先謙案：廣雅釋詁：「險，衺也。」其文章匿而采，○先謙案：匿，讀曰慝，邪也，說見天論篇。其養生無度，其送死瘠墨，○郝懿行曰：禮論篇云「送死不忠厚、不敬文謂之瘠」，「刻死而附生謂之墨」。墨者，墨子之教，以薄爲道也。瘠，亦儉薄之意。賤禮義而貴勇力，貧則爲盜，富則爲賊。治世反是也。

荀子卷第十五

解蔽篇第二十一

蔽者，言不能通明，滯於一隅，如有物壅蔽之也。

凡人之患，蔽於一曲而闇於大理。一曲，一端之曲說。是時各蔽於異端曲說，故作此篇以解之。○先謙案：「是時」二句，當在「如有物壅蔽之也」下。**治則復經，兩疑則惑矣。**言治世用禮義，則自復經常之正道。兩疑，謂不知一於正道，而疑蔽者爲是。一本作「兩則疑惑矣」。○俞樾曰：兩，讀如「兩政」之「兩」。桓十八年左傳：「竝后、匹嫡、兩政、耦國。」是兩與匹、耦義同。疑，讀如「疑妻」「疑適」之「疑」。管子君臣篇：「內有疑妻之妾，此宮亂也。庶有疑適之子，此家亂也。朝有疑相之臣，此國亂也。」字亦作「擬」。韓子説疑篇：「孽有擬適之子，配有擬妻之妾，廷有擬相之臣，臣有擬主之寵，此四者，國之所危也。」意與管子同。天下之道，一而已矣。有與之相敵者，是爲兩；有與之相亂者，是爲疑。兩焉、疑焉，惑從此起，故曰「兩疑則惑矣」。如楊注，則疑卽惑也，於義複矣。一本則不得其解而誤乙其文也。**天下無二道，聖人無兩心。今諸侯異政，百家異説，則必或是或非，或治或亂。**○盧文弨曰：宋本「或」皆作「惑」。元刻「治」作「理」。**亂國之君，亂家之人，此其誠心莫不求正而以自爲也，妬繆於道而人誘其所**

迨也。迨，近也。近，謂所好也。言亂君、亂人本亦求理，以其嫉妒迷繆於道，故人因其所好而誘之，謂若好儉則墨氏誘之、好辯則惠氏誘之也。○郝懿行曰：迨者，及也。注訓近，則借爲「殆」字，殆，訓近也，其義較長。**私其所積，唯恐聞其惡也；**積，習。**倚其所私，以觀異術，唯恐聞其美也。**倚，任也。或曰：偏倚也，猶傍觀也。言妬於異術也。○盧文弨曰：案「傍觀」，元刻作「倚觀」。**是以與治雖走而是己不輟也，**走，竝馳。治，謂正道也。既私其所習，妬繆於道，雖與治竝馳，而自是不輟。「雖」，或作「離」。○郝懿行曰：「雖」，當依注作「離」，此乃形譌。與治離走，謂離去正道而走，而自以爲是，不輟止也。王念孫曰：作「離」是也。言與治離走而自是不已也。作「雖」者，字之誤耳。（隸書「離」「雖」相似，說見淮南天文篇。）前說非。**豈不蔽於一曲而失正求也哉！心不使焉，則白黑在前而目不見，雷鼓在側而耳不聞，況於使者乎！**雷鼓，大鼓聲如雷者。使，役也。以論不役心於正道，則自無聞見矣，況乎役心於異術，豈復更聞正求哉！○俞樾曰：下「使」字乃「蔽」字之誤。白黑之形，雷鼓之聲，尚且不見不聞，況於蔽者乎！此承上文「蔽於一曲」而言，下文「欲爲蔽，惡爲蔽」諸句，又承此而極言之，故篇名解蔽也。因涉「心不使焉」句而誤作「使」。既云「心不使焉」，又云「況於使者乎」，文不可通。楊曲爲之說，非是。**德道之人，**有賢德也。○王念孫曰：「德道」，卽「得道」也。（剥「上九，君子得輿」，釋文：「得，京本作德。」論語泰伯篇「民無得而稱焉」，季氏篇作「德」。大戴記文王官人篇「小施而好大得」，逸周書作「德」。）楊説失之。**亂國之君非之上，亂家之人非之下，豈不哀哉！**上下共非，故可哀也。

故爲蔽：數爲蔽之端也。○謝本從盧校作「數爲蔽」。盧文弨曰：正文「數」，宋本作「故」。郝懿行曰：案「數」當作「故」。故，語詞也。此句爲下十蔽總冒，作「數」於義爲短。王念孫曰：作「故」者是也。呂、錢本竝如是。注言「數爲蔽之端」者，數，所主反。下文言人之蔽有十，故先以「故爲蔽」三字總冒下文，然後一一數之於下。注言「數爲蔽之端」，亦是總冒下文之詞，而正文自作「故」，不作「數」也。若云「數爲蔽」，則不辭甚矣。元刻作「數」，即涉注文而誤。俞樾曰：故，猶胡也。墨子尚賢中篇「故不察尚賢爲政之本也」，下文作「胡不察尚賢爲政之本也」，是故與胡同。管子侈靡篇「公將有行，故不送公」，亦以「故」爲「胡」。「故爲蔽」，猶云「胡爲蔽」。胡之言何也，乃設爲問辭，下文「欲爲蔽」云云，乃歷數以應之也。元刻涉注文而誤作「數爲蔽」，盧氏從之，非。先謙案：郝、王説是，今從宋本改正。故，訓爲胡，俞説是也。**欲爲蔽，惡爲蔽，始爲蔽，終爲蔽，遠爲蔽，近爲蔽，博爲蔽，淺爲蔽，古爲蔽，今爲蔽。**此其所知、所好滯於一隅，故皆爲蔽也。**凡萬物異則莫不相爲蔽，此心術之公患也。**公，共也。所好異則相爲蔽。**昔人君之蔽者，夏桀、殷紂是也。桀蔽於末喜、斯觀，**○郝懿行曰：斯觀，無攷。楚語云「啟有五觀」，謂之姦子。然則斯觀豈其苗裔？**而不知關龍逢，以惑其心而亂其行；**

末喜，桀妃。斯觀，未聞。韓侍郎云：「斯，或當爲斟。斟觀，夏同姓國，蓋其君當時爲桀佞臣也。」國語史蘇曰：「昔夏桀伐有施，有施人以末喜女焉。」賈侍中云：「有施，喜姓國也。」**紂蔽於妲己、飛廉，而不知微子啟，以惑其心而亂其行。**妲己，紂妃。飛廉，紂之佞臣，惡來之父，善走者，秦之祖也。微子，紂之庶兄。微國子爵，啟，其名也。國語曰：「殷紂伐有蘇，有蘇氏以妲己女焉。」賈侍中云：「有蘇，己姓國也。」**故羣臣去忠而事私，百姓怨非而不用，**事，任也。不用，不爲上用也。「非」，或爲「誹」。**賢良退處而隱逃，此其所以喪九牧之地而虛宗廟之國也。**九牧，九州之牧。虛讀爲墟。**桀死於亭山，**亭山，南巢之山，或本作「鬲山」。案漢書地理志，廬江有灊縣。當是誤以「灊」爲「鬲」，傳寫又誤爲「亭」。灊音潛。○王念孫曰：案作「鬲山」者是也。鬲讀與歷同，字或作「歷」。太平御覽皇王部七引尸子曰：「桀放於歷山。」淮南務修篇「湯整兵鳴條，困夏南巢，譙以其過，放之歷山」，高注曰：「歷山，蓋歷陽之山。」（案漢歷陽故城爲今和州治，其西有歷湖，卽淮南俶真篇所謂「歷陽之都，一夕反而爲湖」者也。）史記夏本紀正義引淮南子曰：「湯放桀於歷山，與末喜同舟浮江，奔南巢之山而死。」（此所引蓋許注。）歷山，卽鬲山也。史記滑稽傳「銅歷爲棺」，索隱曰：「歷，卽釜鬲也。」是「鬲」「歷」古字通。楊以「鬲山」爲「灊山」之誤，非也。（魯語「桀奔南巢」，韋注曰：「南巢，楊州地，巢伯之國，今廬江居巢縣是。」是南巢地在漢之居巢，不在灊縣也。且廬江有灊縣而無灊山，今以鬲山爲灊山之誤，則是以縣名爲山名矣，尤非。）**紂縣於赤旆，**史記武王斬紂頭，縣於太白旗，此云「赤旆」，所傳聞異也。**身不先知，**

人又莫之諫，此蔽塞之禍也。成湯監於夏桀，故主其心而慎治之，主其心，言不爲邪佞所惑也。是以能長用伊尹而身不失道，此其所以代夏王而受九有也。文王監於殷紂，故主其心而慎治之，是以能長用呂望而身不失道，此其所以代殷王而受九牧也。九有、九牧，皆九州也。撫有其地則謂之九有，養其民則謂之九牧。遠方莫不致其珍，故目視備色，耳聽備聲，口食備味，形居備宫，名受備號，生則天下歌，死則四海哭，○盧文弨曰：案元刻作「天下哭」。夫是之謂至盛。詩曰：「鳳凰秋秋，其翼若干，其聲若簫。有鳳有凰，樂帝之心。」此不蔽之福也。逸詩也。爾雅：「鶠，鳳，其雌凰。」秋秋，猶蹌蹌，謂舞也。干，楯也。此帝，蓋謂堯也。堯時鳳凰巢於阿閣。言堯能用賢不蔽，天下和平，故有鳳凰來儀之福也。○王念孫曰：「有鳳有凰」，本作「有凰有鳳」。「秋」「簫」爲韻，「鳳」「心」爲韻。説文，鳳從凡聲，古音在侵部，故與「心」爲韻。鳳從凡聲而與「心」爲韻，猶風從凡聲而與「心」爲韻也。（「鳳」字古文作「朋」，又作「鵬」，而古音蒸、侵相近，則「朋」「鵬」二字亦可與「心」爲韻。秦風小戎篇以「膺」「弓」「縢」「興」「音」爲韻，大雅大明篇以「林」「興」「心」爲韻，生民篇以「登」「升」「歆」「今」爲韻，魯頌閟宫篇以「乘」「縢」「弓」「綅」「增」「膺」「懲」「承」爲韻，皆其例也。）後人不知古音而改爲「有鳳有凰」，則失其韻矣。王伯厚詩攷引此已誤。藝文類聚祥瑞部、太平御覽人事部、羽族部引此竝作「有皇有鳳」。（先言「皇」而後言「鳳」者，變文協韻耳。古書中若此者甚多，後人不達，每以妄改而失其韻。衛風竹竿篇「遠兄弟父母」，與「右」爲韻，而今本作「遠父母兄弟」。大雅皇矣篇「同爾弟兄」，與「王」「方」爲韻，而今本作「同爾兄弟」。莊子秋水篇「無西無東」，與「通」爲韻，而今本作「無東無西」。逸周書周祝篇「惡姑柔剛」，與「明」「陽」「長」爲韻，而今本作「剛柔」。管子内業篇「能無卜筮而知凶吉乎」，與「一」爲韻，而今本作「吉凶」。淮南原道篇「與萬物終始」，與「右」爲韻，而今本作「始終」。文選鵩鳥賦「或趨西東」，與「同」爲韻，而今本作「東西」。答客難「外有廩倉」，與「享」爲韻，而今本作「倉廩」：皆其類也。）**昔人臣之蔽者，唐鞅、奚齊是也。**唐鞅，宋康王之臣。呂氏春秋曰：「宋康王染於唐鞅、田不禋。」奚齊，晉獻公驪姬之子。論衡曰：「宋王問唐鞅曰：『吾殺戮甚衆，而羣臣愈不畏，何也？』對曰：『王之所罪，盡不善者也。罪不善者，善者胡爲畏？王欲羣臣之畏也，不若無辨其善與不善，一時罪之，則羣臣畏矣。』宋王從之。」○盧文弨曰：宋本此注多脱字，從元刻補正。呂氏淫辭篇亦載此事，「一時罪之」作「而時罪之」。**唐鞅蔽於欲權而逐載子，**載，讀爲戴。戴不勝，使薛居州傅王者，見孟子。或曰：戴子，戴驩也。韓子曰：「戴驩爲宋太宰，夜使人曰：『吾聞數夜有乘輜車至李史門者，謹爲我司之。』使者報曰：『不見輜車，見有奉笥而與李史，史受笥。』」又戴驩謂齊王曰：「王大仁於薛公，大不忍人。」據其時代，當是戴驩也。蓋爲唐鞅所逐奔齊也。○盧文弨曰：案引韓子，前一段見内儲説上，宋本字有錯誤，據本書訂正。「輜車」，本書作「輼車」。後一段，本書作「成驩」。又内儲説下云「戴驩、皇喜二人，争事相害，皇喜遂殺宋君而奪其政」，則非唐鞅所逐也。或説似牽合。**奚齊蔽於欲國而罪**

申生，申生，晉獻公之太子，奚齊之兄，爲驪姬所譖，獻公殺之。春秋穀梁傳曰：「晉里克殺其君之子奚齊。『其君之子』云者，國人不子也，不正其殺世子申生而立之也。」唐鞅戮於宋，奚齊戮於晉。逐賢相而罪孝兄，身爲刑戮，然而不知，此蔽塞之禍也。故以貪鄙、背叛、爭權而不危辱滅亡者，自古及今，未嘗有之也。鮑叔、寧戚、隰朋仁知且不蔽，故能持管仲而名利福禄與管仲齊；持，扶翼也。召公、呂望仁知且不蔽，故能持周公而名利福禄與周公齊。傳曰：「知賢之謂明，輔賢之謂能。○盧文弨曰：宋本「彊」作「能」。案「彊」字與上下韻叶。王念孫曰：盧説非也。「知賢之謂明」，承上文「仁知且不蔽」而言；「輔賢之謂能」，承上文「能持管仲」、「能持周公」而言；「勉之彊之，其福必長」，承上文「名利福禄與管仲齊」、「與周公齊」而言。此四句本不用韻，元刻「能」作「彊」，乃涉下「勉之彊之」而誤。呂、錢本竝作「能」。先謙案：謝本從盧校作「彊」。今依王説，從宋本改「能」。勉之彊之，其福必長。」此之謂也。此不蔽之福也。勉之彊之，言必勉彊於知賢、輔賢，然後其福長也。彊，直亮反。

昔賓孟之蔽者，亂家是也。賓孟，周景王之佞臣，欲立王子朝者。亂家，謂亂周之家事，使庶孽爭位也。○俞樾曰：楊注誤。下文歷數墨子諸人之蔽，全與賓孟無涉。此二語上無所承，下無所應，殊爲不倫。據上文云「昔人君之蔽者，夏桀、殷紂是也」，下乃極言桀、紂之蔽，而終以成湯、文王之不蔽者，明不蔽之福。又云「昔人臣之蔽者，唐鞅、奚齊是也」，下乃極言唐鞅、奚齊之蔽，而終以鮑叔、甯戚諸人之不蔽者，明不蔽之福。此文云「昔賓孟之蔽者，亂家是也」；下乃歷舉墨子諸人之蔽，而終以孔子之不蔽者，明不蔽之福。三段相對成文，則「賓孟之蔽」句正與上文「人君之蔽」、「人臣之蔽」相對。所云賓孟，殆非周之賓孟，且非人名也。孟，當讀爲萌，孟與明古音相近，故「孟」可爲「萌」，猶「孟豬」之爲「明都」、「孟津」之爲「盟津」也。呂氏春秋高義篇載墨子之言曰：「若越王聽吾言，用吾道，翟度身而衣，量腹而食，比於賓萌，未敢求仕」，高注曰：「賓，客也。萌，民也。」所謂「賓萌」者，蓋當時有此稱。戰國時遊士往來諸侯之國，謂之「賓萌」，若下文墨子、宋子、慎子、申子、惠子、莊子，皆其人矣。然則上言「人君之蔽」、「人臣之蔽」，此言「賓萌之蔽」，文正相對。人君之蔽，人臣之蔽，止舉兩人，故可曰「夏桀、殷紂是也」、「唐鞅、奚齊是也」；賓萌之蔽則所舉人多，不可竝列，故曰「亂家是也」。亂家包下文諸子而言。上文云「亂國之君，亂家之人」，又曰「亂國之君非之上，亂家之人非之下」，此「亂家」二字之證也。「賓萌」之稱，它書罕見，而字又叚「孟」爲「萌」，適與周賓孟之名同，其義益晦矣。**墨子蔽於用而不知文，**欲使上下勤力，股無胈，脛無毛，而不知貴賤等級之文飾也。**宋子蔽於欲而不知得，**宋子以人之情，欲寡而不欲多，但任其所欲則自治也，蔽於此說而不知得欲之道也。○俞樾曰：古「得」「德」字通用。「蔽於欲而不知德」，正與下句「慎子蔽於法而不知賢」一律，注失之。**慎子蔽於法而不知賢，**慎子本黃、老，歸刑名，多明不尚賢，不使能之道，故其說曰「多賢不可以多君，無賢不可以無君」。其意但明得其法，雖無賢亦可以爲治，而不知法待賢而後舉也。**申子蔽於執而不知知，**申子，名不害，河南京縣人，韓昭侯相也。其説但賢〔一〕得權埶，以刑法馭下，而不知權埶待才智然後治，亦與慎子意同。下知音智。**惠子蔽於辭而不知實，**惠子蔽於虛辭而不知實理。虛辭，謂若「山出口，丁子有尾」之類也。**莊子蔽於天而不知人。**天，謂無爲自然之道。莊子但推治亂於天，而不知在人也。○先謙案：如注，「道」字下屬，「謂之」二字無著。此言由用而謂之道，則人盡於求利也。下竝同。數者，道之一隅，而墨、宋諸人自以爲道，所以爲蔽也。楊失其讀。

故由用謂之道，盡利矣；由，從也。若由於用，則天下之道無復仁義，皆盡於求利也。

由俗謂之道，盡嗛矣；「俗」，當爲「欲」。嗛與慊同，快也。言若從人所欲，不爲節限，則天下之道盡於快意也。嗛，口簟反。○盧文弨曰：「盡用矣〔二〕」，「盡嗛矣」，元刻兩「矣」字俱作「也」，今從宋本。**由法謂之道，盡數矣；**由法而不由賢，則天下之道盡於術數也。**由埶謂之道，盡便矣；**便，便宜也。從埶而去智，則盡於逐便，無復修立。**由辭謂之道，盡論矣；**論，辨説也。**由天謂之道，盡因矣：**因，任其自然，無復治化也。**此數具者，皆道之一隅也。夫道者，體常而盡變。一隅不足以舉之。**言道者體常盡變，猶天地常存，能盡萬物之變化也。**曲知之人，觀於道之一隅而未之能識**

〔一〕「賢」，似當爲「貴」，形近而誤。
〔二〕「盡用矣」，據正文，似當作「盡利矣」。

也，曲知，言不通於大道也。一隅猶昧，況大道乎！**故以爲足而飾之，**謂其持之有故，其言之成理也。○先謙案：「而」或作「五」，從宋台州本正。**內以自亂，外以惑人，上以蔽下，下以蔽上，此蔽塞之禍也。孔子仁知且不蔽，故學亂術，足以爲先王者也。**亂，雜也。言其多才藝，足以及先王也。○郝懿行曰：亂者，治也。學治天下之術。「亂」之一字，包治、亂二義。注非。**一家得周道，舉而用之，不蔽於成積也。**一家得，謂作春秋也。周道舉，謂刪詩、書，定禮、樂。成積，舊習也。言其所用不滯於衆人舊習，故能功業如此。○郝懿行曰：「一家得周道」句，「舉而用之」句。此言孔子志在春秋，行在孝經，又曰「吾學周禮，今用之，吾從周」，蓋能攷論古今，成一家言，不蔽於諸子雜説也。先謙案：郝讀是也。言孔子爲春秋一家之言，而得周之治道，可以舉而用之，是匹夫而有天子之道，由其不蔽於成積也。儒效篇云「并一而不二，所以成積也」，「并一而不二，則通於神明，參於天地」，「涂之人百姓，積善而全盡，謂之聖人」。道由積而成，故謂之成積。不蔽於成積者，猶言「不蔽於道之全體」也，正對上「道之一隅」言之。榮辱篇云「安知廉恥隅積」，亦以「隅積」對文，與此可互證。楊以成積爲舊習，誤甚。**故德與周公齊，名與三王竝，此不蔽之福也。聖人知心術之患，見蔽塞之禍，故無欲無惡，無始無終，無近無遠，無博無淺，無古無今，兼陳萬物而中縣衡焉。**不滯於一隅，但當其中而縣衡，揣其輕重也。**是故衆異不得相蔽以亂其倫也。**倫，理。**何謂衡？曰：道。**道，謂禮義。

故心不可以不知道。心不知道，則不可道而可非道。心不知道，則不以道爲可。可，謂合意也。**人孰欲得恣而守其所不可，以禁其所可？**人心誰欲得縱恣而肯守其不合意之事，以自禁其合意者？**以其不可道之心取人，則必合於不道人，而不知合於道人。**各求其類。○俞樾曰：「知」字衍。下文云「以其可道之心取人，則合於道人而不合於不道人」，正與此文相對。彼云「不合」，而不云「不知合」，則此文亦無「知」字明矣。**以其不可道之心，與不道人論道人，亂之本也。**必有妬賢害善。○盧文弨曰：宋本作「與不可道之人論道人」，元刻作「與不道人」，無「可」「之」「論道人」五字。今案：當作「與不道人論道」。兩本有衍有脱，下一「人」字亦可去。王念孫曰：盧説非也。與不道人論道人，（道人，見上。）謂與小人論君子，非謂與之論道也。上文云「得道之人，亂國之君非之上，亂家之人非之下，豈不哀哉」，正所謂「與不道人論道人」也。與不道人論道人，則道人退而不道人進，國之所以亂也，故曰「與不道人論道人，亂之本也」。故楊云「必有妬賢害善」。**夫何以知！**問何道以知道人也。○俞樾曰：「夫何以知」，與下文「何患不知」相對。葢言心不知道則將與不道人論道人，必至妬賢害善矣，夫何以知；心知道則與道人論非道，必能徽姦去惡矣，何患不知。此兩「知」字，與「知道」之知不同，當讀爲智。夫何以知，猶言「夫何能智」也。楊注以爲問辭，失之甚矣。**曰：心知道，然後可道；**○俞樾曰：「曰」字衍。「心知道然後可道」，與上文「心不知道則不可道而可非道」相對成文，皆承「故心不可以不知道」而言。因上句「夫何以知」，楊注誤以爲問辭，後人遂以此數句爲答辭，妄加「曰」字。**可道，然後能守道以禁非道。以其可道之心取人，則合於道人，而不合於不道之人矣。以其可道之心，與道人論非道，治之要也。**必能懲姦去惡。○盧文弨曰：正文「非」字疑衍，注似曲爲之説。王念孫曰：盧説亦非也。與道人論非道，謂與道人論非道之人，非謂與之論道也。與道人論非道人，則非道人退而道人進，國之所以治也，故曰「與道人論非道，治之要也」。楊云「必能懲姦去惡」，正釋「治之要」三字，非曲爲之説也。「非道」二字，上文凡兩見。**何患不知？**心苟知道，何患不知道人。**故治之要在於知道。人何以知道？**既知道人在於知道，問知道之術如何也。**曰：心。**在心無邪。**心何以知？曰：虚壹而静。**能然，則可以知道也。○郝懿行曰：壹者，專壹也。轉寫者亂之，故此作「壹」，下俱作「一」。**心未嘗不臧也，然而有所謂虚；**臧，讀爲藏，古字通，下同。言心未嘗不苞藏，然有所謂虚也。**心未嘗不滿也，然而有所謂一；**「滿」，當爲「兩」。兩，謂同時兼知。**心未嘗不動也，然而有所謂静。**雖動，不使害静也。**人生而有知，知而有志。志也者，臧也，**在心爲志。**然而有所謂虚，不以所已臧害所將受謂之虚。**見善則遷，不滯於積習也。○謝本從盧校，作「已所臧」。盧文弨曰：「已所臧」，元刻作「所已臧」。郝懿行曰：「臧」，古「藏」字。將者，送也；受者，迎也。言不以已心有所藏而妨害於所將送、迎受者，則可謂中虚矣。王念孫曰：「所已臧」與「所將受」

對文，元刻是也。楊注「積習」二字，正釋「所已臧」三字。錢本、世德堂本竝作「所已臧」。先謙案：王說是，今從元刻改。**心生而有知，知而有異，異也者，同時兼知之。同時兼知之，兩也，然而有所謂一，不以夫一害此一謂之壹。**既不滯於一隅，物雖輻湊而至，盡可以一待之也。○先謙案：夫，猶彼也。知雖有兩，不以彼一害此一。荀書用「夫」字，皆作「彼」字解，此尤其明證。楊注未晰。**心，臥則夢，偷則自行，使之則謀。**臥，寢也。自行，放縱也。使，役也。言人心有所思，寢則必夢，偷則必放縱，役用則必謀慮。○先謙案：夢、行、謀，皆心動之驗。或以夢爲夢然無知，非。**故心未嘗不動也，然而有所謂靜，不以夢劇亂知謂之靜。**夢，想象也。劇，囂煩也。言處心有常，不蔽於想象、囂煩，而介於胷中以亂其知，斯爲靜也。此皆明不蔽於一端，虛受之義也。**未得道而求道者，謂之虛壹而靜。**有求道之心，不滯於偏見曲說，則是虛壹而靜。**作之，則將須道者之虛則人，將事道者之壹則盡，盡將思道者靜則察。**此義未詳，或恐脱誤耳。或曰：此皆論虛壹而靜之功也。作，動也。須，待也。將，行也。當爲「須道者，虛則將；事道者，壹則盡；思道者，靜則察」，其餘字皆衍也。作之則行，言人心有動作則自行也。以虛心須道，則萬事無不行；以一心事道，則萬物無不盡；以靜心思道，則萬變無不察。此皆言執其本而末隨也。○王引之曰：楊訓將爲行，而以「作之則將」絶句，又增删下文而强爲之解，皆非也。此當以「作之」二字絶句。下文當作「則將須道者之虛，虛則入；將事道者之壹，

壹則盡；將思道者之靜，靜則察」。此承上文「虛一而靜」言之。將，語詞也。道者，卽上所謂「道人」也。言心有動作，則將須道者之虛，虛則能入；將事道者之壹，（事，如「請事斯語」之事。）壹則能盡；將思道者之靜，靜則能察也。虛則入者，入，納也，猶言虛則能受也。故上文云「不以所已臧害所將受謂之虛」也。壹則盡者，言壹心於道，則道無不盡也。靜則察者，言靜則事無不察也。今本「入」誤作「人」，其餘又有脱文衍文耳。**知道察，知道行，體道者也。**知道察，謂思道者靜則察也。知道行，謂須道者虛則將也。體，謂不離道也。**虛壹而靜，謂之大清明。**言無有壅蔽者。○盧文弨曰：元刻無「大」字。**萬物莫形而不見，莫見而不論，莫論而失位。**既虛壹而靜，則通於萬物，故有形者無不見，見則無不能論説，論説則無不得其宜。○郝懿行曰：見，讀爲現。現者，示也。論，讀爲倫。倫者，理也。言萬物莫有形而不顯示於人，莫顯示人而不有倫理，理無不宜而分位不失。**坐於室而見四海，處於今而論久遠，**○盧文弨曰：元刻「論」作「聞」。**疏觀萬物而知其情，參稽治亂而通其度，**疏，通。參，驗。稽，考。度，制也。**經緯天地而材官萬物，制割大理，而宇宙裏矣。**材，謂當其分。官，謂不失其任。「裏」，當爲「理」。「材」，或爲「裁」也。**恢恢廣廣，孰知其極！睪睪廣廣，孰知其德！涫涫紛紛，孰知其形！明參日月，大滿八極，夫是之謂大人。夫惡有蔽矣哉！**此皆明虛壹而靜則通於神明，人莫能測也，又安能蔽哉？睪讀爲皞。皞皞，廣大貌。涫涫，沸貌。紛紛，雜亂貌。

涫音官，又音貫。○盧文弨曰：正文上「夫」字，宋本無。顧千里曰：廣廣，疑當有誤，與上文「恢恢廣廣」重出二字。以楊注「睪讀爲皞」例之，則此句廣讀爲曠也。「孰知其形」，「形」字不入韻，疑當作「則」。**心者，形之君也，而神明之主也，出令而無所受令。**心出令以使百體，不爲百體所使也。**自禁也，自使也，自奪也，自取也，自行也，自止也。**此六者，皆由心使之然，所以爲形之君也。**故口可劫而使墨云，形可劫而使詘申，心不可劫而使易意，是之則受，非之則辭。**劫，迫也。云，言也。百體可劫，心不可劫，所以尤宜慎擇所好，懼蔽塞之患也。○郝懿行曰：墨與默同。云者，言也。或默或語，皆可力劫而威使之。「申」，當作「信」，而讀爲申，荀書皆然。陳奐曰：案墨與默同。楚辭九章「孔靜幽默」，史記屈原傳作「墨」。商君傳：「殷紂墨墨以亡。」**故曰：心容其擇也，無禁必自見，其物也襍博，**容，受也。言心能容受萬物，若其選擇無所禁止，則見襍博不精，所以貴夫虛壹而静也。○先謙案：此承上文「心者，形之君也」云云，而引古言以明之。心自禁使，自奪取，自行止，是容其自擇也。正名篇亦云：「離道而内自擇。」容，訓如非十二子篇「容辨異」之「容」。無作受令，是無禁也。神明之主出令，是必自見也。物雖襍博，精至則不貳。「心容其擇也」句，「無禁必自見」句。楊失其讀。**其情之至也不貳。**其情之至極，在一而不貳，若襍博則惑。○盧文弨曰：元刻「情」作「精」，注同。先謙案：元刻作「精」，是也。作「情」者，「精」之借字。脩身篇「術順墨而精雜汙」，注：「精，當爲情。」此荀書精、情互通之證。**詩云：「采采卷耳，不盈頃筐。嗟我懷人，寘彼周行。」**詩，周南卷耳之篇。毛公云：「采采，事采之也。卷耳，苓耳也。頃筐，畚屬，易盈之器也。思君子置於周之列位也。」○盧文弨曰：注「卷耳，苓耳也」，宋本、元刻皆同。俗本依廣雅改作「枲耳」，不知毛傳自用爾雅爲訓耳。**頃筐易滿也，卷耳易得也，然而不可以貳周行。**采易得之物，實易滿之器，以懷人寘周行之心貳之，則不能滿；況乎難得之正道，而可以它術貳之乎？○郝懿行曰：貳，謂貳之也。言所懷在於寘周行，意不在於事采，故雖易盈之器而不盈也。毛傳正用其師說。**故曰：心枝則無知，傾則不精，貳則疑惑。以贊稽之，萬物可兼知也。**枝，旁引如樹枝也。贊，助也。稽，考也。以一而不貳之道助考之，則可兼知萬物；若博襍，則愈不知也。○郝懿行曰：案枝與歧同，古字通用。歧者，不一也。此申上文貳之之意。郭嵩燾曰：荀意言心不貳而推類可以知萬物，至以身盡道，惟無貳而已，類不可以兩求也。楊注失之。先謙案：王氏念孫云「貳是貣之誤字」，說見天論篇。今案：此「貳」字與上下文緊相承，注不當作「貣」，王說非也。**身盡其故則美，**故，事也。盡不貳之事則身美矣。**類不可兩也，故知者擇一而壹焉。**凡事類皆不可兩，故知者精於一道而專一焉，故異端不能蔽也。**農精於田而不可以爲田師，賈精於市而不可以爲賈師，工精於器而不可以爲器師。**皆蔽於一技，故不可爲師長也。○王念孫曰：呂、錢本「賈師」作「市師」，是也。上文以兩「田」字相承，下文以兩「器」字相承，則此文亦當以兩「市」字相承。呂本作「賈師」〔一〕者，涉上「賈精於市」而誤。**有人也，不能此三技而可使治三官，曰：精於道者也，**精於一道，故可以理萬事。**精於物者也。**○盧文弨曰：案此句當在「不可以爲器師」之下，誤脱在此。王念孫曰：此注説也，見丙申校本。俞樾曰：「精於物」上，疑當有「非」字。言此人不能三技而可治三官者，精於道，非精於物也。精於物，若農精於田，賈精於市，工精於器是也。精於道，則君子是也。下文云「精於物者以物物，精於道者兼物物，故君子一於道而以贊稽物」，可證其義。今本奪「非」字，則「精於道者也，精於物者也」兩語平列，而其義違矣。**精於物者以物物，**謂能各物其一物，若農賈之屬也。○盧文弨曰：注「各」字，舊本皆作「名」，訛。今改正，下同。**精於道者兼物物。**謂能兼治，各物其一物者也。**故君子壹於道而以贊稽物。**一於道，所以助考物也。助考，謂兼治也。**壹於道則正，以贊稽物則察，以正志行察論，則萬物官矣。**在心爲志，發言爲論。官，謂各當其任，無差錯也。**昔者舜之治天下也，不以事詔而萬物成。**舜能一於道，但委任衆賢而已，未嘗躬親以事告人。**處一危之，其榮滿側；養一之微，榮矣而未知。**一，謂心一也。「危之」，當爲「之危」。危，謂不自安，戒懼之謂也。側，謂迫側，亦充滿之義。微，精妙也。處心之危，言能戒懼，兢兢業業，

〔一〕「呂本作『賈師』」，與「呂錢本『賈師』作『市師』」前後矛盾，似有誤。

終使之安也。養心之微，謂養其未萌，不使異端亂之也。處心之危有形，故其榮滿側可知也。養心之微無形，故雖榮而未知。言舜之爲治，養其未萌也。○王念孫曰：成相篇云：「思乃精，志之榮，好而壹之神以成。」賦篇云：「血氣之精也，志意之榮也。」四「榮」字竝同義。**故道經曰：「人心之危，道心之微。」**今虞書有此語，而云道經，蓋有道之經也。孔安國曰：「危則難安，微則難明，故戒以精一，信執其中。」引此以明舜之治在精一於道，不蔽於一隅也。○郝懿行曰：道經，蓋古言道之書。今書大禹謨有此，乃梅賾所采竄也。唯「允執其中」一語，爲堯授舜、舜授禹之辭耳。**危微之幾，惟明君子而後能知之。**幾，萌兆也，與機同。○王念孫曰：阮氏元曰：「此篇言知道者皆當專心壹志，虛靜而清明，不爲欲蔽，故曰『昔者舜之治天下也』云云。案後人在尚書内解此者姑弗論，今但就荀子言荀子，其意則曰：舜身行人事而處以專壹，且時加以戒懼之心，所謂危之也。惟其危之，所以滿側皆獲安榮，此人所知也。舜心見道而養以專壹，在於幾微，其心安榮，則他人未知也。如此解之，則引道經及『明君子』二句與前後各節皆相通矣。楊注謂『危之當作之危』，非也。危之者，懼蔽於欲而慮危也；之危者，已蔽於欲而陷危也。謂榮爲安榮者，儒效篇曰：『爲君子則常安榮矣，爲小人則常危辱矣。凡人莫不欲安榮而惡危辱。』據此，則荀子常以『安榮』與『危辱』相對爲言。此篇言『處一危之，其榮滿側』，若不以本書證之，則『危榮』二字難得其解矣。故解道經當以荀子此說爲正，非所論於古文尚書也。」案此說是也。下文言「闢耳目之欲，遠蚊蝱之聲」，「可謂危矣，未可謂微也」，言人能如舜之危，不能如舜之微也。然則所謂危者，非蔽於欲而陷於危之謂。故人心譬如槃水，正錯而勿動，則湛濁在下而清明在上，湛，讀爲沈，泥滓也，下同。則足以見鬚眉而察理矣。理，肌膚之文理。○郝懿行曰：「鬚」，古止作「須」，今俗作「鬚」。「理」上當脱「膚」字。榮辱篇及性惡篇竝云「骨體膚理」，是矣。微風過之，湛濁動乎下，清明亂於上，則不可以得大形之正也。○先謙案：「大」字無義。上言槃水見鬚眉膚理，非能見身之全形也。「大形」疑當爲「本形」。富國篇「天下之本利也」，「本」當爲「大」，明二字互誤。心亦如是矣。故導之以理，養之以清，物莫之傾，清，謂沖和之氣。則足以定是非、決嫌疑矣。小物引之則其正外易，其心内傾，則不足以決庶理矣。言此者，以喻心不一於道，爲異端所蔽，則惑也。○盧文弨曰：「庶理」，宋本作「麤理」，今從元刻。故好書者衆矣，而倉頡獨傳者，壹也；倉頡，黄帝史官。言古亦有好書者，不如倉頡一於其道，異術不能亂之，故獨傳也。○盧文弨曰：案宋本此注之末有「情箸古者倉頡之有天下守法授親神農亦然也」十九字，文義不順，今删去之。好稼者衆矣，而后稷獨傳者，壹也；好樂者衆矣，而夔獨傳者，壹也；好義者衆矣，而舜獨傳者，壹也。倕作弓，浮游作矢，而羿精於射；倕，舜之共工。世本云「夷牟作矢」，宋衷注云：「黄帝臣也。」此云「浮游」，未詳。或者浮游，夷牟之别名，或聲相近而誤耳。言倕、游雖作弓矢，未必能射，而羿精之也。弓矢，舜已前有之，此云「倕作弓」，當是改制精巧，故亦言作也。奚仲作車，乘杜作乘馬，而造父精於御。

自古及今，未嘗有兩而能精者也。奚仲，夏禹時車正。黄帝時已有車服，故謂之軒轅，此云「奚仲」者，亦改制耳。世本云：「相土作乘馬。」杜與土同。乘馬，四馬也。四馬駕車，起於相土，故曰「作乘馬」。以其作乘馬之法，故謂之乘杜。乘，竝音剩。相土，契孫也。吕氏春秋曰：「乘馬作一駕。」〇盧文弨曰：吕氏春秋勿躬篇作「乘雅作駕」，一本「乘雅」作「乘持」，疑「持」爲「杜」字之訛。王念孫曰：古無謂相土爲乘杜者，「乘杜」蓋「桑杜」之誤。相、桑，古同聲，故借「桑」爲「相」。（爾雅釋蟲「諸慮，奚相」，釋文：「相，舍人本作桑。」）隸書「桑」或作「桒」，「乘」或作「乗」，（見漢安平相孫根碑。）二形相似，又因下文「乘馬」而誤爲「乘」耳。（漢書王子侯表「桑邱節侯將夜」，今本「桑」誤作「乘」。）楊云「以其作乘馬之法，故謂之乘杜」，此則不得其解而曲爲之說。**曾子曰：「是其庭可以搏鼠，惡能與我歌矣！」**「是」，蓋當爲「視」。曾子言有人視庭中可以搏擊鼠，則安能與我成歌詠乎？言外物誘之，思不精，故不能成歌詠也。〇盧文弨曰：正文「矣」字，元刻作「乎」。郝懿行曰：此言庭虚無人，至静矣，恐有潛修其中而深思者，我何可以歌詠亂之乎？苟義當然，注似失之。**空石之中有人焉，其名曰觙，**空石，石穴也。蓋古有善射之人，處深山空石之中，名之曰觙。「觙」字及事竝未詳所出，或假設喻耳。**其爲人也，善射以好思。**好，喜也。清静思其射之妙。〇俞樾曰：案凡射者必心手相得，方可求中，非徒思之而已。且其下文曰「耳目之欲接，則敗其思；蚊䖟之聲聞，則挫其精」，無一字及射，然則楊注非也。此「射」字乃「射策」「射覆」之射。漢書蓺文志蓍龜家有「隨曲射匿五十卷」。「射匿」，疑卽「射覆」。覆而匿之，人所不知，以意縣揣而期其中，此射之義也。呂氏春秋重言篇載成公賈説荆莊王曰：「有鳥止於南方之阜，三年不動，不飛，不鳴，是何鳥也？」王射之曰：「有鳥止於南方之阜，其三年不動，將以定志意也。其不飛，將以長羽翼也。其不鳴，將以覽民則也。」然則古人設爲廋辭隱語而使人意度之，皆謂之射。此云「善射以好思」，卽謂此也，非真援弓而射之也。耳目之欲接則敗其思，蚊䖟之聲聞則挫其精，是以闢耳目之欲，而遠蚊䖟之聲，閑居靜思則通。挫，損也。精，精誠也。闢，屏除也。言閑居靜思，不接外物，故能通射之妙。思仁若是，可謂微乎？言靜思仁，如空石之人思射，則可謂微乎？假設問之辭也。孟子惡敗而出妻，可謂能自彊矣；此已下，答之之辭。孟子惡其敗德而出其妻，可謂能自彊於脩身也。有子惡卧而焠掌，可謂能自忍矣，未及好也。有子，蓋有若也。焠，灼也。惡其寢卧而焠其掌，若刺股然也。「未及好也」，當爲「未及好思也」，誤分在下，更作一句耳。有子焠掌，可謂能自忍其身，則未及善射好思者也。若思道之至人，則自無寢，焉用焠掌乎？○郝懿行曰：當依楊注作「未及好思也」。先謙案：楊、郝説皆非，當如郭説，見下。闢耳目之欲，可謂能自彊矣，未及思也。蚊䖟之聲聞則挫其精，可謂危矣，未可謂微也。「可謂能自彊矣，未及思也」十字，竝衍耳。可謂危矣，言能闢耳目之欲，則可謂能自危而戒懼，未可謂微也。微者，精妙之謂也。○郝懿行曰：此文錯亂不可讀，當作「闢耳目之欲，而遠蚊䖟之聲，可謂能自危矣，未可爲微也」。如此訂正，方可讀，餘皆涉上文而誤衍。郭嵩燾曰：下兩言「何彊，何忍，何危」，則此七句正作三項言之。疑此「可謂能自彊矣」六字衍，「未及思也」句當在前「可謂能自彊」下。忍堅於彊，好甚於思。出妻，猶身外也，焠掌則及身矣。蚊蝱之聲，卽係之耳目者，二句究屬一義，不應分言，故知此段文句有誤倒，亦有衍文。先謙案：郭說是也。此承上觙之好思言之，不分二事。上言「可謂微乎」，故此答以「未可謂微也」。楊、郝說竝非。**夫微者，至人也。**惟精惟一如舜者。**至人也，何彊，何忍，何危？**既造於精妙之域，則冥與理會，不在作爲，苟未臻極，雖在空石之中，猶未至也。**故濁明外景，清明内景。**景，光色也。濁謂混迹；清謂虛白。○俞樾曰：大戴記曾子天圓篇：「參嘗聞之夫子曰：『天道曰圓，地道曰方。方曰幽而圓曰明。明者，吐氣者也，是故外景；幽者，含氣者也，是故内景。故火日外景而金水内景。』」荀子「濁明外景，清明内景」之說，卽孔子之緒言也。楊注所說，未盡其旨。**聖人縱其欲，兼其情，而制焉者理矣。夫何彊，何忍，何危？**兼，猶盡也。聖人雖縱欲盡情而不過制者，由於暗與理會故也，何必如空石之徒乎？○先謙案：「縱」，當爲「從」。聖人無縱欲之事。從其欲，猶言從心所欲。**故仁者之行道也，無爲也；聖人之行道也，無彊也。**無爲，謂知違理則不作，所謂造形而悟也。無彊，謂全無違理彊制之萌也。**仁者之思也恭，聖人之思也樂。此治心之道也。**思，慮也。恭，謂乾乾夕惕也。樂，謂性與天道無所不適。○郝懿行曰：恭則虛壹而靜，樂則何彊、何忍、何危，結上之辭。楊注「樂，謂性與天道無所不適」，「道」當爲「通」。楊本不誤，俗人依論語妄改，故誤耳。（「性與天通」，語出晉書。）

凡觀物有疑，中心不定，則外物不清；清，明審也。吾慮不清，則未可定然否也。冥冥而行者，見寢石以爲伏虎也，見植林以爲後人也，○俞樾曰：上文「見寢石以爲伏虎也」，「伏」與「寢」義相應，此云「後人」，則與「植林」不相應矣。植林豈必在後乎？疑荀子原文本作「立人」，「立」與「植」正相應。下文曰「俯見其影，以爲伏鬼也；卬視其髮，以爲立魅也」，亦以「伏」「立」對文，可證也。今作「後人」者，疑涉上文誤「立」爲「伏」，又誤「伏」爲「後」耳。冥冥蔽其明也。冥冥，暮夜也。醉者越百步之溝，以爲蹞步之澮也，蹞與跬同。半步曰跬。澮，小溝也。俯而出城門，以爲小之閨也，酒亂其神也。閨，小門也。○郭嵩燾曰：説文：「閨，特立之户，上圜下方，似圭。」故以城門擬之。釋宫：「宫中之門謂之闈，其小者謂之閨。」閨爲宫門之小者，不得徑謂之小門。楊注未晰。厭目而視者，視一以爲兩；掩耳而聽者，聽漠漠而以爲哅哅：埶亂其官也。厭，指按也，一涉反。漠漠，無聲也。哅哅，喧聲也。官，司主也。言埶亂耳目之所主守。哅，許用反。故從山上望牛者若羊，而求羊者不下牽也，遠蔽其大也；從山下望木者，十仞之木若箸，而求箸者不上折也，高蔽其長也。皆知爲高遠所蔽，故不往求。然則守道者亦宜知異術之蔽類此也。水動而景摇，人不以定美惡，水埶玄

也。玄，幽深也，或讀爲眩。**瞽者仰視而不見星，人不以定有無，用精惑也。**精，目之明也。**有人焉，以此時定物，則世之愚者也。彼愚者之定物，以疑決疑，決必不當。夫苟不當，安能無過乎？**以疑決疑，猶慎、墨之屬也。**夏首之南有人焉，曰涓蜀梁，**夏首，夏水之首。楚詞云「過夏首而西浮，顧龍門而不見」，王逸曰：「夏首，夏水口也。」涓蜀梁，未詳何代人，姓涓，名蜀梁。列仙傳有涓子，齊人，隱於宕山，餌朮，能致風雨者也。**其爲人也，愚而善畏。**善，猶喜也。好有所畏。**明月而宵行，俯見其影，以爲伏鬼也，卬視其髮，以爲立魅也，**卬與仰同。**背而走，比至其家，失氣而死，豈不哀哉！**背，弃去也。失氣，謂困甚氣絶也。○盧文弨曰：正文「比至其家」下，宋本有「者」字，今從元刻去之。**凡人之有鬼也，必以其感忽之間、疑玄之時正之。**感，驚動也。感忽，猶慌惚也。玄，亦幽深難測也。必以此時定其有鬼也。○郝懿行曰：感，讀爲撼，解已見議兵篇。玄，讀爲眩，荀書皆然。王念孫曰：「正」，當爲「定」，聲之誤也。（下文「正事」同。）必以其感忽之間、疑玄之時定之者，必以感忽之間、疑眩之時而定其有鬼也。據楊注云「必以此時定其有鬼」，則所見本是「定」字明矣。「定」字上文凡六見。**此人之所以無有而有無之時也，**無有，謂以有爲無也。有無，謂以無爲有也。此皆人所疑惑之時也。**而已以正事。故傷於溼而擊鼓鼓痹，則必有敝鼓喪豚之費矣，而未有俞疾之福也。**已以正事，謂人以此定事也。痹，冷疾也。傷於溼則患痹，反擊鼓烹豚以禱神，何益於愈疾乎？若以此定事，則與俗不殊也。俞，讀爲愈。○郝懿行曰：傷於溼而病痹，擊鼓鼓之，無損於疾，徒取費耳。此言愚惑之蔽。王念孫曰：自「鼓痹」以上，脱誤不可讀，似當作「故傷於溼而痹，痹而擊鼓烹豚，則必有弊鼓喪豚之費矣，而未有俞疾之福也」。楊云「傷於溼則患痹，反擊鼓烹豚以禱神，何益於愈疾乎」，是其證。故雖不在夏首之南，則無以異矣。慎、墨之蔽，亦猶是也。

凡以知，人之性也；可以知，物之理也。以知人之性推之，則可知物理也。以可以知人之性，求可以知物之理而無所疑止之，則没世窮年不能徧也。疑止，謂有所不爲。窮年，盡其年壽。「疑」，或爲「凝」。○郝懿行曰：疑止，説已見王制篇。荀書多作「凝止」，皆俗人妄改之，惟此未改。楊注「疑，或爲凝」，蓋俗誤久矣。俞樾曰：詩桑柔篇「靡所止疑」，傳曰：「疑，定也。」疑訓定，故與止同義。此云「疑止」猶詩云「止疑」。荀子傳詩，故用詩義耳。楊注「疑，或爲凝」，非是。其所以貫理焉雖億萬，已不足以浹萬物之變，與愚者若一。貫，習也。浹，周也，子叶反，或當爲「接」。○俞樾曰：已，猶終也。言終不足以浹萬物之變也。詩葛藟篇「終遠兄弟」，傳曰：「已相遠矣。」箋云：「今已遠棄族親。」是傳、箋竝訓終爲已。僖二十四年左傳「婦怨無終」，杜注曰：「終，猶已也。」故已亦猶終也。先謙案：荀書以「挾」代「浹」。此亦當爲「挾」，作「浹」者，後人所改。學，○郭嵩燾曰：「學」字當斷句。學焉，至老而不免於愚，則執一之不足相通也。老身長子而與愚者若一，猶不知錯，夫是之謂妄人。錯，置也，謂廢捨也。

身已老矣，子已長矣，猶不知廢捨無益之學，夫是之謂愚妄人也。故學也者，固學止之也。惡乎止之？曰：止諸至足。曷謂至足？曰：聖也。或曰：「聖」下更當有「王」字，誤脱耳。言人所學當止於聖人之道及王道，不學異術也。聖王之道，是謂至足也。聖也者，盡倫者也；王也者，盡制者也。倫，物理也。制，法度也。兩盡者，足以爲天下極矣。所以爲至足也。故學者，以聖王爲師，案以聖王之制爲法，法其法，以求其統類，以務象效其人。統類，法之大綱。○謝本從盧校重一「類」字。盧文弨曰：「法其法」，元刻作「治其法」。王念孫曰：元刻無下「類」字。案元刻是也。「法其法，以求其統類，以務象效其人」，三句一氣貫注，若多一「類」字，則隔斷上下語脈矣。宋本下「類」字卽涉上「類」字而衍。先謙案：王説是。今依元刻删。嚮是而務，士也；類是而幾，君子也；幾，近也。類聖人而近之，則爲君子。士者，修飾之名。君子，有道德之稱也。知之，聖人也。知聖王之道者。故有知非以慮是，則謂之懼；自知其非，以圖慮於是，則謂之能戒懼也。有勇非以持是，則謂之賊；勇於爲非，以持制是也。察孰非以分是，則謂之篡；孰，甚也。察甚其非，以分爲是之心，此篡奪之人也。多能非以修蕩是，則謂之知；修，飾也。蕩，動也。多能知非，修飾蕩動而爲是，則謂之知。言智者能變非爲是也。辯利非以言是，則謂之詍。辯説利口而飾非，以言亂是，則謂之詍。詍，多言也。詩曰：「無然詍詍。」○王引之曰：「懼」字義不可通，「懼」當爲「攫」，字之誤也。攫，謂攫取之也。不苟篇：「小人知（與智同。）則攫盜而漸。」（漸，詐也。說見尚書述聞「民興胥漸」下。）故曰「有知非以慮是，則謂之攫」。脩，讀爲滌。（周官司尊彝「凡酒修酌」，鄭注：「修，讀爲『滌濯』之滌。」）謂滌蕩使潔清也。此言智也、勇也、察也、多能也、辯利也，皆必用之於是而後可。（「是」字，指聖王之制而言，見上文。）若有智而不以慮是，則謂之攫；有勇而不以持是，則謂之賊；熟於察而不以分是，則謂之篡；多能而不以滌蕩是，則謂之智；（智，謂智故也。淮南主術篇注曰：「故，巧也。」管子心術篇曰「恬愉無爲，去知與故」，莊子胠篋篇曰「知詐漸毒」，荀子非十二子篇曰「知而險，賊而神，爲詐而巧」，淮南原道篇曰「偶睉智故，曲巧僞詐」：竝與此「知」字同義。）辯利而不以言是，則謂之詍也。楊說皆失之。**傳曰：「天下有二：非察是，是察非。」**衆以爲是者而非之，以爲非者而察之。**謂合王制與不合王制也。**所以非察是，是察非，觀其合王制與否也。**天下有不以是爲隆正也，然而猶有能分是非、治曲直者邪？**有不以合王制與不合爲隆正者，而能分是非，治曲直乎？言必不能也。○先謙案：隆正，猶中正。**若夫非分是非，非治曲直，非辨治亂，非治人道，雖能之無益於人，不能無損於人。案直將治怪說，玩奇辭，以相撓滑也；案彊鉗而利口，厚顔而忍詬，無正而恣睢，妄辨而幾利；**滑，亂也，音骨。彊，彊服人。鉗，鉗人口也。詬，詈也。恣睢，矜夸也。幾，近也。妄辨幾利，謂妄爲辨說，所近者惟利也。○王念孫曰：方言：「鉗，惡也。（廣雅同。）南楚凡人殘罵謂之鉗。」

郭璞曰：「殘，猶惡也。」然則彊鉗者，既彊且惡也，非鉗人口之謂。詬，恥也。大戴禮曾子立事篇「君子見利思辱，見惡思詬」，定八年左傳「公以晉詬語之」，杜、盧注竝曰：「詬，恥也。」字或作「訽」。昭二十年左傳「余不忍其訽」，杜注曰：「訽，恥也。」又作「㖃」。大戴禮武王踐阼篇「口生㖃」，盧注曰：「㖃，恥也。」又作「垢」。宣十五年左傳「國君含垢」，杜注曰：「忍垢恥。」（漢書路温舒傳作「國君含詬」。）詬，訓爲恥，故曰「厚顏而忍詬」，非謂忍詈也。楚辭離騷曰「忍尤而攘詬」，（王注：「詬，恥也。」）吕氏春秋離俗篇曰「彊力忍訽」，（高注：「訽，辱也。」）淮南氾論篇曰「忍訽而輕辱」，史記伍子胥傳曰「剛戾忍訽」，皆其證也。非十二子篇「無廉恥而忍謑訽」，卽此所謂「厚顏而忍詬」也。説文：「謑，恥也。」或作「䚷」。詬謑，詬恥也。或作「訽」。（廣雅作「䚷詬」。）楊注以謑訽爲詈辱，亦失之。俞樾曰：大玄玄瑩篇「箝知休咎」，范望注曰：「箝，求也。」鬼谷子有飛箝篇，其文曰：「以飛箝之辭，鉤其所好，以箝求之。」此范望注所本。鉗，猶箝也。彊鉗，謂彊求也。楊注以「鉗人口」釋之，非是。**不好辭讓，不敬禮節，而好相推擠：此亂世姦人之説也，則天下之治説者方多然矣。**愼、墨、宋、惠之屬。**傳曰：「析辭而爲察，言物而爲辨，君子賤之；博聞彊志，不合王制，君子賤之。」此之謂也。**所謂析言破律、亂名改作者也。**爲之無益於成也，求之無益於得也，憂戚之無益於幾也，**言役心無益，復憂戚，亦不能近道也。○俞樾曰：幾者，事之微也。無益於幾，卽無益於事。憂戚之而仍於事無益，則爲君子所不取矣。楊注謂「憂戚亦不能近道」，是訓幾爲近，又增出「道」字，非其旨也。**則廣焉能弃之矣。**

不以自妨也，不少頃干之胷中。廣，讀爲曠，遠也。不以自妨，謂不以無益害有益也。○王念孫曰：按能，讀爲而。曠焉而弃之，謂遠弃之也。（楊注：「廣，讀爲曠，遠也。」）古多以「能」爲「而」，説見釋詞。**不慕往，不閔來，無邑憐之心，**不慕往，謂不悦慕無益之事而往從之也。不閔來，謂不憂閔無益之事而來正之也。或曰：往，古昔也。來，將來也。不慕往古，不閔將來，言惟義所在，無所繫滯也。邑憐，未詳。或曰：邑與悒同。悒，怏也。憐，讀爲吝，惜也。言棄無益之事，更無悒怏吝惜之心。此皆明不爲異端所蔽也。**當時則動，物至而應，事起而辨，治亂可否，昭然明矣。**

周而成，泄而敗，明君無之有也；以周密爲成，以漏泄爲敗，明君無此事也。明君日月之照臨，安用周密也？**宣而成，隱而敗，闇君無之有也。**以宣露爲成，以隱蔽爲敗，闇君亦無此事也。闇君務在隱蔽而不知昭明之功也。○先謙案：注中四「爲」字皆當作「而」。**故君人者周則讒言至矣，直言反矣，小人邇而君子遠矣。詩云：「墨以爲明，狐狸而蒼。」此言上幽而下險也。**逸詩。墨，謂蔽塞也。狐狸而蒼，言狐狸之色，居然有異。若以蔽塞爲明，則臣下誑君，言其色蒼然無別，猶指鹿爲馬者也。幽，暗也。險，傾側也。○盧文弨曰：正文「墨以爲明」，元刻「明」作「朗」。「狐狸而蒼」，宋本「而」作「其」。王伯厚詩攷引作「而」，今從之。又注「傾側也」，元刻作「詐也」。郝懿行曰：墨者，幽闇之意。詩言以闇爲明，以黃爲蒼，所謂「玄黃改色，馬鹿易形」也。（二語見後漢文苑傳。）趙高欲爲亂，以青爲黑，以黑爲黃，民言從之，（語見禮器注。）此正上幽下險之事。君人者宣則直言至矣，而讒言反矣，君子邇而小人遠矣。反，還也。讒言復歸而不敢出矣。或曰：反，倍也。言與讒人相倍反也。○先謙案：「讒言」上「而」字衍。或說非。詩曰：「明明在下，赫赫在上。」此言上明而下化也。詩，大雅大明之篇。言文王之德明明在下，故赫赫然著見於天也。

荀子卷第十六

正名篇第二十二

是時公孫龍、惠施之徒亂名改作，以是爲非，故作正名篇。尹文子曰：「形以定名，名以定事，事以驗名。察其所以然，則形名之與事物無所隱其理矣。名有三科：一曰命物之名，方圓白黑是也。二曰毁譽之名，善惡貴賤是也。三曰況謂之名，賢愚愛憎是也。」○盧文弨曰：「事以驗名」，案本書作「檢名」。

後王之成名：後之王者有素定成就之名。謂舊名可法效者也。**刑名從商，爵名從周，文名從禮。**商之刑法未聞。康誥曰「殷罰有倫」，是亦言殷刑之允當也。爵名從周，謂五等諸侯及三百六十官也。文名，謂節文、威儀。禮，卽周之儀禮也。○郝懿行曰：文名謂節文、威儀，禮卽周之儀禮，其説是也。古無儀禮之名，直謂之禮，或謂之禮經。**散名之加於萬物者，則從諸夏之成俗曲期，**成俗，舊俗方言也。期，會也。曲期，謂委曲期會物之名者也。○郝懿行曰：曲期，謂曲折期會之地，猶言委巷也。此與「遠方異俗」相儷。楊注斷「曲期」上屬，似未安。先謙案：郝云「曲期」二字下屬，是也，而解爲委巷，非也。下文云「命不喻然後期，期不喻然後説」，

注：「期，會也。物之稍難名，命之不喻者，則以形狀大小會之。若是事多，會亦不喻者，則說其所以然。」是曲期者，乃委曲以會之。萬物之散名，從諸夏之成俗，以委曲期會於遠方異俗之鄉，而因之以爲通，所謂「名從中國」是也。**遠方異俗之鄉則因之而爲通。**遠方異俗，名之乖異者，則因其所名，遂以爲通，而不改作也。**散名之在人者：**舉名之分散在人者。**生之所以然者謂之性。**人生善惡，故有必然之理，是所受於天之性也。**性之和所生，精合感應，不事而自然謂之性。**和，陰陽沖和氣也。事，任使也。言人之性，和氣所生，精合感應，不使而自然。言其天性如此也。精合，謂若耳目之精靈與見聞之物合也。感應，謂外物感心而來應也。○先謙案：「性之和所生」，當作「生之和所生」。此「生」字與上「生之」同，亦謂人生也。兩「謂之性」相儷，生之所以然者謂之性，生之不事而自然者謂之性，文義甚明。若云「性之不事而自然者謂之性」，則不詞矣。此傳寫者緣下文「性之」而誤。注「人之性」，「性」當爲「生」，亦後人以意改之。**性之好、惡、喜、怒、哀、樂謂之情。**人性感物之後，分爲此六者，謂之情。**情然而心爲之擇謂之慮。**情雖無極，心擇可否而行，謂之慮也。**心慮而能爲之動謂之僞。**僞，矯也。心有選擇，能動而行之，則爲矯拂其本性也。○郝懿行曰：荀書多以「僞」爲「爲」。楊注訓僞爲矯，不知古字通耳。下云「正利而爲謂之事，正義而爲謂之行」，與此「能爲」之「爲」俱可作「僞」。**慮積焉、能習焉而後成謂之僞。**心雖能動，亦在積久習學，然後能矯其本性也。○盧文弨曰：此「僞」字，元刻作

「爲」，非也。觀荀此篇及禮論等篇，「僞」卽今「爲」字。故曰「桀、紂性也，堯、舜僞也」，謂堯、舜不能無待於人爲耳。後儒但知有「真僞」字，昧古六書之法而訾之者衆矣。下兩「而爲」，承上文，亦必本是「而譌」〔二〕。**正利而爲謂之事。**爲正道之事利，則謂之事業。謂商農工賈者也。**正義而爲謂之行。**苟非正義，則謂之姦邪。行，下孟反。○俞樾曰：廣韻：「正，正當也。」正利而爲，正義而爲，猶文四年左傳曰「當官而行」也。楊注以正道釋之，非是。**所以知之在人者謂之知。知有所合謂之智。**知之在人者，謂在人之心有所知者。知有所合，謂所知能合於物也。○盧文弨曰：「謂之智」，亦當同上作「謂之知」，而皆讀爲智耳。下「能」字亦可不分兩音。先謙案：在人者，明藏於心。有合者，遇物而形。下兩「謂之能」同。**智所以能之在人者謂之能。**智有所能，在人之心者，謂之能。能，才能也。○盧文弨曰：句首「智」字衍。注當云「在人有所能謂之能」。此似有舛誤。**能有所合謂之能。**「能」當爲「耐」，古字通也。耐，謂堪任其事。耐，乃來、乃代二反。○郝懿行曰：案楊注能、耐古通，此語非是。楊既知爲古字通矣，何必上爲「能」，下爲「耐」，强生分別？卽如上文二「知」、二「智」，亦是强生分別，古本必皆作「知」，如「僞」「爲」之例也。若依楊注，則上文「謂之性」，此兩「性」字不知當何分別？戴記禮運、樂記二篇竝用

〔二〕「而譌」，似當作「而僞」。

「耐」字，鄭康成注：「耐，古能字也。」此蓋楊注所本。然鄭此説，未見所出。既云「古字時有存者」，又云「亦有今誤」，（禮運注。）然則鄭意亦不以爲定論也。且以荀書訂之，仲尼篇云「能耐任之」，又云「能而不耐任」，楊注：「耐，忍也。」此則一句之中「耐」「能」兼用，其不以爲一字明矣。又攷説文：「能，熊屬」也，「能獸堅中，故稱賢能，而彊壯偁能傑也」。又云「耐，或耏字」，不言爲古「能」字。然則經典用「能」，不用「耐」，當依許叔重書。康成之説，與許不同，疑未可據。先謙案：二「僞」、二「知」、二「能」，竝有虛實動静之分。知，皆讀智。能，皆如字，不分兩讀。楊説非也。**性傷謂之病。**傷於天性，不得其所。**節遇謂之命。**節，時也。當時所遇，謂之命。命者，如天所命然。○先謙案：節，猶適也，説詳天論篇。**是散名之在人者也，是後王之成名也。**略舉此上事，是散名之在人者，而後王可因襲成就素定之名也。而或者乃爲「堅白」之説，以是爲非，斯亂名之尤也。**故王者之制名，名定而實辨，道行而志通，則慎率民而一焉。**道，謂制名之道。志通，言可曉也。禮記曰：「黄帝正名百物以明民。」慎率民而一焉，言不敢以異端改作也。**故析辭擅作名以亂正名，使民疑惑，人多辨訟，則謂之大姦，其罪猶爲符節、度量之罪也。**新序曰：「子産決鄧析教民之難，約大獄袍衣，小獄襦袴。民之獻袍衣、襦袴者不可勝數，以非爲是，以是爲非，鄭國大亂，民口讙譁。子産患之，於是討鄧析而僇之，民乃服，是非乃定。」是其類也。○盧文弨曰：今本新序缺此文。王念孫曰：「析辭擅作」下本無「名」字，有「名」字則成累句矣。此「名」字涉下「正名」而衍。下文「離正道而擅作」，「作」下無「名」字，即其證。先謙案：爲與僞同。**故其民莫敢託爲奇辭以亂正名。故其民愨，愨則易使，易使則公。**○顧千里曰：「公」，疑當作「功」，荀子屢言「功」，可以爲證。下文「則其迹長矣。迹長功成，治之極也」，承此「功」言之，不作「公」明甚。宋本與今本同，蓋皆誤。**其民莫敢託爲奇辭以亂正名，故壹於道法而謹於循令矣。如是，則其迹長矣。**迹，王者所立之迹也。下不敢亂其名，畏服於上，故迹長也。長，丁丈反。**迹長功成，治之極也，是謹於守名約之功也。**謹，嚴也。約，要約。**今聖王没，名守慢，奇辭起，名實亂，是非之形不明，則雖守法之吏、誦數之儒，亦皆亂也。**奇辭亂實，故法吏迷其所守，偏儒疑其所習。○先謙案：誦數猶誦説，説見勸學篇。**若有王者起，必將有循於舊名，有作於新名。**名之善者循之，不善者作之。故孔子曰：「必也正名乎。」○先謙案：舊名，上所云「成名」也。新名，上所云「託奇辭以亂正名」也。既循舊名，必變新名，以反其舊。作者，變也。禮記哀公問鄭注：「作，猶變也。」楊注未晰。**然則所爲有名，與所緣以同異，與制名之樞要，不可不察也。**緣，因也。樞要，大要總名也。物無名則不可分辨，故因而有名也。名不可一貫，故因耳目鼻口而制同異又不可常別，雖萬物萬殊，有時欲舉其大綱，故制爲名之樞要。謂若謂之禽，知其二足而羽；謂之獸，知其四足而毛。既爲治在正名，則此三者不可不察而知其意也。○謝本從盧校作「有同異」。王念孫曰：元刻「有」作「以」。（宋龔本同。）案作「以」者是也。下文云「然則何緣而以同異」，又云「此所緣而以同異也」，三「以」字前後相應。宋本作「有」者，涉上句「有名」而誤。先謙案：王説是，今改從元刻。**異形離心**萬物之形各異，則分離人之心。言人心知其不同也。此已下覆明有名之意。**交喻，異物名實玄紐**，玄，深隱也。紐，結也。若不爲分別立名，使物物而交相譬喻之，則名實深隱，紛結難知也。○郝懿行曰：「玄」即「眩」字。紐，系也，結也。言名實眩亂，連系交結而難曉也。王念孫曰：名實互紐，即上文所謂「名實亂」也。今本「互」字上下皆誤加點。楊所見本已然，故誤讀爲胡涓切，而所説皆非。先謙案：楊注之非，由失其讀。「異形離心交喻」句，「異物名實玄紐」句。離心交喻，謂人心不同，使之共喻，下文所云「名聞而實喻」也。異形者離心交喻，異物者名實眩紐，此所以有名也。**貴賤不明，同異不別，如是則志必有不喻之患，而事必有困廢之禍。故知者爲之分別，制名以指實，**無名則物雜亂，故智者爲之分界制名，所以指明實事也。**上以明貴賤，下以辨同異。貴賤明，同異別，如是則志無不喻之患，事無困廢之禍，此所爲有名也。**有名之意在此。**然則何緣而以同異？**設問，覆明同異之意也。**曰：緣天官。**天官，耳目鼻口心體也。謂之官，言各有所司主也。緣天官，言天官謂之同則同，謂之異則異也。**凡同類、同情者，其天官之意物也同，故比方之疑似而通，是所以共其約名以相期也。**同類同情，謂若天下之馬雖白黑大小不同，天官意想其同類，所以共其省約之名，以相期會而命之名也。○盧文弨曰：注末「名也」上，宋本有「各爲制」三字，衍。

王念孫曰：約，非省約之謂。約名，猶言名約。上文云「是謹於守名約之功也」，楊彼注云「約，要約」是也。下文云「名無固宜，約之以命，約定俗成謂之宜」；「名無固實，約之以命，（今本「命」下有「實」字，辯見下。）約定俗成謂之實名」，又其一證也。**形體、色、理以目異，**形體，形狀也。色，五色也。理，文理也。言萬物形體色理，以目別異之而制名。○王引之曰：色理，膚理也。榮辱、性惡二篇竝云：「骨體膚理。」彼言「骨體膚理」，此言「形體色理」。形體，猶骨體也。色理，猶膚理也。楊云「色，五色也」，失之。**聲音清濁、調竽奇聲以耳異，**清濁，宮、徵之屬。調竽，謂調和笙竽之聲也。竽，笙類，所以導衆樂者也。不言革木之屬而言竽者，或曰：竽，八音之首。故黄帝使泠倫取竹作管，是竹爲聲音之始。莊子「天籟」「地籟」，亦其義也。奇，奇異也。奇聲，萬物衆聲之異者也。○盧文弨曰：「調竽」二字，上下必有脱誤，不必從爲之辭。俞樾曰：笙竽之聲而獨言竽，義不可通。楊又引或説，謂「竽，八音之首」，斯曲説也。「調竽」，疑當爲「調笑」，字之誤也。孟子告子篇曰：「則己談笑而道之。」「調笑」與「談笑」，文異而誼同。玉篇、廣韻竝曰：「談，戲調也。」蓋談與調，一聲之轉耳。「笑」「竽」形似，因而致誤。先謙案：「調竽」當爲「調節」。「竽」「節」字皆從竹，故「節」誤爲「竽」。禮記仲尼燕居篇「樂也者，節也」，孔疏：「節，制也。」檀弓篇「品節斯」，疏：「節，制斷也。」是節爲制也。調者，説文：「和也。」聲音之道，調以和合之，節以制斷之，故曰「調節」，與「清濁」同爲對文，「奇聲」與下「奇味」「奇臭」對文。楊、俞説皆非。**甘、苦、鹹、淡、辛、酸、奇味以口異，**奇味，衆味之異者也。**香、臭、芬、鬱、腥、臊、洒、酸、奇臭**

以鼻異，芬，花草之香氣也。鬱，腐臭也。禮記曰：「鳥皫色而沙鳴。」鬱、洒，未詳。酸，暑浥之酸氣也。奇臭，衆臭之異者。氣之應鼻者爲臭，故香亦謂之臭。禮記曰：「皆佩容臭。」或曰：「洒」當爲「漏」，篆文稍相似，因誤耳。禮記曰「馬黑脊而般臂，漏」，鄭音「螻，螻蛄臭」者也。○盧文弨曰：洒，從水，西聲，古音與辛相同。洒酸猶辛酸，辣氣之觸鼻者。王念孫曰：辛、酸，皆味也，非臭也。宋玉高唐賦「孤子寡婦，寒心酸鼻」，阮籍詠懷詩「感慨懷辛酸，怨毒常苦多」，皆非辣氣觸鼻之謂。西，古讀若先。「先」字古在諄部，「辛」字古在真部，不得言西、辛古音相同，盧説非也。楊以「洒」爲「漏」之誤，是也。余謂「酸」乃「庮」字之誤，庮從酉聲，與「酸」字左畔相同，又涉上文「辛酸」而誤也。周官內饔及內則竝云「牛夜鳴則庮」，先鄭司農云：「庮，朽木臭也。」（説文：「庮，久屋朽木。周禮曰：『牛夜鳴則庮。』臭如朽木。」）內則注曰：「庮，惡臭也。」春秋傳曰：「一薰一庮。」（僖四年。今左傳作「蕕」，杜注：「蕕，臭草。」）鬱、腥、臊、漏、庮，竝見周官、禮記，則「洒酸」必「漏庮」之誤也。酸亦味也，非臭也。楊以爲暑浥之酸氣，亦失之。**疾、養、滄、熱、滑、鈹、輕、重以形體異**，疾，痛也。養與癢同。滄，寒也。滑與汩同，鈹與披同，皆壞亂之名。或曰：滑如字。「鈹」當爲「鈒」，傳寫誤耳，與澀同。輕重，謂分銖與鈞石也。此皆在人形體別異之而立名也。滄，初亮反，又楚陵反。**説、故、喜、怒、哀、樂、愛、惡、欲以心異。**説，讀爲脱，誤也。脱、故，猶律文之「故」「誤」也。○先謙案：説者，心誠悦之。故者，作而致其情也，與性惡篇「習僞故」之「故」同義。二字對文。楊注非。**心有徵知。**徵，召也。言心能召萬物而知之。**徵知則緣耳**

而知聲可也，緣目而知形可也，緣，因也。以心能召萬物，故可以因耳而知聲，因目而知形。爲之立名，心雖有知，不因耳目，亦不可也。**然而徵知必將待天官之當簿其類然後可也。**天官，耳目也。當，主也，丁浪反。簿，簿書也。當簿，謂如各主當其簿書，不雜亂也。類，謂可聞之物，耳之類；可見之物，目之類。言心雖能召所知，必將任使耳目，令各主掌其類，然後可也。言心亦不能自主之也。○俞樾曰：楊注曰「天官，耳目也」，疑此文及注竝有奪誤。上文云「然則何緣而以同異，曰緣天官」，注曰：「天官，耳目鼻口心體也。」是天官本兼此六者而言，此何以獨言耳目乎？疑「天官」乃「五官」之誤。上云「心有徵知」，此當云「然而徵知必將待五官之當簿其類」，注當云「五官，耳目鼻口體也」。所以不數心者，徵知卽心也。下文云「五官簿之而不知，心徵之而無説」，卽承此文而言，可知「天官」爲「五官」之譌。因「五官」譌爲「天官」，而注又有闕文，遂不可讀。**五官簿之而不知，心徵之而無説，則人莫不然謂之不知，此所緣而以同異也。**五官，耳目鼻口心也。五官能主之，而不能知，心能召而知之，若又無説，則人皆謂之不知也。以其如此，故聖人分別，因立同異之名，使人曉之也。○王念孫曰：「莫不然謂之不知」，「然」字涉上下文而衍。五官者，耳目鼻口與形體也。（見上文。）言五官能簿之而不能知，心能徵之而又無説，則人皆謂之不智也。楊注亦當作「五官，耳目鼻口體也」，今本「體」作「心」，乃後人不知其義而妄改之。上注云「天官，耳目鼻口心體也」，足正此注之誤。（天論篇以耳目鼻口形能爲五官，「能」卽「態」字。此篇以耳目鼻口形體爲五官，「形體」卽「形態」。）郭嵩燾曰：王説非也。簿，猶記録也。心徵於耳目而後有知，所聞所見，心徵而知之，由耳目之記籍其名也。與耳目相接而終不知其名，心亦能徵之耳目而莫能言其名，則終不知而已。「莫不然謂之不知」，「然」亦語詞，不必爲衍文。**然後隨而命之：**既分同異之後，然後隨所名而命之。此已下覆明制名樞要之意也。**同則同之，異則異之，**同類則同名，異類則異名。**單足以喻則單，單不足以喻則兼，**單，物之單名也。兼，復名也。喻，曉也。謂若止喻其物，則謂之馬；喻其毛色，則謂之白馬、黄馬之比也。○盧文弨曰：注「復名」，宋本作「複名」。案復亦與複通用。**單與兼無所相避則共，雖共，不爲害矣。**謂單名、復名有不可相避者，則雖共同其名，謂若單名謂之馬，雖萬馬同名，復名謂之白馬亦然，雖共，不害於分别也。**知異實者之異名也，故使異實者莫不異名也，不可亂也，**知，謂人心知之。異實者異名，則不亂也。**猶使異實者莫不同名也。**謂若牛與馬爲異實也。恐異實、異名卒不可偏舉，故猶使異實者有時而同一名也。或曰：「異實」當爲「同實」。言使異實者異名，其不可相亂，猶如使同實者莫不同名也。○王念孫曰：或説是也。上文「同則同之，異則異之」是其證。前説非。**故萬物雖衆，有時而欲徧舉之，故謂之物。物也者，大共名也。推而共之，共則有共，至於無共然後止。**推此共名之理，則有共至於無共。言自同至於異也。起於總，謂之物，散爲萬名，是異名者本生於别同名者也。○王念孫曰：「共則有共」之「有」，讀爲又。謂共而又共，至於無共然後止也。楊説失之。**有時而欲徧舉之，故謂之鳥獸。鳥**

獸也者，大別名也。推而別之，別則有別，至於無別然後止。言自異至於同也。謂總其萬名，復謂之物，是同名者生於欲都舉異名也。言此者，所以別異名、同名之意。〇王念孫曰：案此「偏」字當作「別」，與上條不同。上條以同爲主，故曰「偏舉之」，此條以異爲主，故曰「別舉之」。（下文皆作「別」。）鳥獸不同類，而鳥獸之中又各不同類，推而至於一類之中，又有不同，（若雉有五雉，雇有九雇，牛馬毛色不同，其名亦異之類。）故曰「鳥獸也者，大別名也。推而別之，別則有別，（有讀爲又，見上條。）至於無別然後止」也。今本作「偏舉」，則義不可通，蓋涉上條「偏舉」而誤。楊說皆失之。　俞樾曰：此「偏」字乃「偏」字之誤。上云「偏舉之」，乃普偏之義，故曰「大共名也」。此云「偏舉之」，乃一偏之義，故曰「大別名也」。「偏」與「偏」形似，因而致誤。　先謙案：俞說是。名無固宜，約之以命，約定俗成謂之宜，異於約則謂之不宜。名無固宜，言名本無定也。約之以命，謂立其約而命之，若約爲天，則人皆謂之天也。〇先謙案：注「固宜」，各本誤「故宜」，今正。名無固實，約之以命實，約定俗成謂之實名。實名，謂以名實各使成言語文辭。謂若天地日月之比也。〇王念孫曰：「約之以命實」，「實」字涉上下文而衍。上文「名無固宜，約之以命」，楊注云「約之以命，謂立其約而命之」，則此言「約之以命」，義亦與上同。若「命」下有「實」字，則義不可通，且楊必當有注矣。名有固善，徑易而不拂，謂之善名。徑疾平易而不違拂，謂易曉之名也。卽謂呼其名遂曉其意，不待訓解者。拂音佛。物有同狀而異所者，謂若兩馬同狀，各在一處之類也。有異狀而同所者，謂若老幼異狀，同是一身也。蠶、蛾之類亦是也。**可別也。狀同而爲異所者，雖可合，謂之二實。**卽謂兩馬之類，名雖可合，同謂之馬，其實二也。**狀變而實無別而爲異者，謂之化。有化而無別，謂之一實。**狀雖變而實不別爲異所，則謂之化。化者，改舊形之名，若田鼠化爲鴽之類，雖有化而無別異，故謂之一實，言其實一也。**此事之所以稽實定數也，**稽考其實而定一二之數也。**此制名之樞要也。**此皆明制名之大意，是其樞要也。**後王之成名，不可不察也。**此三者，制名之實，後王可因其成名而名之，故不可不察也。

「見侮不辱」，「聖人不愛己」，「殺盜非殺人也」，此惑於用名以亂名者也。「見侮不辱」，宋子之言也。「聖人不愛己」，未聞其說，似莊子之意。「殺盜非殺人」，亦見莊子。宋子言「見侮不辱則使人不鬭」，或言「聖人不愛己而愛人」，莊子又云「殺盜賊不爲殺人」，言此三者，徒取其名，不究其實，是惑於用名以亂正名也。**驗之所以爲有名而觀其孰行，則能禁之矣。**驗其所爲有名，本由不喻之患、困廢之禍，因觀「見侮不辱」之說精孰可行與否，則能禁也。言必不可行也。○王引之曰：「驗之所」下「以」字，及下文「驗之所緣」下「無」字，皆後人所增。據注云「驗其所爲有名」、「驗其所緣同異」，則上無「以」字、下無「無」字明甚。上文云「所爲有名，（「爲」，卽「以」也，說見釋詞。）與所緣以同異，不可不察也」，故此承上文而言之。又案：孰者，何也。（說見釋詞。）觀其孰行者，觀其何所行也。觀其孰調者，觀其何所調也。楊讀孰爲熟，而訓爲精熟，則義不可通。**「山淵平」，「情欲寡」，「芻豢不加甘，大鍾不加樂」，此惑於用實以亂名者也。**山淵平，即莊子云「山與澤平」也。情欲寡，即宋子云「人之情，欲寡」也。芻豢不加甘，大鍾不加樂，墨子之說也。古人以山爲高，以泉爲下，原其實，亦無定，但在當時所命耳，後世遂從而不改。亂名之人既以高下是古人之一言，未必物之實也，則我以山泉爲平，奚爲不可哉？古人言情欲多，我以爲寡，芻豢甘，大鍾樂，我盡以爲不然，亦可也。此惑於用實本無定，以亂古人之舊名也。

驗之所緣無以同異而觀其孰調，則能禁之矣。驗其所緣同異，本由物一貫，則不可分別，故定其名而別之。今「山淵平」之說，以高爲下，以下爲高，若觀其精孰，得調理與否，則能禁惑於實而亂名者也。○郭嵩燾曰：此三惑，仍承上言之。用名以亂名，則驗其所以爲名而觀其行；用實以亂名，則驗其所緣以爲同異而調使平；用名以亂實，則驗其制名之原而觀其所以爲辭受。荀用此三者，以明諸家立言之旨，所以爲正名也。此文「驗之所緣無以同異」，與前文不合，明「無」字衍文。

「非而謁楹有牛，馬非馬也」，此惑於用名以亂實者也。非而謁楹有牛，未詳所出。馬非馬，是公孫龍白馬之說也。白馬論曰：「言白，所以命色也；馬，所以命形也。色非形，形非色，故曰白馬非馬也。」是惑於形色之名而亂白馬之實也。**驗之名約，以其所受悖其所辭，則能禁之矣。**名約，即名之樞要也。以，用也。悖，違也。所受，心之所是。所辭，心之所非。驗其名之大要，本以稽實定數，今馬非馬之說則不然。若用其心之所受者，違其所辭者，則能禁之也。

凡邪說辟言之離正道而擅作者，無不類於三惑者矣。辟，讀爲僻。**故明君知其分而**

不與辨也。明君守聖人之名分，不必亂名辨說是非也。夫民易一以道而不可與共故，故，事也。言聖人謹守名器，以道一民，不與之共事，共則民以它事亂之。故老子曰「國之利器，不可以示人」也。〇郝懿行曰：故，謂所以然也。夫民愚而難曉，故但可偕之大道，而不可與共明其所以然，所謂「民可使由之，不可使知之」。故明君臨之以埶，道之以道，道達之以正道。申之以命，章之以論，禁之以刑。故其民之化道也如神，辨埶惡用矣哉！申，重也。章，明也。論，謂先聖格言。但用此道馭之，不必更用辨埶也。辨埶，謂說其所以然也。〇盧文弨曰：以注末釋「辨說」觀之，則正文「辨埶」乃「辨說」之訛，注「埶」字亦當作「說」。下文屢云「辨說」，則此之爲誤顯然，蓋因上有「臨之以埶」語而誤涉耳。先謙案：據盧說，注皆作「辨埶」。今繙謝本者竝作「辨說」，誤，據虞、王本改正。今聖王沒，天下亂，姦言起，君子無埶以臨之，無刑以禁之，故辨說也。荀卿自述正名及辨說之意也。實不喻然後命，命不喻然後期，期不喻然後說，說不喻然後辨。命，謂以名命之也。期，會也。言物之稍難名，命之不喻者，則以形狀大小會之，使人易曉也。謂若白馬，但言馬則未喻，故更以白會之。若是事多，會亦不喻者，則說其所以然。若說亦不喻者，則反覆辨明之也。故期、命、辨、說也者，用之大文也，而王業之始也。無期、命、辨、說，則萬事不行，故爲用之大文飾。王業之始，在於正名，故曰「王業之始也」。名聞而實喻，名之用也。名之用，本在於易知也。累而成文，名之麗也。累名而成文辭，所以爲名之華麗，詩、書之言皆是也。或曰：麗與儷同，配偶也。○盧文弨曰：注「麗與儷同」，舊本脱「與儷」二字，今補。**用、麗俱得，謂之知名。**淺與深，俱不失其所，則爲知名。**名也者，所以期累實也。**名者，期於累數其實，以成言語。或曰：「累實」當爲「異實」。言名者所以期於使實各異也。**辭也者，兼異實之名以論一意也。**辭者，説事之言辭。兼異實之名，謂兼數異實之名，以成言辭。猶若「元年春，王正月，公卽位」，兼説亡實之名，以論公卽位之一意也。○王念孫曰：「論」當爲「諭」，字之誤也。（淮南齊俗篇「不足以諭之」，今本「諭」誤作「論」。）諭，明也。言兼説異實之名以明之也。字或作「喻」。下文曰「辯説也者，不異實名以喻動靜之道也」是其證。上下文言「喻」者甚多，此不應獨作「論」也。楊説以春秋，云「論公卽位之一意」，則所見本已誤。**辨説也者，不異實名以喻動靜之道也。**動靜，是非也。言辨説者不唯兼異常實之名，所以喻是非之理。辭者論一意，辨者明兩端也。**期命也者，辨説之用也。**期，謂委曲爲名以會物也。期與命，所以爲辨説之用。**辨説也者，心之象道也。**辨説所以爲心想象之道，故心有所明則辨説也。**心也者，道之工宰也。**工能成物，宰能主物，心之於道亦然也。○陳奐曰：工宰者，工，官也。官宰，猶言主宰。（廣雅：「官，主君也。」）解蔽篇曰「心者，形之君也，而神明之主也，出令而無所受令」，是其義。舊注失之。**道也者，治之經理也。**經，常也。理，條貫也。言道爲理國之常法條貫也。**心合於道，説合於心，辭合於説，**言經爲説，成文爲辭。謂心能知道，説能合心，辭能成言也。**正名而期，質請而喻。辨異而不過，推類而不悖，聽則合文，辨則盡故。以正道而辨姦，猶引繩以持曲直，是故邪説不能亂，百家無所竄。**正名而期，謂正其名以會物，使人不惑也。質，物之形質。質請而喻，謂若形質自請其名然，因而喻知其實也。辨異而不過，謂足以別異物，則已不過説也。推類而不悖，謂推同類之物，使共其名，不使乖悖也。聽則合文，辨則盡故，謂聽它人之説則取其合文理者，自辨説則盡其事實也。正道，謂正名之道。持，制也。竄，匿也。百家無所隱竄，言皆知其姦詐也。○王念孫曰：楊説「質請」，甚迂。質，本也。（繫辭傳「原始要終，以爲質也」，曲禮「禮之質也」，鄭、虞注竝曰：「質，本也。」）請讀爲情。情，實也。言本其實而曉喻之也。上文云「名聞而實喻」，是其證也。正名而期，質情而喻，情卽是實，實與名正相對也。古者情、請同聲而通用。（成相篇「明其請」，楊注：「請，當爲情。」禮論篇「情文俱盡」，史記禮書「情」作「請」，徐廣曰：「古情字或假借作請，諸子中多有此比。」列子説符篇「發於此而應於外者唯請」，張湛曰：「請，當作情。」又墨子尚同、明鬼、非命諸篇，皆以「請」爲「情」。）**有兼聽之明而無奮矜之容，有兼覆之厚而無伐德之色。説行則天下正，説不行則白道而冥窮，是聖人之辨説也。**是時百家曲説，皆競自矜伐，故述聖人辨説雖兼聽兼覆，而無奮矜伐德之色也。白道，明道也。冥，幽隱也。冥窮，謂退而窮處也。○俞樾曰：楊説冥窮之義，甚爲迂曲。窮，當讀爲躬。白道而冥躬者，明白其道而幽隱其身也。古窮與躬通用。論語鄉黨篇「鞠躬如也」，聘禮鄭注作「鞠窮」，是其證。**詩曰：「顒顒卬卬，如珪**

如璋，令聞令望。豈弟君子，四方爲綱。」此之謂也。詩，大雅卷阿之篇。顒顒，體貌敬順也。卬卬，志氣高朗也。

辭讓之節得矣，長少之理順矣，忌諱不稱，祅辭不出，以仁心說，以學心聽，以公心辨。以仁心說，謂務於開導，不騁辭辨也。以學心聽，謂悚敬而聽它人之說，不争辨也。以公心辨，謂以至公辨它人之說是非也。**不動乎衆人之非譽，**不以衆人是非而爲之動，但自正其辭說也。**不治觀者之耳目，**其所辨說，不求夸眩於衆人。○王念孫曰：「治」字義不可通。「治」當爲「冶」，字之誤也。不冶觀者之耳目，謂不爲祅辭以惑衆人之耳目也。（祅辭，見上文。）「冶」與「蠱」，古字通。集韻上聲三十五馬：「蠱，以者切，媚也。」文選南都賦「侍者蠱媚」，五臣本蠱音冶。劉良曰：「蠱媚，美容儀也。」舞賦「貌嫽妙以妖蠱」，五臣作「妖冶」。後漢書張衡傳「咸姣麗以蠱媚」，注曰：「蠱音野。謂妖麗也。」是「冶」即「蠱惑」之「蠱」也。「不冶觀者之耳目，不賂貴者之權勢」，二句一意相承。據楊注云「其所辯說，不求夸眩於衆人」，則所見本當是「冶」字。若是「治」字，則不得言「夸眩於衆」矣，以是明之。**不賂貴者之權埶，**不爲貨賂而移貴者之權埶也。**不利傳辟者之辭，**利，謂說愛之也。辟，讀爲僻。**故能處道而不貳，吐而不奪，利而不流，貴公正而賤鄙争，是士君子之辨說也。**吐而不奪，謂吐論而人不能奪。「利」，或爲「和」。○俞樾曰：楊說非也。「吐」當爲「咄」，形似而誤。從土從出之字，隸書每相亂，若「敳」從出而今譌爲

「敖」，「𧶠」從出而今謞爲「賣」是也。「咄」者，「詘」之叚字。從口從言之字，古或相通，若「詠」之爲「咏」、「諎」之爲「唶」、「吟」之爲「訡」、「嘖」之爲「讀」是也。「詘而不奪，利而不流」，二句相對，言雖困詘而不可劫奪，雖通利而不至流蕩也。上文於聖人之辨説曰「説行則天下正，説不行則白道而冥窮」，此於士君子之辨説曰「詘而不奪，利而不流」：詘謂説不行，利謂説行，其文正相配也。**詩曰：「長夜漫兮，永思騫兮。大古之不慢兮，禮義之不愆兮，何恤人之言兮！」此之謂也。**逸詩也。漫，謂漫漫，長夜貌。騫，咎也。引此以明辨説得其正，何憂人之言也？

君子之言，涉然而精，俛然而類，差差然而齊。彼正其名，當其辭，以務白其志義者也。涉然，深入之貌。俛然，俯就貌。俛然而類，謂俯近於人，皆有統類，不虛誕也。差差，不齊貌。謂論列是非，似若不齊，然終歸於齊一也。當，丁浪反。**彼名辭也者，志義之使也，足以相通則舍之矣；苟之，姦也。**通，謂得其理。使，所吏反。**故名足以指實，辭足以見極，則舍之矣。**極，中也，本也。見，賢遍反。**外是者謂之訒，是君子之所弃，而愚者拾以爲己寶。**訒，難也。過於志義相通之外，則是務爲難説耳，君子不用也。**故愚者之言，芴然而粗，嘖然而不類，諎諎然而沸。**芴與忽同。忽然，無根本貌。粗，疏略也。嘖，争言也，助革反。或曰：與賾同，深也。諎諎，多言也。謂愚者言淺則疎略，深則無統類，又諎諎然沸騰也。**彼誘其名，眩其辭，而無深於其志義者也。**誘，誑也。但欺誑其名而不正，眩惑其辭而不實，又不深明於志義相通之理也。**故窮藉而無極，甚勞而無功，貪而無名。**藉，踐履也，才夜反。謂踐履於無極之地。貪而無名，謂貪於立名而實無名也。**故知者之言也，**知，讀爲智。**慮之易知也，行之易安也，持之易立也，成則必得其所好而不遇其所惡焉。而愚者反是。詩曰：「爲鬼爲蜮，則不可得，有靦面目，視人罔極。作此好歌，以極反側。」此之謂也。**詩，小雅何人斯之篇。毛云：「蜮，短狐也。靦，姡也。」鄭云：「使女爲鬼爲蜮也，則女誠不可得見也。姡然有面目，女乃人也，人相視無有極時，終必與女相見。作此歌，求女之情，女之情展轉極於是也。」

凡語治而待去欲者，無以道欲而困於有欲者也。凡言治待使人盡去欲，然後爲治，則是無道欲之術，而反爲有欲者所困也。**凡語治而待寡欲者，無以節欲而困於多欲者也。**若待人之寡欲然後治之，則是無節欲之術，而反爲多欲者所困。故能導欲則欲自去矣，能節欲則欲自寡矣。**有欲無欲，異類也，生死也，非治亂也。**二者異類，如生死之殊，非治亂所繫。在於導欲則治，不導欲則亂也。○王念孫曰：「生死也」三字，與上下文義不相屬，楊曲爲之說，非也。「生死也」，當作「性之具也」。（「生」「性」字相近，又因下文有「生死」字而誤。）下文「性之具也」，卽此句之衍文。有欲無欲，是生而然者也，故曰「性之具也」。「性之具也」，「情之數也」，二句相對爲文。下文「雖爲守門，欲不可去」，「雖爲天子，欲不可盡」，四句亦相對爲文，若闌入「性之具也」一句，則隔斷上下語氣。楊曲爲之説，亦非也。**欲之多寡，異類也，情之數也，非治亂也。**情之數，言人情必然之數也。治亂所繫，在節欲則治，不節欲則亂，不在欲之多寡也。**欲不待可得，而求者從所可。**凡人之情欲，雖未可得，以有欲之意求之，則從其所可得者也。○盧文弨曰：宋本注多賸字，今删正。俞樾曰：「待」字衍，當作「欲不可得，而求者從所可」。楊注不釋「待」字，故知爲衍文。郭嵩燾曰：「待」字不可少。人生而有欲，不待其可得而後欲之，此根於性者也。若無「待」字，則文不成義。俞説非，下同。**欲不待可得，所受乎天也；求者從所可，受乎心也。**天性有欲，心爲之節制。○俞樾曰：「待」字亦衍文也。「受乎心也」上，當有「所」字。「所受乎心」，與「所受乎天」正相對。下文亦以「所受乎天」「所受乎心」竝言，則此文有「所」字明矣，當據補。**所受乎天之一欲，制於所受乎心之多，固難類所受乎天也。**此一節未詳，或恐脱誤耳。或曰：當爲「所受乎天之一欲，制於所受乎心之計」，其餘皆衍字也。一欲，大凡人之情欲也。言所受乎天之大欲，皆制節於所受心之計度，心之計度亦受於天，故曰「所受」。○俞樾曰：或説甚晦，義不可通。此文當云「所受乎天之一，所受乎心之多，固難類也」。所受乎天，所受乎心，卽承上文而言，「一」與「多」正相對。所受乎天之一，言天之與人有定也。所受乎心之多，言人之心無窮也。固難類也，猶言固不可同耳。郭嵩燾曰：生之有欲，一而已矣。制於所受乎心之多者，以有欲之性聽命於心，而欲遂多紛馳，而日失其故，漓其真，則與所受於天之一欲，又不可以類求也。文義顯然。楊、俞説皆非。人之所欲，生甚矣，人之所惡，死甚矣，然而人有從生成死者，非不欲生而欲死也，不可以生而可以死也。此明心制欲之義。故欲過之而動不及，心止之也。動，謂作爲也。言欲過多，而所作爲不及其欲，由心制止之也。○先謙案：此文卽以上生死明之。所欲有過於生，而動不及於求生者，心之中理止之也，故欲雖多，不傷於治；所欲不及於死，而動過之，自取死者，如鬭很亡身之類，心之失理使之也，故欲雖寡，無止於亂：此在心不在欲也。楊注似未全通。心之所可中理，則欲雖多，奚傷於治！所可，謂心以爲可也。言若心止之而中理，欲雖多，無害於治也。欲不及而動過之，心使之也。心之所可失理，則欲雖寡，奚止於亂！心使之失理，則欲雖寡，亦不能止亂。故治亂在於心之所可，亡於情之所欲。明在心不在欲。不求之其所在，而求之其所亡，雖曰我得之，失之矣。所存，心也。所亡，欲也。性者，天之就也；情者，性之質也；欲者，情之應也。以所欲爲可得而求之，情之所必不免也；性者成於天之自然，情者性之質體，欲又情之所應，所以人必不免於有欲也。○謝本從盧校無「所」字。盧文弨曰：「以欲爲可得」，宋本作「以所欲以爲可得」。今從元刻。王念孫曰：宋錢、呂本、世德堂本竝作「以所欲以爲可得而求之」，盧從元刻刪「所」字及下「以」字。案「所」字不當刪，下文曰「所欲雖不可盡，求者猶近盡」是其證。先謙案：王説是。今依宋本存「所」字。以爲可而道之，知所必出也。心以欲爲可得而道達之，智慮必出於此也。**故雖爲守門，欲不可去，**夫人各有心，故雖至賤，亦不能去欲也。**性之具也。雖爲天子，欲不可盡。**具，全也。若全其性之所欲，雖爲天子，亦不能盡，秦皇、漢武之比也。**欲雖不可盡，可以近盡也；**以，用也。近盡，近於盡欲也。言天子雖不可盡欲，若知道，則用可近盡而止之，不使故肆之也。**欲雖不可去，求可節也。**雖至賤，亦不可去欲，若知道，則求節欲之道而爲之也。**所欲雖不可盡，求者猶近盡；欲雖不可去，所求不得，慮者欲節求也。**爲賤者之謀慮，皆在節其所求之欲也。○盧文弨曰：注「賤者」，舊本作「貴賤」，訛，今改正。**道者，進則近盡，退則節求，天下莫之若也。**道，謂中和之道，儒者之所守也。進退，亦謂貴賤也。道者，貴則可以知近盡，賤則可以知節求，天下莫及之也。**凡人莫不從其所可，而去其所不可。知道之莫之若也，而不從道者，無之有也。**知節欲無過於道，則皆從道也。**假之有人而欲南無多，而惡北無寡，豈爲夫南者之不可盡也，離南行而北走也哉？**有人欲往南而惡往北也。欲南無多，謂南雖至多，猶欲之也。惡北無寡，謂北雖至寡，猶惡之也。言此人既欲南而惡北，豈爲夫南之不可得盡，因肯捨南而走北乎？**今人所欲無多，所惡無寡，豈爲夫所欲之不可盡也，離得欲之道而取所惡也哉？**今夫人情，欲雖至多，猶欲之，惡雖至寡，猶惡之，豈爲欲之不可得盡，因肯取所惡哉？聖人以道節欲，則各安其分矣。而宋、墨之徒不喻斯理，而彊令去欲寡欲，此何異使之離南而北走，捨欲而取

惡？必不可得也。故可道而從之，奚以損之而亂！可道，合道也。損，減也。言若合道則從之，奚以損亂而過此也。**不可道而離之，奚以益之而治！**不合道則離之，奚以益治而過此。此明上合道，雖爲有欲之説，亦可從之；不合道，雖爲去欲之説，亦可離之也。**故知者論道而已矣，小家珍説之所願皆衰矣。**知治亂者，論合道與不合道而已矣，不在於有欲無欲也。能知此者，則宋、墨之家自珍貴其説，願人之去欲、寡欲者皆衰矣。**凡人之取也，所欲未嘗粹而來也；其去也，所惡未嘗粹而往也。故人無動而不可以不與權俱。**粹，全也。凡人意有所取，其欲未嘗全來，意有所去，其惡未嘗全去，皆所不適意也。權者，稱之權，所以知輕重者也，能權變適時，故以喻道也。言人之欲惡常難適意，故其所舉動而不可不與道俱，不與道俱則惑於欲惡矣。故達道者不戚戚於貧賤，不汲汲於富貴，故能遣夫得喪，欲惡不以介懷而欲自節矣。○王念孫曰：上「不」字衍。此言人之舉動不可不與權俱。（權，謂道也。）不與權俱，則必爲欲惡所惑，故曰「人無動而可以不與權俱」。今本「可」上有「不」字者，涉注文「不可不與道俱」而衍。**衡不正，則重縣於仰而人以爲輕，輕縣於俛而人以爲重，此人所以惑於輕重也。**衡，稱之衡也。不正，謂偏舉也。衡若均舉之，則輕重等而平矣。若偏舉之，則重縣於仰，輕縣於俛而猶未平也，遂以此定輕重，是惑也。**權不正，則禍託於欲而人以爲福，福託於惡而人以爲禍，此亦人所以惑於禍福也。**權不正，謂不知道而偏見，如稱之權不正者也。禍託於欲，謂無德而祿，因以爲福，不知禍不旋踵也。福託於惡，謂若有才未偶，因以爲禍，不知先號後笑也。言不知道則惑於倚伏之理也。道者，古今之正權也，離道而内自擇，則不知禍福之所託。道能知禍福之正，如權之知輕重之正。離權則不知輕重，離道則不知禍福也。易者以一易一，人曰無得亦無喪也；易，謂以物相易。以一易兩，人曰無喪而有得也；以兩易一，人曰無得而有喪也。計者取所多，謀者從所可。以兩易一，人莫之爲，明其數也。從道而出，猶以一易兩也，奚喪！從道則無所喪，儒術是也。離道而内自擇，是猶以兩易一也，奚得！離道則無所得，宋、墨是也。其累百年之欲，易一時之嫌，然且爲之，不明其數也。累，積也。嫌，惡也。此謂不以道求富貴，終遇禍也。有嘗試深觀其隱而難其察者，有，讀爲又。雖隱而難察，以下四事觀之，則可知也。○王念孫曰：「隱而難其察」，「其」字涉上文而衍。據楊注云「隱而難察」，則無「其」字明矣。志輕理而不重物者，無之有也；理爲道之精微。○顧千里曰：案「不」下疑當有「外」字。下文「外重物而不内憂者，無之有也；行離理而不外危者，無之有也；外危而不内恐者，無之有也」，一氣承接，「外重物」與「外危」二句爲同例也。外重物而不内憂者，無之有也；行離理而不外危者，無之有也；外危而不内恐者，無之有也。心憂恐則口銜芻豢而不知其味，耳聽鐘鼓而不知其聲，目視黼黻而不知其狀，輕煖平簟而體不知其安。故嚮萬物之美而不能嗛也，嚮，讀爲享，獻也，謂受其獻也。嗛，足也，快也。史記樂毅曰：「先王以爲嗛於志。」嗛，口簟反。○俞樾曰：平乃席名，故與「簟」竝言。説文艸部：「蒻，蒲子，可以爲平席。」釋名釋牀帳曰：「蒲平，以蒲作之，其體平也。」竝可爲證。假而得問而嗛之，則不能離也。假或有人問之，蹔以爲足其意，終亦不能離於不足也。○王念孫曰：「得問」二字，義不可通，楊曲爲之説，非也。「得問」當爲「得閒」，（古莧反。）字之誤也。言憂恐在心，則雖享萬物之美而心不慊，卽使暫時得閒而慊之，而其不慊者仍在也。故嚮萬物之美而盛憂，兼萬物之利而盛害。如此者，其求物也，養生也？粥壽也？「也」，皆當爲「邪」，問之辭。故欲養其欲而縱其情，縱其情，則欲終不可養也。欲養其性而危其形，欲養其樂而攻其心，欲養其名而亂其行。皆外重物之所致也。如此者，雖封侯稱君，其與夫盜無以異；乘軒戴絻，其與無足無以異。絻與冕同。○盧文弨曰：「夫盜」，元刻無「夫」字，「乘軒」上有「雖」字。無足，當謂貧人之本不足者。俞樾曰：無足，謂刖者也。乘軒戴絻而行，榮之至矣，然實與無足者之跉卓而行無以異也。「無足」與「乘軒」相應。盧未得其義。夫是之謂以己爲物役矣。己爲物之役使。心平愉，則色不及傭而可以養目，所視之物不及傭作之人，亦可養目。聲不及傭而可以養耳，蔬食菜羹而可以養口，麤布之衣、麤紃之履而可以養體，麤紃之履，麤麻屨也。○盧文弨曰：「蔬食」，當作「疏食」。屋室、廬庾、葭稾蓐、尚机筵而可以養形。廬，草屋也。庾，屋如廩庾者。葭，蘆也。

以廬庾爲屋室，葭稾爲席蓐，皆貧賤人之居也。尚机筵，未詳。或曰：尚，言尚古，猶若稱「尚書」之「尚」也。尚机筵，質樸之机筵也。○王念孫曰：以廬庾爲屋室，而云「屋室廬庾」，則文義不明，且與「葭稾蓐」文非一律。初學記器物部引作「局室、蘆簾、稾蓐」，於義爲長。說文：「局，促也。」局室，謂促狹之室。蘆簾、稾蓐，謂以蘆爲簾、以稾爲蓐也。「屋室」蓋「局室」之誤，「廬庾」蓋「蘆簾」之誤。（「簾」「廉」古字通。）「稾蓐」與「蘆簾」對文，則「稾」上不當有「葭」字，且葭卽蘆也，又與「蘆」相複。**故無萬物之美而可以養樂，無埶列之位而可以養名。**埶列，班列也。名，美名也。**如是而加天下焉，其爲天下多，其和樂少矣，**以是無貪利之心，加以天下之權，則爲天下必多，爲己之私和樂少矣。○王念孫曰：「和」，當爲「私」，字之誤也。（管子法禁篇「脩上下之交，以私親於民」，今本「私」誤作「和」。）言以是不貪之心治天下，則其爲天下必多，而爲己之私樂必少也。私樂對天下之樂而言。若云「和樂少」，則義不可通。楊云「爲己之私和樂少」，則未知「和」卽「私」之誤也。先謙案：王說是。注中「和」字，乃後人因正文誤「私」爲「和」而羼入之，楊所見本蓋不誤。**夫是之謂重己役物。**知道則心平愉，心平愉則欲惡有節，不能動，故能重己而役物。自「有嘗試」已下，皆論知道不知道也。**無稽之言，不見之行，不聞之謀，君子愼之。**無稽之言，言無考驗者也。不見之行，不聞之謀，謂在幽隱，人所不聞見者，君子尤當戒愼，不可忽也。中庸曰：「戒愼乎其所不覩，恐懼乎其所不聞，莫見乎隱，莫顯乎微，故君子愼其獨也。」說苑作「無類之說，不戒之行，不贊之辭，君子愼之」。此三句不似此篇之意，恐誤在此耳。○盧文弨曰：案此篇由孔子「必也正名」之恉推演之，極言人不能無欲，必貴乎導欲以合乎道，而不貴乎絶欲。此荀子之闢小家珍説，而與孔、孟所言治己治人之恉相合。後儒專言遏制浄盡者，幾何不以壅而潰矣。

荀子卷第十七

性惡篇第二十三

當戰國時，競爲貪亂，不脩仁義，而荀卿明於治道，知其可化，無勢位以臨之，故激憤而著此論。書曰「惟天生民，有欲無主，乃亂，惟聰明時乂」，亦與此義同也。舊第二十六，今以是荀卿論議之語，故亦升在上。○盧文弨曰：書作「惟天生聰明時乂」，此無「天生」二字，似誤脱。

人之性惡，其善者僞也。僞，爲也，矯也，矯其本性也。凡非天性而人作爲之者，皆謂之僞。故爲字「人」傍「爲」，亦會意字也。○郝懿行曰：性，自然也。僞，作爲也。「僞」與「爲」，古字通。楊氏不了，而訓爲矯，全書皆然，是其蔽也。先謙案：郝説是。荀書僞，皆讀爲。下文「器生於工人之僞」尤其明證。**今人之性，生而有好利焉，順是，故争奪生而辭讓亡焉；**天生性也。順是，謂順其性也。**生而有疾惡焉，順是，故殘賊生而忠信亡焉；**疾與嫉同。惡，烏路反。**生而有耳目之欲，有好聲色焉，**○先謙案：下「有」字疑衍。**順是，故淫亂生而禮義文理亡焉。**文理，謂節文、條理也。**然則從人之性，**○先謙案：論語八佾篇集解：「從，讀曰縱。」下同。順人之情，必出於爭奪，合於犯分亂理而歸於暴。○俞樾曰：「犯分」，當作「犯文」。此本以「文」「理」相對。上文曰「順是，故淫亂生而禮義文理亡焉」，下文曰「合於文理，而歸於治」，竝其證也。「合於犯文亂理」，與「合於文理」正相對成義。今作「犯分」，則與下文不合矣。當由後人習聞「犯分」、罕聞「犯文」而誤改之耳。故必將有師法之化、禮義之道，道與導同。然後出於辭讓，合於文理，而歸於治。用此觀之，然則人之性惡明矣，其善者僞也。故枸木必將待檃栝、烝、矯然後直，枸，讀爲鉤，曲也，下皆同。檃栝，正曲木之木也。烝，謂烝之使柔。矯，謂矯之使直也。鈍金必將待礱、厲然後利。礱、厲，皆磨也。厲與礪同。○盧文弨曰：注「礪」，舊作「勵」，誤。今人之性惡，必將待師法然後正，得禮義然後治。今人無師法則偏險而不正，○王念孫曰：廣雅：「險，衺也。」成相篇曰：「險陂傾側。」大戴記衛將軍文子篇曰：「如商也，其可謂不險矣。」無禮義則悖亂而不治。古者聖王以人之性惡，以爲偏險而不正，悖亂而不治，是以爲之起禮義，制法度，以矯飾人之情性而正之，以擾化人之情性而導之也。始皆出於治、合於道者也。矯，彊抑也。擾，馴也。今之人，化師法、積文學、道禮義者爲君子；縱性情、安恣睢，而違禮義者爲小人。用此觀之，然則人之性惡明矣，其善者僞也。孟子曰：「人之學者，其性善。」孟子言人之有學，適所以成其天性之善，非矯也。與告子所論者是也。曰：是不然。是不及知人之

性，而不察乎人之性、僞之分者也。不及知，謂智慮淺近，不能及於知，猶言不到也。書曰「予沖人，不及知」也。**凡性者，天之就也，不可學，不可事；禮義者，聖人之所生也，人之所學而能、所事而成者也。**聖人之所生，明非天性也。事，爲也，任也。周禮太宰職「六曰事典，以富邦國，以任百官」，鄭云：「任，事也。」○盧文弨曰：鄭注本云「任，猶傳也」。玩楊意，卻只作「事」。**不可學、不可事而在人者謂之性，可學而能、可事而成之在人者謂之僞。是性、僞之分也。**不可學、不可事，謂不學而能、不事而成也。○顧千里曰：「而在人者」，「而」，疑當作「之」，「人」，疑當作「天」，與「可學而能、可事而成之在人者謂之僞」爲對文也。上文「凡性者，天之就也，不可學，不可事」亦其明證。**今人之性，目可以見，耳可以聽。夫可以見之明不離目，可以聽之聰不離耳，**可見之明常不離於目，可聽之聰常不離於耳也。**目明而耳聰，不可學明矣。**如目明耳聰之不假於學，是乃天性也。**孟子曰：「今人之性善，將皆失喪其性故也〔一〕。」**孟子言失喪本性，故惡也。**曰：若是，則過矣。今人之性，生而離其朴，離其資，必失而喪之。**朴，質也。資，材也。言人若生而任其性，則離其質朴而偷薄，離其資材而愚惡，其失喪必也。○郝懿行曰：「朴」，當爲「樸」。樸者，素也。言人性生而已離其質樸

〔一〕「故也」，據楊注，似當作「故惡也」。

與其資材，其失喪必矣，非本善而後惡。用此觀之，然則人之性惡明矣。○王念孫曰：此下亦當有「其善者僞也」句。「人之性惡，其善者僞也」二句，前後凡九見，則此亦當然。所謂性善者，不離其朴而美之，不離其資而利之也。不離質朴資材，自得美利，不假飾而善，此則爲天性。使夫資朴之於美，心意之於善，若夫可以見之明不離目，可以聽之聰不離耳，使質朴資材自善，如聞見之聰明常不離於耳目，此乃天性也。故曰目明而耳聰也。故曰如目明耳聰，此乃是其性，不然，則是矯僞使之也。今人之性，飢而欲飽，寒而欲煖，勞而欲休，此人之情性也。今人飢，見長而不敢先食者，將有所讓也；○俞樾曰：注不釋「長」字，蓋以爲尊長也。然下文云「勞而不敢求息者，將有所代也」，無爲尊長任勞之文，則此句「長」字亦非謂尊長也。長，讀爲粻。爾雅釋言：「粻，糧也。」詩崧高篇「以峙其粻」，鄭箋曰：「粻，糧也。」「見粻而不敢先食」，與下文「勞而不敢求息」意正相配，若作「見長」，則轉與下意不倫矣。勞而不敢求息者，將有所代也。所以代尊長也。夫子之讓乎父，弟之讓乎兄，子之代乎父，弟之代乎兄，此二行者，皆反於性而悖於情也。悖，違。然而孝子之道，禮義之文理也。故順情性則不辭讓矣，辭讓則悖於情性矣。用此觀之，然則人之性惡明矣，其善者僞也。

問者曰：「人之性惡，則禮義惡生？」禮義從何而生？惡音烏。應之曰：凡禮義者，是生於聖人之僞，非故生於人之性也。故，猶本也。言禮義生於聖人矯僞抑制，非本生於人性也。故陶人埏埴而爲器，陶人，瓦工也。埏，擊也。埴，埴黏土也。擊黏土而成器。埏音羶。然則器生於工人之僞，非故生於人之性也。言陶器自是生於工人學而爲之，非本生於人性自能爲之也。或曰：「工人」當爲「陶人」。故，猶本也。○王念孫曰：楊後説以此「工人」爲「陶人」之誤，是也。此文本作「故陶人埏埴而爲器，然則器生於陶人之僞，非故生於陶人之性也。故工人斲木而成器，然則器生於工人之僞，非故生於工人之性也」。今本「陶人之性」、「工人之性」，皆作「人之性」，此涉上下文「人之性」而誤。下文云「瓦埴豈陶人之性」、「器木豈工人之性」，是其明證矣。故工人斲木而成器，然則器生於工人之僞，非故生於人之性也。聖人積思慮，習僞故，以生禮義而起法度，然則禮義法度者，是生於聖人之僞，非故生於人之性也。自是聖人矯人性而爲之，如陶人、工人然也。若夫目好色，耳好聲，口好味，心好利，骨體膚理好愉佚，是皆生於人之情性者也，膚理，皮膚文理也。佚與逸同。人勞苦則皮膚枯槁也。感而自然，不待事而後生之者也。受性自爾，不待學而知也。夫感而不能然，必且待事而後然者，謂之生於僞。○王引之曰：僞音爲。「謂之僞」三字中不當有「生於」二字，此涉上「生於」而衍也。上文曰「可學而能、可事而成之在人者謂之僞」，正名篇曰「慮積焉、能習焉而後成謂之僞」，皆其證。是性、僞之所生，其不同之徵也。徵，驗。故聖人化

性而起僞，言聖人能變化本性而興起矯僞也。**僞起而生禮義，**老子曰「智惠出，有大僞」，莊子亦云「仁相僞也，義相虧也」，皆言非其本性也。○謝本從盧校作「僞起於性」。王念孫曰：宋錢佃校本云：「『僞起於性而生禮義』，諸本作『僞起而生禮義』，無『於性』二字。」案諸本是也。上文云「凡禮義者，是生於聖人之僞，非故生於人之性也」，則不得言「僞起於性而生禮義」明矣。宋本有「於性」二字者，不曉荀子之意而妄加之也。禮義生於聖人之僞，故曰「僞起而生禮義」。下文云「能化性，能起僞，僞起而生禮義」，是其明證矣。先謙案：王說是。今從諸本刪「於性」二字。**禮義生而制法度。然則禮義法度者，是聖人之所生也。故聖人之所以同於衆，其不異於衆者，性也；**○俞樾曰：同於衆，卽不異於衆也，於文複矣。據下文云「所以異而過衆者，僞也」，疑此文亦當作「所以同於衆而不過於衆者，性也」。「而」譌作「其」，「過」譌作「異」，而詞意俱不可通矣。**所以異而過衆者，僞也。**聖人過衆，在能起僞。**夫好利而欲得者，此人之情性也。假之人有弟兄資財而分者，且順情性，好利而欲得，若是，則兄弟相拂奪矣；**拂，違戾也。或曰：「拂」字從「木」旁「弗」，擊也。方言云：「自關而西謂之柫。」今之農器連枷也。且，發辭也。○盧文弨曰：「拂奪」，宋本作「佛奪」，注同。俞樾曰：楊注「違戾」之訓既得之矣，讀拂爲柫，義轉迂曲。說文：「拂，過擊也。」拂自可訓擊，何必改爲「柫」乎？柫者，農器也，施之於此，非所安矣。又案：說文色部「艴，怒色也」。此「拂」字，疑「艴」之叚音。言兄弟必艴然争奪也。先謙案：據下文言「讓乎國人」，則非兄弟分財之謂，明「弟兄」二字衍文也。有資財而分，順情性則兄弟相奪，化禮義則讓乎國人，文義正相對待，若兄弟分財而讓及國人，非情理所有矣。「弟兄」二字，乃淺人緣下文「兄弟相拂奪」妄加之。且化禮義之文理，若是則讓乎國人矣。故順情性則弟兄争矣，化禮義則讓乎國人矣。凡人之欲爲善者，爲性惡也。爲其性惡，所以欲爲善也。夫薄願厚，惡願美，狹願廣，貧願富，賤願貴，苟無之中者，必求於外；故富而不願財，貴而不願埶，苟有之中者，必不及於外。既有富貴於中，故不及財埶於外也。用此觀之，人之欲爲善者，爲性惡也。無於中，故求於外，亦猶貧願富之比。今人之性，固無禮義，故彊學而求有之也；性不知禮義，故思慮而求知之也。然則生而已，則人無禮義，不知禮義。生而已，謂不矯僞者。○盧文弨曰：「生而已」，元刻作「性而已」，下同。人無禮義則亂，不知禮義則悖。然則生而已，則悖亂在己。用此觀之，人之性惡明矣，其善者僞也。不矯而爲之，則悖亂在己，以此知其性惡也。

孟子曰：「人之性善。」曰：是不然。凡古今天下之所謂善者，正理平治也；所謂惡者，偏險悖亂也。是善惡之分也已。善惡之分，在此二者。分，扶問反。今誠以人之性固正理平治邪？則有惡用聖王、惡用禮義矣哉！有，讀爲又。惡音烏。雖有聖王禮義，將曷加於正理平治也哉！今不然，人之性惡。今以性善爲不然者，謂人之性惡也。故古者聖人以人之性惡，以爲偏險而不正，悖亂而不治，故爲之立君上之埶以臨之，明禮義以化之，起法正以治之，重刑罰以禁之，使天下皆出於治、合於善也。是聖王之治，而禮義之化也。今當試去君上之埶，○先謙案：「當」，是「嘗」之借字。當試，猶嘗試，說見君子篇。無禮義之化，去法正之治，無刑罰之禁，倚而觀天下民人之相與也，倚，任也。或曰：倚，偏倚。猶傍觀也。○王念孫曰：楊說非也。倚者，立也。言立而觀之。說卦傳「參天兩地而倚數」，虞翻曰：「倚，立也。」（廣雅同。）楚辭九辯「澹容與而獨倚兮」，謂獨立也。招隱士「白鹿麏麚兮，或騰或倚」，謂或騰或立也。列子黃帝篇曰「有七尺之骸，手足之異，戴髮含齒，倚而趣者，謂之人」，謂立而趣也。淮南氾論篇曰：「立之於本朝之上，倚之於三公之位。」若是，則夫彊者害弱而奪之，衆者暴寡而譁之，衆者陵暴於寡而諠譁之，不使得發言也。○俞樾曰：如楊注「譁」與「奪」義不倫。禮記曲禮篇「爲國君華之」，鄭注曰：「華，中裂之。」此文「譁」字，當讀爲華，而從「中裂」之訓。陵暴於寡而分裂之，與害弱而奪之者無異也。天下之悖亂而相亡不待頃矣。頃，少頃也。本或爲「須」，須臾也。用此觀之，然則人之性惡明矣，其善者僞也。故善言古者必有節於今，善言天者必有徵於人。節，準。徵，驗。○郝懿行曰：節者，信也。言論古必以今事爲符信。四語，董子書偁之。王引之曰：諸書無訓節爲準者。節，亦驗也。禮器注云：「節，猶驗也。」下文曰「凡論者，貴其有辨合，有符驗」，

「符驗」卽「符節」。（哀六年公羊傳注：「節，信也。」齊策注：「驗，信也。」或言「符節」，或言「符驗」，或言「符信」，一也。）漢書董仲舒傳作「善言古者必有驗於今」，是「節」卽「驗」也。凡論者，貴其有辨合，有符驗，辨，別也。周禮小宰「聽稱責以傅別」，鄭司農云：「別之爲兩，兩家各執其一。」符，以竹爲之，亦相合之物。言論議如別之合，如符之驗，然可施行也。故坐而言之，起而可設，張而可施行。今孟子曰「人之性善」，無辨合符驗，坐而言之，起而不可設，張而不可施行，豈不過甚矣哉！故性善則去聖王、息禮義矣；性善則不假聖王禮義也。性惡則與聖王、貴禮義矣。○謝本從盧校「與」作「興」。王念孫曰：呂、錢本「興」皆作「與」。案齊語「桓公知天下諸侯多與己也」，韋注曰：「與，從也。」與聖王，從聖王也。「與」與「去」正相反，則作「與」者是，從元刻作「興」非。先謙案：王說是。今改正。故檃栝之生，爲枸木也；繩墨之起，爲不直也；立君上，明禮義，爲性惡也。用此觀之，然則人之性惡明矣，其善者僞也。直木不待檃栝而直者，其性直也；枸木必將待檃栝、烝、矯然後直者，以其性不直也。今人之性惡，必將待聖王之治、禮義之化，然後皆出於治、合於善也。用此觀之，然則人之性惡明矣，其善者僞也。

問者曰：「禮義積僞者，是人之性，故聖人能生之也。」言禮義雖是積僞所爲，亦皆人之大性自有，聖人能生之，衆人但不能生耳。○先謙案：禮義積僞者，積作爲而起禮義也。楊注非。應之曰：是不然。夫陶人埏埴而生瓦，然則瓦埴豈陶人之性也哉？豈陶人亦性而能瓦埴哉？亦積僞然後成也。工人斲木而生器，然則器木豈工人之性也哉？夫聖人之於禮義也，辟則陶埏而生之也，辟，讀爲譬。然則禮義積僞者，豈人之本性也哉？凡人之性者，堯、舜之與桀、跖，其性一也；君子之與小人，其性一也。言皆惡也。今將以禮義積僞爲人之性邪？然則有曷貴堯、禹，曷貴君子矣哉？所以貴堯、禹者，以其能化性，異於衆也。有，讀爲又。凡所貴堯、禹、君子者，能化性，能起僞，僞起而生禮義。然則聖人之於禮義積僞也，亦猶陶埏而生之也。聖人化性於禮義，猶陶人埏埴而生瓦。○王念孫曰：吕、錢本「亦」下皆有「猶」字。案上文云「夫聖人之於禮義也，辟亦陶埏而生之也」，則此句内當有「猶」字。故楊注亦云：「聖人化性於禮義，猶陶人埏埴而生瓦。」先謙案：謝本從盧校無「猶」字。今依王説，從吕、錢本增。用此觀之，然則禮義積僞者，豈人之性也哉？卽類陶埏而生，明非本性也。所賤於桀、跖、小人者，從其性，順其情，安恣睢，以出乎貪利争奪。故人之性惡明矣，其善者僞也。桀、跖、小人，是人之本性也。天非私曾、騫、孝已而外衆人也，曾、騫，曾參、閔子騫也；孝已，殷高宗之太子：皆有至孝之行也。然而曾、騫、孝已獨厚於孝之實而全於孝之名者，何也？以綦於禮義故也。三人能矯其性，極爲禮義故也。天非私齊、魯之民而外秦人也，然而於父子之義、夫婦之別，不如齊、魯之孝具敬父者，何也？孝具，能具孝道。「敬父」，當爲「敬文」，傳寫誤耳。敬而有文，謂夫婦有別也。○王念孫曰：敬文，見勸學、禮論二篇。「於父子之義、夫婦之別」上，當有「秦人」二字，而今本脱之。「孝具」二字不詞，且與「敬文」不對，「具」當爲「共」，字之誤也。「孝共」，卽「孝恭」，（「令德孝恭」，見周語。）正與「敬文」對。楊云「孝具，能具孝道」，此望文生義而非其本旨。以秦人之從情性、安恣睢、慢於禮義故也。豈其性異矣哉？綦禮義則爲曾、閔，慢禮義則爲秦人，明性同於惡，唯在所化耳。若以爲性善，則曾、閔不當與衆人殊，齊、魯不當與秦人異也。

「塗之人可以爲禹」，曷謂也？塗，道路也。舊有此語，今引以自難。言若性惡，何故塗之人皆可以爲禹也。曰：凡禹之所以爲禹者，以其爲仁義法正也。然則仁義法正有可知可能之理，人皆有之。然而塗之人也，皆有可以知仁義法正之質，皆有可以能仁義法正之具，然則其可以爲禹明矣。今以仁義法正爲固無可知可能之理邪？然則唯禹不知仁義法正，不能仁義法正也。唯，讀爲雖。將使塗之人固無可以知仁義法正之質，而固無可以能仁義法正之具邪？然則塗之人也，且內不可以知父子之義，外不可以知君臣之正。不然。以塗之人無可知可能之論爲不然也。○俞樾曰：「不然」二字當在「今」字之下，「今不然」三字爲句。上文云「今不然，人之性惡」是其例也。今塗之人者，皆內可以知父子之義，外可以知君臣之正，然則其可以知之質，可以能之具，其在塗之人明矣。今使塗之人者以其可以知之質，可以能之具，本夫仁義之可知之理、可能之具，然則其可以爲禹明矣。今使塗之人伏術爲學，專心一志，思索孰察，加日縣久，積善而不息，則通於神明，參於天地矣。伏術，伏膺於術。孰察，精孰而察。加日，累日也。縣久，縣繫以久長。○郝懿行曰：「伏」與「服」，古字通。服者，事也。古書「服事」亦作「伏事」，「服膺」亦作「伏膺」。王念孫曰：術者，道也。（見大傳注、樂記注、魯語、晉語注。）服術，猶言事道。故聖人者，人之所積而致矣。雖性惡，若積習，則可爲聖人。書曰：「惟狂克念作聖。」曰：「聖可積而致，然而皆不可積，何也？」曰：可以而不可使也。可以爲而不可使爲，以其性惡。故小人可以爲君子而不肯爲君子，君子可以爲小人而不肯爲小人。小人、君子者，未嘗不可以相爲也，然而不相爲者，可以而不可使也。故塗之人可以爲禹則然，塗之人能爲禹未必然也。○盧文弨曰：「故塗之人可以爲禹」下，元刻有「未必然也，塗之人可以爲禹」十一字，宋本無。雖不能爲禹，無害可以爲禹。足可以偏行天下，然而未嘗有能偏行天下者也。夫工匠、農、賈，未嘗不可以相爲事也，事，業。然而未嘗能相爲事也。用此觀之，然則可以爲，未必能也；雖不能，無害可以爲。然則能不能之與可不可，其不同遠矣，其不可以相爲明矣。工、賈可以相爲而不能相爲，是可與能不同也。可與能既不同，則終不可以相爲也。此明禹亦性惡，以能積僞爲聖人，非禹性本善也。聖人異於衆者，在化性也。堯問於舜曰：「人情何如？」舜對曰：「人情甚不美，又何問焉？妻子具而孝衰於親，嗜欲得而信衰於友，爵祿盈而忠衰於君。人之情乎！人之情乎！甚不美，又何問焉？」唯賢者爲不然。引此亦以明性之惡。韓侍郎作性原〔一〕曰：「性也者，與生俱生也；情也者，接於物而生也。性之品有三，而其所以爲性五；情之品有三，而其所以爲情七。曰：何也？曰：性之品有上、中、下三。上焉者，善而已矣；中焉者，可道而上下也；下焉者，惡焉而已矣。其所以爲性者五：曰仁，曰禮，曰信，曰義，曰智。上焉者之於五也，主於一而行於四；中焉者之於五也，一不少有焉，則少反焉，其於四也混；下焉者之於五也，反於一而悖於四。性之於情，視其品。情之品有上、中、下三，其所以爲情者七：曰喜，曰怒，曰哀，曰懼，曰愛，曰惡，曰欲。上焉者之於七也，動而處其中；中焉者之於七也，有所甚，有所亡，然而求合其中者也；下焉者之於七也，亡與甚，直情而行者也。情之於性，視其品。孟子之言性曰：『人之性善。』荀子之言性曰：『人之性惡。』揚子之言性曰：『人之性，善惡混。』夫始善而進惡，與始惡而進善，與始也混而今也善惡，皆舉其中而遺其上下者也，得其一而失其二者也。叔魚之生也，其母視之，知其必以賄死。楊食我之生也，叔向之母聞其號也，知必滅其宗。越椒之生

〔一〕「性原」，似當作「原性」。

也，子文以爲大慼，知若敖氏之鬼不食也。人之性果善乎？后稷之生也，其母無災；其始匍匐也，則岐岐然，嶷嶷然。文王之在母也，母不憂；既生也，傅不勤；既學也，師不煩。人之性果惡乎？堯之朱，舜之均，文王之管、蔡，習非不善也，而卒爲姦。瞽叟之舜，鮌之禹，習非不惡也，而卒爲聖。人之性，善惡果混乎？故曰：三子之言性也，舉其中而遺其上下者也，得其一而失其二者也。曰：然則性之上下者，其終不可移乎？曰：上之性，就學而愈明；下之性，畏威而寡罪。是故上者可學而下者可制也，其品則孔子謂『不移』也。曰：今之言性者異於此，何也？曰：今之言者，雜老、佛而言也。雜老、佛而言之也者，奚言而不異？」**有聖人之知者，有士君子之知者，有小人之知者，有役夫之知者：多言則文而類，終日議其所以，言之千舉萬變，其統類一也，是聖人之知也。**文，謂言不鄙陋也。類，謂其統類不乖謬也。雖終日議其所以然，其言千舉萬變，終始條貫如一，是聖人之知也。**少言則徑而省，論而法，若佚之以繩，是士君子之知也。**徑，易也。省，謂辭寡。論而法，謂論議皆有法，不放縱也。「論」或爲「倫」。佚，猶引也。佚以繩，言其直也。聖人經營事廣，故曰「多言」；君子止恭其所守，故曰「少言」也。○郝懿行曰：徑者，直也。論，猶倫也。古「論」「倫」字亦通。佚者，隱也。言若闇合於繩墨，不邪曲也。楊注非。俞樾曰：楊注「佚，猶引也」，然佚無引義，恐不可從。佚，當讀爲秩。秩之言次也、序也。僖三十一年公羊傳「天子秩而祭之」，何休注曰：「秩者，隨其大小、尊卑、高下所宜。」故字亦通作「程」。尚書堯典「平秩東作」、「平秩南訛」、「平秩西成」，史記五帝本紀「秩」皆作「程」。

段玉裁以説文「戴」「趩」字皆讀若詩「秩秩大猷」爲證。是程與秩，聲義俱相近。秩之以繩，猶程之以繩也。致仕篇曰「程者，物之準也」是其義也。**其言也謟，其行也悖，其舉事多悔，是小人之知也。**言謟、行悖，謂言行相違也。○盧文弨曰：宋本「謟」作「諂」，「悔」作「侮」，今從元刻。俞樾曰：「多悔」義不可通，盧從元刻作「悔」，是也。詩生民篇「庶無罪悔」，鄭箋曰：「無有罪過。」是過謂之悔也。襄二十九年公羊傳「尚速有悔於予身」，何休解詁曰：「悔，咎。」是咎謂之悔也。多悔，猶云「多過」「多咎」耳。其本字當作「痗」，「悔」乃叚借字。詩十月之交篇「亦孔之痗」，釋文曰：「痗，本作悔。」**齊給、便敏而無類，雜能、旁魄而無用，**齊，疾也。給，謂應之速，如供給者也。便，謂輕巧。敏，速也。無類，首尾乖戾。雜能，多異術也。旁魄，廣博也。無用，不應於用。便，匹延反。魄音薄。○盧文弨曰：「無用」，宋本、元刻俱作「毋用」，注同。郝懿行曰：類者，善也。「旁魄」即「旁薄」，皆謂大也。**析速、粹孰而不急，**析，謂析辭，若「堅白」之論者也。速，謂發辭捷速。粹孰，所著論甚精孰也。不急，言不急於用也。○謝本從盧校「析」作「折」，注同。郝懿行曰：折速者，言轉折疾速也。粹與萃同，聚也。萃孰，言論薈萃而練孰也。此皆以言語爭勝，故下遂云：「不恤是非，不論曲直，以期勝人爲意，是役夫之知也。」王念孫曰：吕、錢本皆作「析速」。案楊注云「析，謂析辭，（今本注文亦譌作「折」。案析辭見解蔽、正名二篇。）若『堅白』之論者也」，則本作「析」明矣。盧從元刻作「折」，非。先謙案：王説是，今從吕、錢本並注文改正。郝説非。**不恤是非，不論曲直，以期勝人爲意，是役夫之知也。**期於必勝人，惠施之論也。徒自勞苦爭勝而不知禮義，故曰「役夫之知也」。**有上勇者，有中勇者，有下勇者：天下有中，敢直其身；**中，謂中道。敢，果決也。直其身，謂中立而不倚，無回邪也。**先王有道，敢行其意；**言不疑也。**上不循於亂世之君，下不俗於亂世之民；**循，順從也。俗，謂從其俗也。○俞樾曰：楊注以從其俗爲俗，義不可通。「俗」乃「鉛」字之誤。荀子書屢用「鉛」字。榮辱篇曰「鉛之重之」，又曰「反鉛察之而俞可好也」，禮論篇曰「則必反鉛過故鄉」，注竝曰：「鉛與沿同，循也。」是鉛、循同誼。「上不循於亂世之君，下不鉛於亂世之民」，兩句一律。「鉛」「俗」字形相似，傳寫者因而致誤耳。先謙案：王念孫云「不俗，不習也」，說見榮辱篇。王不改字，義較長。俞說亦通。**仁之所在無貧窮，仁之所亡無富貴；**唯仁所在，謂富貴。禮記曰：「不祈多積多文以爲富也。」○盧文弨曰：案此言仁之所在，雖貧窮甘之；仁之所亡，雖富貴去之。注非。王念孫曰：此汪中說也，見丙申校本。**天下知之，則欲與天下同苦樂之；**得權位則與天下之人同休戚。「苦」，或爲「共」也。○王念孫曰：作「共」者是也。此本作「欲與天下共樂之」。上言「仁之所在無貧窮，仁之所亡無富貴」，則此言「與天下共樂之」者，謂共樂此仁也，「樂」上不當有「苦」字。今本作「同苦樂之」者，「共樂」誤爲「苦樂」，後人又於「苦樂」上加「同」字耳。楊云「與天下同休戚」，此望文生義而爲之說耳。太平御覽人事部七十六引作「欲與天下共樂之」，無「同」字，則宋初本尚有不誤者。**天下不知之，則傀然獨立天地之閒而不畏：是上勇也。**傀，傀偉，大貌也，公回反。或曰：傀與塊同，獨居之貌也。○王念孫曰：後說是也。君道篇云：「塊然獨坐。」**禮恭而意儉，大齊信焉而輕貨財，**大，重也。齊信，謂整齊於信也。○王念孫曰：爾雅：「齊，中也。」言大中信而輕貨財也。康王之誥〔一〕「底至齊信」，傳以「齊信」爲「中信」，是其證。「齊信」與「貨財」對文。非十二子篇「大儉約而僈差等」，與此文同一例，則齊信非「整齊於信」之謂。**賢者敢推而尚之，不肖者敢援而廢之，是中勇也。**尚，上也。援，牽引也。**輕身而重貨，恬禍而廣解，**恬，安也。謂安於禍難也。而廣自解說，言以辭勝人也。解，佳買反。**苟免，不恤是非、然不然之情，以期勝人爲意，是下勇也。**○盧文弨曰：「苟免」上當脱三字，以上二句例之自明。王念孫曰：此亦汪氏中說也。汪又云：「『苟免』，或是注文混入。」先謙案：「不然」，「然」字衍，說見儒效篇。**繁弱、鉅黍，古之良弓也，**繁弱，封父之弓。左傳曰：「封父之繁弱。」鉅與拒同。「黍」當爲「來」。史記蘇秦說韓王曰「谿子、少府時力、距來」，司馬貞云：「言弓弩執勁，足以拒於來敵也。」○郝懿行曰：性惡篇末自「繁弱、鉅黍」以下，皆言身有美質，亦須師友漸靡而成，然則性質本惡，必資師友切劘而善，其意自明矣。然亦可知性善、性惡皆執一偏而言，若就渾全而論，自當善惡竝存。所以孔子語性，惟言「相近」，可知善惡存焉爾；又言「相遠」，可知善惡分焉爾。故曰「羣言淆亂衷諸聖」也。王念孫曰：案作「鉅黍」者是，說見史記

〔一〕「康王之誥」，原本作「顧命」，據尚書改。

蘇秦傳。**然而不得排檄則不能自正。**排檄，輔正弓弩之器。檄，巨京反。**桓公之葱，大公之闕，文王之禄，莊君之曶，闔閭之干將、莫邪、鉅闕、辟閭，此皆古之良劍也，**葱、闕、録、曶，齊桓公、齊太公、周文王、楚莊王之劍名，皆未詳所出。葱，青色也，録與緑同，二劍以色爲名。曹植七啓説劍云「雕以翠緑」，亦其類也。曶，劍光采慌忽難視，以形爲名也。闕，未詳。或曰：闕，缺也。劍至利則喜缺，因以爲名，鉅闕亦是也。干將、莫邪、巨闕，皆吴王闔閭劍名。辟閭，未詳。新序閭丘卬謂齊宣王曰：「辟閭、巨闕，天下之良劍也。」或曰：辟閭，即湛盧也。閭、盧聲相近。盧，黑色也。湛盧，言湛然如水而黑也。又張景陽七發〔一〕説劍曰「舒辟不常〔二〕」，李善云：「辟，卷也。言神劍柔，可卷而懷之，舒則可用。」辟閭或此義歟？○盧文弨曰：「曶」，舊本作「⿱勿月」，訛，今改正，注同。**然而不加砥厲則不能利，不得人力則不能斷。驊騮、騹、驥、纖離、緑耳，此皆古之良馬也，**皆周穆王八駿名。騹讀爲騏，謂青驪，文如博棊。列子作「赤驥」，與此不同。纖離，即列子「盜驪」也。○王念孫曰：「騏驥」之爲「騹驥」，猶「耄期」之爲「耄勤」也。（凡之部之字，或與諄部相轉，説見致士篇「隱忌」下。）楊云「騹讀爲騏」是也，而云「謂青驪，文如博棊」則非。**然而前必有銜轡之制，後有鞭策之威，**○王念孫曰：「前必有」本作「必前有」。

〔一〕七發乃枚乘作，此當爲「七命」。

〔二〕「舒辟不常」，七命作「舒辟無方」，未見李善注。

「前有」「後有」皆承「必」字而言，若作「前必有」，則與下句不貫矣。羣書治要及初學記人部中、太平御覽人事部四十五竝引作「必前有」。加之以造父之馭，然後一日而致千里也。夫人雖有性質美而心辯知，必將求賢師而事之，擇良友而友之。得賢師而事之，則所聞者堯、舜、禹、湯之道也；得良友而友之，則所見者忠信敬讓之行也。身日進於仁義而不自知也者，靡使然也。靡，謂相順從也。或曰：靡，磨切也。今與不善人處，則所聞者欺誣詐僞也，所見者汙漫、淫邪、貪利之行也，汙，穢行也。漫，誕漫欺誑也。莊子北人無擇曰「舜以其辱行漫我」也。身且加於刑戮而不自知者，靡使然也。傳曰：「不知其子視其友，不知其君視其左右。」靡而已矣，靡而已矣。

君子篇第二十四

凡篇名多用初發之語名之，此篇皆論人君之事，即「君子」當爲「天子」，恐傳寫誤也。舊第三十一，今升在上。

天子無妻，告人無匹也。告，言也。妻者，齊也。天子尊無與二，故無匹也。四海之內無客禮，告無適也。適，讀爲敵。禮記曰：「天子無客禮，莫敢爲主焉。」君適其臣，升自阼階，不敢有其室也。」足能行，待相者然後進；口能言，待官人然後詔。官人，掌喉舌之官也。不視而見，不聽而聰，不言而信，不慮而知，不動而功，告至備也。盡委於羣下，故能至備也。天子也者，執至重，形至佚，心至愈，愈，讀爲愉。志無所詘，形無所勞，尊無上矣。詩曰：「普天之下，莫非王土；率土之濱，莫非王臣。」此之謂也。詩，小雅北山之篇。率，循也。濱，涯也。聖王在上，分義行乎下，則士大夫無流淫之行，○先謙案：羣書治要「流」作「沈」，二字通用，説見勸學篇。百吏官人無怠慢之事，衆庶百姓無姦怪之俗，無盜賊之罪，莫敢〔一〕犯大上之禁。大，讀爲太。太上，至尊之號。○俞樾曰：楊説非也。此當作「莫敢犯上之大禁」，傳寫倒之耳。下文云「皆知夫犯上之禁不可以爲安也」，不言「犯太上之禁」，可知此文之誤矣。先謙案：羣書治要正作「莫敢犯上之禁」，無「大」字。天下曉然皆知夫盜竊之人不可以爲富也，皆知夫賊害之人不可以爲壽也，○王念孫曰：「盜竊之」、「賊害之」下，皆本無「人」字，後人加兩「人」字，而以「盜竊之人」、「賊害之人」與「犯上之禁」對文，謬矣。盜竊不可以爲富，賊害不可以爲壽，皆指其事而言，非指其人而言，不得加入兩「人」字也。羣書治要無「人」字。先謙案：壽，謂年命短長。人自賊害者，非其壽命本如此也。皆知夫犯上之禁不可以爲安也。由其道，則人得其所好焉；不由其道，則必遇其所惡焉；道，謂政令。是故刑罰綦省而威行如流。世曉然皆知夫爲姦則雖隱竄逃亡之由不足

〔一〕「敢」，原本作「取」，形近而誤，據注文改。

以免也，故莫不服罪而請。自請刑戮。○謝本從盧校「世」上有「治」字。盧文弨曰：「治世」，元刻無「治」字。由，猶通。「故莫不」，宋本無「故」字。王念孫曰：無「治」字者是也。世曉然，猶上文言「天下曉然」，則「世」上不當有「治」字。自「聖王在上」以下至此，皆治世之事，則無庸更言「治世」，「治」字卽上「流」字之誤而衍者。宋錢佃校本亦云：「諸本無治字。」俞樾曰：請，當讀爲情。成相篇「明其請」，注曰：「請，當爲情。」禮論篇「情文俱盡」，史記禮書「情」作「請」，徐廣曰：「古情字或叚借作請。」是其證也。情，實也。莫不服罪而情，猶莫不服罪而實也。言服罪而不敢虛誕也。論語所謂「則民莫敢不用情」也。楊注以本字釋之，誤矣。成相篇曰「下不欺上，皆以情言明若日」，卽此「情」字之義。先謙案：王說無「治」字，是也。今從諸本刪正。書曰：「凡人自得罪。」此之謂也。言人人自得其罪，不敢隱也。與今康誥義不同，或斷章取義與？故刑當罪則威，不當罪則侮；爵當賢則貴，不當賢則賤。不當則爲下所侮賤。古者刑不過罪，爵不踰德，故殺其父而臣其子，殺其兄而臣其弟。言當罪而用賢，歸於至公也。謂若殛鮌興禹，殺管叔、封康叔之比也。刑罰不怒罪，爵賞不踰德，○郝懿行曰：怒，蓋盈溢之意，與踰義近。楊氏無注，或以恚怒爲說，則非。王念孫曰：怒、踰，皆過也。（淮南主術篇注：「踰猶過也。」）方言曰：「凡人語而過，東齊謂之䚷。」又曰：「䚷，猶怒也。」是「怒」卽「過」也。上言「刑不過罪」，此言「刑罰不怒罪」，其義一而已矣。分然各以其誠通。善惡分然，其忠誠皆得通達，無屈滯。○先謙案：分然，又説見儒效篇。**是以爲善者勸，爲不善者沮，刑罰綦省而威行如流，政令致明而化易如神。**○俞樾曰：易，當讀爲施。詩皇矣篇「施于孫子」，鄭箋曰：「施，猶易也。」故「施」「易」二字古通用。何人斯篇「我心易也」，釋文曰：「易，韓詩作施。」是其證也。化易如神者，化施如神也，正與上句「威行如流」一律。**傳曰：「一人有慶，兆民賴之。」此之謂也。**尚書甫刑之辭。**亂世則不然：刑罰怒罪，爵賞踰德，以族論罪，以世舉賢。**泰誓所謂「罪人以族，官人以世」。公羊亦云：「尹氏卒，曷爲貶？譏世卿也。」**故一人有罪而三族皆夷，德雖如舜，不免刑均，是以族論罪也。**三族，父、母、妻族也。夷，滅也。均，同也。謂同被其刑也。○盧文弨曰：案士昏禮記「惟是三族之不虞」，鄭注：「三族，謂父昆弟、己昆弟、子昆弟也。」又注周禮小宗伯、禮記仲尼燕居，皆云：「三族，父、子、孫。」**先祖當賢，後子孫必顯，行雖如桀、紂，列從必尊，此以世舉賢也。**當賢，謂身當賢人之號也。列從，謂行列相從。「當」，或爲「嘗」也。○王念孫曰：元刻無「後」字，羣書治要同。案「先祖當賢」，即「先祖嘗賢」，作「當」者，借字耳。正名篇曰「嘗試深觀其隱而難察者」，性惡篇曰「當試去君上之勢」，「當試」即「嘗試」也。楊謂「身當賢人之號」，失之。古多以「當」爲「嘗」，説見墨子天志下篇注。**以族論罪，以世舉賢，雖欲無亂，得乎哉！詩曰：「百川沸騰，山冢崒崩；高岸爲谷，深谷爲陵。哀今之人，胡憯莫懲！」此之謂也。**詩，小雅十月之交之篇。毛云：「沸，出也。

騰，乘也。山頂曰冢。崒者，崔嵬。『高岸爲谷，深谷爲陵』，言易位也。」鄭云：「憯，曾也。懲，止也。變異如此，禍亂方至，哀哉！今在位之人，何曾無以道德止之！」論法聖王，則知所貴矣；論議法，效聖王。以義制事，則知所利矣。以義制事則利博。論知所貴，則知所養矣；事知所利，則動知所出矣。養，謂自奉養。所出，謂所從也。○陳奂曰：案養，取也。知所養，知所取法也。周頌毛傳云：「養，取也。」是養有取義。注「養，謂自奉養」，失之。俞樾曰：四句相對成文，下句不應多「動」字。注亦不及「動」字之誼，則「動」字衍文也。二者，是非之本、得失之原也。故成王之於周公也，無所往而不聽，知所貴也。桓公之於管仲也，國事無所往而不用，知所利也。吴有伍子胥而不能用，國至於亡，倍道失賢也。故尊聖者王，貴賢者霸，敬賢者存，慢賢者亡，古今一也。故尚賢使能，等貴賤，分親疏，序長幼，此先王之道也。故尚賢、使能，則主尊下安；貴賤有等，則令行而不流；流，邪移也。各知其分，故無違令。○王念孫曰：流，讀爲畱。各安其分，則上令而下從，故令行而不留也。君道篇曰「兼聽齊明而百事不畱」是也。羣書治要正作「令行而不畱」，作「流」者，借字耳。（繫辭傳「旁行而不流」，釋文：「流，京作留。」荀子王制篇「無有滯畱」，韓詩外傳作「無有流滯」。）楊以流爲邪移，失之。親疏有分，則施行而不悖，施，謂恩惠。親疏有分，則恩惠各親其親，故不乖悖。施，式豉反。分，扶問反。長幼有序，則事業捷成而有所休。捷，速也。長幼各任其力，故事業速成，而亦有所休息之時也。○郝懿行曰：捷者，接也。夫少長有禮，晉人知其可用；洙、泗無斷，魯俗覘其尤美。故知長幼循其序，而後事業有所歸。捷與接同。言相接續而成，故人得休息也。捷不訓速，楊注恐非。**故仁者，仁此者也；**仁，謂愛說也。此，謂尚賢、使能、等貴賤、分親疏、序長幼五者也。愛說此五者，則爲仁也。**義者，分此者也；**分別此五者，使合宜，則爲義也。**節者，死生此者也；**能爲此五者死生，則爲名節也。**忠者，惇慎此者也。**慎，讀如順。人臣能厚順此五者，則爲忠也。○郝懿行曰：慎者，誠也。言能惇厚誠信於此五者，謂之忠也。（說見不苟篇。）俞樾曰：「厚」與「順」誼不倫，楊說非是。「敦慎」，當作「敦慕」。儒效篇曰「敦慕焉，君子也」，王氏引之云：「敦、慕，皆勉也。」爾雅曰：「敦，勉也。」又曰：「慔慔，勉也。」釋文：「慔，亦作慕。」是敦、慕並爲勉。此文疑本作「忠者敦慔此者也」，「敦慔」與「敦慕」，文異而義同，言人臣能勉此則爲忠也。說文心部：「慔，勉也。」是「慔」其本字，「慕」其叚字。此用本字作「慔」，因譌爲「慎」矣。先謙案：羣書治要「惇慎」下有「於」字。**兼此而能之，備矣。**兼此仁、義、忠、節而能之，則爲德備也。**備而不矜，一自善也，謂之聖。**一，皆也。德備而不矜伐於人，皆所以自善，則謂之聖人。夫衆人之心，有一善則揚揚如也。聖人包容萬物，與天地同功，何所矜伐爲也？○郝懿行曰：上言兼此仁、義、忠、節而能之，備矣，德備而不矜伐於人，一一自然盡善，非聖人不能也。先謙案：楊注未順。郝說增文成義，卽言「備」，又言「一一盡善」，於文爲複矣。自，猶己也。德備而不以己之一善自矜，非聖人不能也。**不矜矣，夫故天下不與争能而致善用其功。**不矜而推衆力，故天下不敢争能，而極善用於衆功。矜則有敵，故不尊也。**有而不有也，夫故爲天下貴矣。**有能而不自有。**詩曰：「淑人君子，其儀不忒。其儀不忒，正是四國。」此之謂也。**詩，曹風尸鳩之篇。言善人君子，其儀不忒，故能正四方之國。以喻正身待物則四國皆化，恃才矜能則所得者小也。

荀子卷第十八

成相篇第二十五

以初發語名篇，雜論君臣治亂之事，以自見其意，故下云「託於成相以喻意」。漢書藝文志謂之成相雜辭，蓋亦賦之流也。或曰：成功在相，故作成相三章。舊第八，今以是荀卿雜語，故降在下。○盧文弨曰：成相之義，非謂「成功在相」也，篇内但以國君之愚闇爲戒耳。禮記「治亂以相」，相乃樂器，所謂舂牘。又古者瞽必有相。審此篇音節，卽後世彈詞之祖。篇首卽稱「如瞽無相何倀倀」，義已明矣。首句「請成相」，言請奏此曲也。漢藝文志「成相雜辭十一篇」，惜不傳，大約託於瞽矇諷誦之詞，亦古詩之流也。逸周書周祝解亦此體。王引之曰：楊、盧二説皆非也。楊謂「漢書藝文志謂之成相雜辭」，案志所載成相雜辭在漢人雜賦之末，非謂荀子之成相篇也。楊又云「成功在相」，稍爲近之，然亦非荀子所謂「成相」也。盧以相爲樂器之舂牘，斯爲謬矣。以相爲樂器，則「成相」二字義不可通，且樂器多矣，何獨舉舂牘言之乎？

若篇首稱「如瞽無相」，乃指相瞽之人而言，非樂器，亦非樂曲也。竊謂相者，治也。（昭九年左傳「楚所相也」，二十五年傳「相其室」，杜注竝曰：「相，治也。」小爾雅同。）成相者，成此治也。成相者，請言成治之方也。自「世之殃」以下，乃先言今之不治，然後言成治之方也。（下文「請布基」、「請牧基」，皆言成治之方也，與「請成相」同義。）下文云「凡成相，辨法方」，又云「請成相，道聖王」，又云「請成相，言治方」，是「成相」卽「成治」也。（又云「治之經，禮與刑」、「治之志，後勢富」、「治之道，美不老」。）後言「託於成相以喻意」者，成相爲此篇之總名，謂託此一篇之詞以喻意，非謂託於矇瞽諷誦之詞也。俞樾曰：盧說是也。惟引「治亂以相」及「瞽必有相」以釋「相」字，則皆失之。樂器多矣，何獨舉春牘爲言？既以爲樂器，又以爲瞽必有相，義又兩歧矣。此「相」字，卽「春不相」之相。禮記曲禮篇「鄰有喪，春不相」，鄭注曰：「相，謂送杵聲。」蓋古人於勞役之事，必爲歌謳以相勸勉，亦舉大木者呼邪許之比，其樂曲卽謂之相。請成相者，請成此曲也。漢志有成相襍辭，足徵古有此體。王氏必以盧說爲謬，何也？先謙案：俞說近是。

王以成相爲成治，於漢書之成相襍辭及本篇云「託於成相以喻意」義未洽。郝氏讀相爲平聲，尤非。

請成相，請言成相之辭。**世之殃，愚闇愚闇墮賢良。**世之殃，由於愚闇，此愚闇以重墮賢良也。墮，許規反。○盧文弨曰：案「愚闇」重言之者，卽下文「愚以重愚，闇以重闇」之意。注似尚有脱誤。又「墮」字卽「隓」字之俗。説文於「隓」下作「許規切」，下有「𡐦」，注爲「篆文」。又載「陊」字注「今俗作墮，徒果切」，則此字當從徒果切。廣韻亦然。且繹尚書「元首叢脞」之韻可見。王念孫曰：大戴記曾子制言篇「是以惑闇惑闇終其世而已矣」，亦重言「惑闇」。**人主無賢，如瞽無相何倀倀！**倀倀，無所往貌。相，息亮反。倀，丑羊反。**請布基，慎聖人，**慎，讀爲順。請説陳布基業，在乎順聖人也。○郝懿行曰：基者，設也。慎者，誠也。言請布陳設施，必在誠用聖人也。詩云「考慎其相」，慎訓誠，相訓質也。「誠」與「成」，古字通。是卽成相名篇，篇中「相」字，俱讀平聲。釋言云：「基，設也。」篇内皆同。注云「基業」，失之。顧千里曰：「人」字，疑當有誤，不入韻。本篇「人」字，下文兩見：一、「平」「傾」「人」「天」韻，一、「精」「榮」「成」「人」韻。此上韻「基」，下韻「治」「災」，互爲歧異，非原文耳。俞樾曰：「人」字不入韻，疑當作「慎聽之」。聖與聽，音近而譌。尚書無逸篇「此厥不聽」，漢石經作「不聖」；秦泰山碑「皇帝躬聽」，史記作「躬聖」，竝其證也。「聽」譌作「聖」，則「聖之」二字不成義，後人因改爲「聖人」矣。請布基，慎聽之，欲人慎聽其言，下文云「請牧基，賢者思」，欲賢者思其言，義正同也。「慎聽之」三字，本禮記仲尼燕居篇。**愚而自專事不治。主忌苟勝，羣臣莫諫必逢災。**主既猜忌，又苟欲勝人也。**論臣過，反其施，**言論人臣之過，在乎不行施惠。施，式豉反。○先謙案：言論人臣之過，當反其所施行，卽下所云「拒諫飾非，愚而上同」也。楊以施爲施惠，非。**尊主安國尚賢義。**○郝懿行曰：施，古讀如莎。義，古讀如俄。此皆古韻，餘可類推。俞樾曰：義，讀爲儀。儀亦賢也。尚書大誥篇「民獻有十夫」，枚傳訓獻爲賢，大傳作「民儀有十夫」。廣雅釋言曰：「儀，賢也。」尚賢儀，言崇尚賢者也。作「義」者，古字通用。**拒諫飾非，愚而上同國必禍。**所以尊主安國，在崇尚賢義。若拒諫飾非，以愚闇之性苟合於上，則必禍也。**曷謂罷？國多私，**假設問答以明其義。罷，讀曰疲，謂弱不任事者也。所以弱者，由於多私。國語曰「罷士無伍」，韋昭曰：「罷，病也。無行曰病。」**比周還主黨與施。**還，繞。○王念孫曰：還，讀爲營。比周營主，謂朋黨比周以營惑其主也。施，張也。楊訓還爲繞，失之，說見君道篇「不還秩」下。**遠賢近讒，忠臣蔽塞主埶移。**

曷謂賢？明君臣，明君臣之道則爲賢。**上能尊主愛下民。**○王念孫曰：「愛下民」，當作「下愛民」，與「上能尊主」對文。不苟、臣道二篇竝云「上則能尊君，下則能愛民」，是其證。**主誠聽之，天下爲一海內賓。主之孽，讒人達，賢能遁逃國乃蹷。**孽，災也。蹷，顛覆也。**愚以重愚、闇以重闇成爲桀。**久而愚闇愈甚，遂至於桀也。**世之災，妬賢能，飛廉知政任惡**

來。惡來，飛廉之子，秦之先也。史記曰「惡來有力，飛廉善走，父子俱以材力事紂」也。**卑其志意，大其園囿高其臺。**卑其志意，言無遠慮，不慕往古。○盧文弨曰：「臺」下，宋本有「榭」字，元刻無。以韻讀之，元刻是也，今從之。郝懿行曰：能，讀如泥；來，讀如黎；臺，讀如題，皆古韻。**武王怒師牧野，紂卒易鄉啓乃下。**易鄉，回面也。謂前徒倒戈攻于後。啓，微子名。下，降也。鄉，讀爲向。**武王善之，封之於宋立其祖。**立其祖，使祭祀不絕也。左傳曰：「宋祖帝乙。」○俞樾曰：楊注未得「祖」字之義。説文示部：「祖，始廟也。」蓋祖之本義爲廟。故尚書甘誓曰「用命賞于祖，弗用命戮于社」，考工記匠人曰「左祖右社」，竝以「祖」「社」對文，猶言「廟」「社」也。鄭康成注考工記曰「祖，宗廟」，得其義矣。封之於宋立其祖，言封之於宋而立其宗廟也。今人但知有爾雅「祖，王父也」之訓，而説文「祖，始廟也」之訓遂爲所奪，古誼之湮久矣。**世之衰，讒人歸，比干見刳箕子累。**累，讀爲縲。書曰：「釋箕子之囚。」**武王誅之，呂尚招麾殷民懷。**招麾，指揮也。**世之禍，惡賢士，子胥見殺百里徙。**子胥，吳大夫伍員字也，爲夫差所殺。百里奚，虞公之臣。徙，遷也。謀不見用，虞滅係虜，遷徙於秦。**穆公任之，强配五伯六卿施。**穆公，秦穆公任好也。伯，讀曰霸。六卿，天子之制。春秋時，大國亦僭置六卿。六卿施，言施六卿也。**世之愚，惡大儒，逆斥不通孔子拘。**逆拒斥逐大儒，不使通也。拘，謂畏匡戹陳也。**展禽三絀，春申道綴基畢輸。**展禽，魯大夫無駭之後，名獲，字子禽，謚曰惠，居於柳下。

三絀，爲士師，三見絀也。春申，楚相黄歇，封爲春申君。綴，止也，與輟同。畢，盡也。輸，傾委也。言春申爲李園所殺，其儒術、政治、道德、基業盡傾覆委地也。○盧文弨曰：此「春申」句有誤，必非指黄歇，注非。郝懿行曰：此荀卿自道。荀本受知春申，爲蘭陵令，葢將借以行道，迨春申亡而道亦連綴俱亡，基亦輸矣。輸者，墮也。言己布陳設施畢墮壞也。王念孫曰：楊説「輸」字之義甚迂。輸者，墮也。言基業盡墮壞也。公羊春秋隱六年「鄭人來輸平」，傳曰：「輸平者何？輸平，猶墮成也。何言乎墮成？敗其成也。」穀梁傳亦曰：「輸者，墮也。」小雅正月篇「載輸爾載」，鄭箋曰：「輸，墮也。」盧説本汪氏，見丙申校本。先謙案：注「三絀」下，宋台州本有「謂」字。**請牧基，賢者思，**牧，治。**堯在萬世如見之。讒人罔極，險陂傾側此之疑。**陂與詖同。言當疑此讒人傾險也。○王念孫曰：疑，恐也，畏也。（既濟象傳：「終日戒，有所疑也。」襍記「五十不致毁，六十不毁，七十飲酒食肉，皆爲疑死」，鄭注：「疑，猶恐也。」宥坐篇「其赴百仞之谷不懼」，大戴記勸學篇「懼」作「疑」。）此之疑，此是畏也。言此險陂傾側之讒人甚可畏也。皋陶謨曰「何畏乎巧言令色孔壬」是也。楊未喻「疑」字之義。俞樾曰：爾雅釋言：「疑，戾也。」郭注曰：「戾，止也。疑者亦止。」儀禮鄉射禮「賓升西階上疑立」，鄭注曰：「疑，止也。」是疑有止義。其字葢「𠤕」之叚借。説文七部：「𠤕，定也。」定，故爲止。今説文譌作「未定」，而疑之訓止，遂不可曉矣。讒人罔極，險陂傾側此之疑，承上文「堯在萬世如見之」而言。此之疑者，此之止也。言堯明見萬世，雖險陂傾側之徒，莫不由此而止也。楊注「言當疑此讒人陂險」，則與上意不貫矣。

基必施，辨賢、罷，罷，讀曰疲。○王念孫曰：施，張也。言必欲張大其基業，當先辨賢、罷也。下文曰「道古賢聖基必張」，上文曰「請布基」，布與張亦同義。文、武之道同伏戲。文、武，周文王、武王。伏戲，古三皇太昊氏，始畫八卦、造書契者。戲與羲同。由之者治，不由者亂何疑爲？○郝懿行曰：爲，古讀如譌〔一〕，與「施」「罷」「戲」皆韻。凡成相，辨法方，至治之極復後王。後王，當時之王。言欲爲至治，在歸復後王。謂隨時設教，必〔二〕拘於古法。○先謙案：浙局本注「法」爲「大」字，依各本改。復慎、墨、季、惠，百家之説誠不詳。慎到、墨翟、惠施。或曰：季，即莊子曰「季真之莫爲」者也。又曰「季子聞而笑之」。據此，則是梁惠王、犀首、惠施同時人也。韓侍郎云：「或曰季梁也。」列子曰：「季梁，楊朱之友。」言四子及百家好爲異説，故不用心詳明之。「詳」，或爲「祥」。○王念孫曰：「祥」「詳」，古字通。不祥，不善也。楊説失之。治復一，脩之吉，君子執之心如結。言堅固不解也。衆人貳之，讒夫棄之形是詰。衆人則不能復一，讒夫則兼棄之，但詰問治之形狀。言侮慢也。或曰：「形」當爲「刑」。無德化，唯刑戮是詰。言苛暴也。○郝懿行曰：「形」與「刑」，古字通。詰者，治也。書云：「度作刑以詰四方。」水

〔一〕「譌」屬歌韻，似當作「僞」。
〔二〕「必」，似當作「不」。或「必」上脱「不」字。

至平，端不傾，心術如此象聖人。聖人心平如水。而有埶，直而用抴必參天。「而有埶」之上，疑脱一字。言既得權埶，則度己以繩，接人用抴，功業必參天也。○郝懿行曰：「而有埶」句之上，疑脱「人」字，葢與「聖人」「人」字相涉而誤脱也。此以「平」「傾」「人」「天」相韻，古讀平如偏也。世無王，窮賢良，無王者興，賢良窮困。暴人芻豢仁人糟糠。○郝懿行曰：二句當爲七字一句。王引之曰：下「人」字涉上「人」字而衍。上已言「暴人」，則下「人」字可蒙上而省。此篇之例，兩三字句下皆用七字句，以是明之。禮樂滅息，聖人隱伏墨術行。治之經，禮與刑，君子以修百姓寧。明德愼罰，國家既治四海平。治之志，後埶富，爲治之意，後權埶與富者，則公道行而貨賂息也。君子誠之好以待。君子必誠此意，好以待用。處之敦固，有深藏之能遠思。敦，厚也。有，讀爲又。既處之厚固，又能深藏遠慮。思乃精，志之榮，好而壹之神以成。好而不二，則通於神明也。精神相反，一而不貳爲聖人。相反，謂反覆不離散也。○王引之曰：「反」，當爲「及」，字之誤也。精神相及，故一而不貳。楊説失之。治之道，美不老，老，休息也。莊子曰：「佚我以老。」爲治當日新，爲美無休息也。君子由之佼以好。佼，亦好也，音絞。下以教誨子弟，上以事祖考。接下以仁，事親以孝也。成相竭辭不蹷，竭，盡也。論成相之事，雖終篇，無顛蹷之辭。蹷音厥。君子道之順以達。道，言説也。辭既不蹷，君子言之必弘順而通達。○王念孫曰：道，行也。言君子能行此言，則順以達也。楊說失之。**宗其賢良，辨其殃孽。**君子尋成相之辭，必能宗其賢良以致治，辨其殃孽之爲害也。○顧千里曰：此句以前後例之，應十一字，今存八字，疑尚少三字，無可補也。（下文「道古賢聖基必張」亦應十一字，今存七字，尚少四字。）又下文「託於成相以喻意」，案此句例之，應十一字，亦疑尚少四字。本篇之例，兩三字句、一七字句、一十一字句爲一章，每章凡四句，每句有韻。其十一字句，或上八下三，或上四下七，各見本篇。上八下三者，如「愚以重愚、闇以重闇成爲桀」之屬是也。上四下七者，如「主誠聽之，天下爲一海內賓」之屬是也。唯「下以教誨子弟，上以事祖考」，又「孰（楊注：「孰或爲郭。」）公長父之難，厲王流于彘」兩處，則上六下五，雖變例，正可推知其十一字句矣。盧校語定上四下七爲兩句，言五句爲一章，以前後例之，不合。

請成相，道聖王，道亦言說。前章意未盡，故再論之也。○王念孫曰：道聖王，從聖王也。（古謂從爲道，說見史記淮南衡山傳。）下文「道古賢聖基必張」，義與此同。楊說失之。又案：「道古賢聖基必張」上，當有一四字句，而今本脫之。（此篇之例，兩三字句，一七字句，一四字句，又一七字句，共五句爲一章，今少一四字句。）此指當時之君而言，與上成湯異事，故知有脫文。**堯、舜尚賢身辭讓。許由、善卷，重義輕利行顯明。**莊子曰：「堯讓天下於許由，許由不受。又讓於子州支父，子州支父曰：『予適有幽憂之病，方且治之，未暇治天下也。』」遂不受。「舜讓天下於善卷，善卷不受，遂入深山，不知其處」也。**堯讓賢，以爲民，**爲萬民求明君，所以不私其子。**氾利兼愛德施均。辨治上下，貴賤有等明君臣。堯授能，舜遇時，尚賢推德天下治。**

雖有賢聖，適不遇世孰知之？蓋以自歎。**堯不德，舜不辭，**皆歸至公。**妻以二女任以事。大人哉舜！南面而立萬物備。**委任羣下，無爲而理。**舜授禹，以天下，**舜所以授禹，亦以天下之故也。○王念孫曰：此不言「舜以天下授禹」，而言「舜授禹以天下」者，倒文以合韻耳，（「禹」「下」爲韻。）非有深意也。楊反以過求而失之。**尚得推賢不失序。**「得」，當爲「德」。**外不避仇，内不阿親賢者予。**謂殛鮌興禹，又不私其子。予，讀爲與。○郝懿行曰：予者，相推予也。「予」「與」，古今字。**禹勞心力，堯有德，干戈不用三苗服。**○王引之曰：「力」上本無「心」字，後人以左傳言「君子勞心，小人勞力」，故以意加「心」字耳。不知禹抑洪水，本是勞力於民，故淮南氾論篇、論衡祭意篇竝言「禹勞力天下」，非「小人勞力」之謂也。且此篇之例，凡首二句皆三字，加一「心」字，則與全篇之例不符矣。**舉舜甽畝，任之天下身休息。**甽與畎同。**得后稷，五穀殖，夔爲樂正鳥獸服。**謂「擊石拊石，百獸率舞」、「笙鏞以閒，鳥獸蹌蹌」也。**契爲司徒，民知孝弟尊有德。禹有功，抑下鴻，**抑，遏也。下，謂治水使歸下也。鴻，卽洪水也。書曰「禹，降水警予」也。**辟除民害逐共工。**今尚書舜「流共工于幽州」，此云「禹」，未詳。**北決九河，通十二渚疏三江。**案禹貢道弱、黑、漾、沇、淮、渭、洛七水，又有「濰、淄其道」、「伊、洛、瀍、澗既入于河」數則，不止於十二。此云「十二」者，未詳其説也。○郝懿行曰：共工，蓋主水土之官，禹抑鴻水，故假言逐去之，非實事也。通十二渚，卽肇十二州也。小州曰渚，故假「渚」言之。注皆未了。**禹傅土，平天下，**傅，讀爲敷。孔安國云「洪水泛溢，禹分布治九州之土」也。**躳親爲民行勞苦。**行，讀如字。謂所行之事也。**得益、皋陶、横革、直成爲輔。**横革、直成，未聞。韓侍郎云：「此論益、皋陶之功，横而不順理者革之，直者成之也。」○盧文弨曰：困學紀聞曰：「吕氏春秋：『得陶、化益、真窺、横革、之交五人佐禹，故功績銘乎金石，著於盤盂。』陶即皋陶也，化益即伯益也，真窺即直成也，并横革、之交二人，皆禹輔佐之名。」案「竀」與「成」音同，與「窺」形似，吕氏春秋蓋本作「竀」，傳寫誤爲「窺」耳。「直」與「真」亦形似。吕氏語見求人篇。王念孫曰：盧説是也。「横革、直成爲輔」，此句例當用七字，今本脱一字，或在「爲」上，或在「爲」下，俱未可知。**契玄王，生昭明，**詩曰「天命玄鳥，降而生商」，又曰「玄王桓撥」，皆謂契也。史記曰「契爲堯司徒，封於商，賜姓子氏」，「契卒，子昭明立」也。**居于砥石遷于商。**砥石，地名，未詳所在。或曰：即砥柱也。左氏傳曰：「閼伯居商丘，相土因之。」相土，昭明子也。言契初居砥石，至孫相土，乃遷商丘也。**十有四世，乃有天乙是成湯。**史記曰「契卒，子昭明立。昭明卒，子相土立。相土卒，子昌若立。昌若卒，子曹圉立。曹圉卒，子冥立」，爲夏司空，勤其官，死於水，殷人郊之。「冥卒，子振立。振卒，子微立。微卒，子報丁立。報丁卒，子報乙立。報乙卒，子報丙立。報丙卒，子主壬立。主壬卒，子主癸立。主癸卒，子乙立。」是十四世也。**天乙湯，論舉當，身讓卞隨舉牟光。**莊子曰湯讓天下於卞隨、務光二人，不受，皆投水死。牟與務同也。

○俞樾曰：舉，當讀爲與，古「舉」「與」字通。周官師氏職曰「王舉則從」，鄭注曰：「故書舉爲與。」史記呂后紀「蒼天舉直」，徐廣曰：「舉，一作與。」是其證也。此文本云「身讓卞隨與牟光」，作「舉」者，叚字耳。**道古賢聖基必張。**道，説。古之賢聖，基業必張大也。

願陳辭，世亂惡善不此治。不知治此世亂惡善之弊。○王引之曰：「願陳辭」下，脱一三字句。**隱諱疾賢，良由姦詐鮮無災。**隱諱過惡，疾害賢良，長用姦詐，少無災也。○郝懿行曰：「諱疾」二字誤倒，當作「隱疾賢良，諱由姦詐鮮無災」，亦四字、七字句。王念孫曰：「良」，當爲「長」，楊注「長用姦詐」，是其證。今本「長」作「良」者，涉注文「疾害賢良」而誤。（注言「疾害賢良」者，加一「良」字，以申明其義耳。若正文則以「隱諱疾賢」爲句，「長由姦詐鮮無災」爲句，無「良」字。）先謙案：王説是。宋台州本、謝本竝作「由」，浙局本作「用」，蓋臆改。但依注，作「用」爲是，蓋「由」「用」形相似而誤。**患難哉！阪爲先，聖**阪與反同。反先聖之所爲。○盧文弨曰：「患難哉！阪爲先」二句，句三字，「聖知不用愚者謀」七字句，與「辭」「治」「災」「哉」「時」韻。「阪爲先」三字未詳，楊注不得其句。蓋此篇通例，兩三字句，一七字句，一四字句，又一七字句，如此五句爲一章也。郝懿行曰：盧斷「聖知」二字屬下爲句，是也。阪爲先者，阪猶反也，所行反側頗僻爲先。先，古音西，亦與下韻。王念孫曰：「阪爲先」，「先」，疑當作「之」。此言爲治者當進聖知而退愚，今不用聖知而用愚，是反爲之也。楊謂「阪與反同」，是也，但誤以「先聖」連讀耳。「之」字本作「㞢」。説文「先」字從儿、㞢，（儿與人同。）此文「之」字，蓋本從古作「㞢」，寫者誤加

「儿」耳。「㞢」字正與「辭」「治」「災」「哉」「謀」「時」爲韻。**知不用愚者謀。前車已覆，後未知更何覺時！**前車已覆，猶不知戒，更何有覺悟之時也。○盧文弨曰：「前車已覆」四字句。更，改也。**不覺悟，不知苦，迷惑失指易上下。中不上達，蒙揜耳目塞門户。**不能闢四門也。○盧文弨曰：「中」，元刻作「忠」，古通用。俞樾曰：中，讀爲忠。言忠誠之士不能上達也。漢張遷碑「中謇於朝」，魏横海將軍吕君碑「君以中勇」，竝叚「中」爲「忠」。國語周語曰「考中度衷爲忠」，蓋以「中」「衷」「忠」三字義竝通耳。**門户塞，大迷惑，悖亂昏莫不終極。**莫，冥寞，言闇也。不終極，無已時也。**是非反易，比周欺上惡正直。**惡，烏路反，下同。**正直惡，心無度，邪枉辟回失道途。**辟，讀爲僻。**己無郵人，我獨自美豈獨無故！**故，事也。不可尤責於人，自美其身，己豈無事，己亦有事而不知其過也。或曰：下無「獨」字。○盧文弨曰：無「獨」字則與全篇句法合。**不知戒，後必有，恨**恨，悔。○盧文弨曰：「後必有」三字爲句。有，讀曰又，所謂貳過也，古音戒。又「悔」「態」爲韻。王念孫曰：盧説是矣，而未盡也。「恨後遂過」四字，義不相屬。恨與很同。（爾雅：「鬩，恨也。」孫炎本作「很」。）「後」，當爲「復」，字之誤也。（「復」「後」形相近，又因上文「後必有」而誤。）復與愎同。（韓子十過篇「夫知伯之爲人也，好利而鷙愎」，趙策「愎」作「復」，亦通作「覆」。管子五輔篇「下愈覆鷙而不聽從」是也。又通作「蝮」。史記酷吏傳贊「京兆無忌、馮翊殷周蝮鷙」是也。）言很愎不從諫，以遂其過也。莊子漁父篇曰：「見過不更，聞諫愈甚，謂之很。」逸周書謚法篇曰：「愎很遂過曰剌。」**後遂過不肯悔。**不肯悔前之非。**讒夫多進，反覆言語生詐態。**○王念孫曰：態，讀爲「姦慝」之慝。（下「人之態」同。）言言語反覆，則詐慝從此生也。（襄四年左傳：「樹之詐慝，以取其國家。」）以「態」爲「慝」者，古聲不分去、入也。秦策曰「科條既備，民多僞態」，又曰「上畏大后之嚴，下惑姧臣之態」；淮南齊俗篇曰「禮義飾，則生僞態之本」；漢書李尋傳曰「賀良等反道惑衆，姦態當窮竟」：皆借「態」爲「慝」，非「姿態」之態也。**人之態，不如備，**「如」，當爲「知」。言人爲詐態，上不知爲備。**爭寵嫉賢利惡忌。**利在惡忌賢者。○王念孫曰：「利惡忌」三字，義不相屬，楊曲爲之説，非也。「利」，當爲「相」，字之誤也。「相惡忌」，正承「爭寵嫉賢」言之。**妬功毀賢，下斂黨與上蔽匿。**斂，聚也。下聚黨與則上蔽匿也。**上壅蔽，失輔埶，**失輔弼之臣，則埶不在上。**任用讒夫不能制。孰公長父之難，**孰公、長父，皆厲王之嬖臣，未詳其姓名。墨子曰「厲王染於⿰立厲公長父、榮夷終」，「⿰立厲公」與「孰公」不同，未知孰是。或曰：孰公長父，即詩所云「皇父」也。「孰」，或爲「郭」。○盧文弨曰：案古「郭」「虢」字通，郭公長父即呂氏春秋當染篇之虢公長父也，作「郭」字爲是。「之難」二字，當屬下爲七字句。注「⿰立厲公」，宋本從立，元刻從糸，字書皆無攷。墨子所染篇作「厲公」。王念孫曰：「之」者，「是」也。言難厲王者是此人也。楚語云「秦徵衙實難桓、景」，「實難」即「是難」。俞樾曰：「之難厲王流于彘」七字爲句，義終未安。此篇之例，雖以兩三字句、一七字句、一四字句、一七字句爲一節，然古人之文變動不居，如云「治之道，美不老，君子由之佼以好，下以教誨子弟，上以事祖考」，此節詞意明白，無奪文譌字，其弟四句六字，其弟七句五字，豈能以「子弟」二字屬下爲七字句乎？然則此文以「郭公長父之難」六字爲句，「厲王流于彘」五字爲句，於義較安，不必拘泥字數，轉致不通也。先謙案：俞説是。**厲王流于彘。**彘，地名，在河東。左傳晉大夫有彘子。言孰公長父姦邪，遂使難作，厲王流竄于彘。**周幽、厲，所以敗，不聽規諫忠是害。嗟我何人，獨不遇時當亂世！**言自古忠良多有遇害，何獨我哉！自慰勉之辭也。**欲衷對，言不從，**衷，誠也。欲誠意以對時君，恐言不從而遇禍也。○郝懿行曰：「對」字失韻，疑「封」字之形譌。衷封者，言中衣内懷藏封事也。王念孫曰：此篇之例，凡首句必入韻，唯此處「對」字與下文之「從」「凶」「江」不協。「衷對」當爲「剖衷」。言欲剖衷以諫，而無如言之不見聽也。（史記蔡澤傳「披腹心，示情素」，卽「剖衷」之謂。）欲剖衷，言不從，卽上文所謂「中不上達」也。「中」與「衷」，古字同耳。「衷」字正與「從」「凶」「江」爲韻。今本作「欲衷對」者，「剖」誤爲「對」，又誤在「衷」字之下耳。楊説失之。俞樾曰：王氏改「欲衷對」爲「欲剖衷」，此臆説也。「對」字實不誤，但當在「衷」字上。對，讀爲遂。爾雅釋言：「對，遂也。」詩皇矣篇「以對于天下」，江漢篇「對揚王休」，蕩篇「流言以對」，毛傳竝曰：「對，遂也。」又禮記祭義篇「對揚以辟之」，鄭注亦曰：「對，遂也。」蓋對、遂音近，以聲相訓耳。欲對衷者，欲遂衷也。言欲遂其衷忱，而無如言之不從也。今本作「欲衷對」者，因淺人不知「對」之爲「遂」，而疑「對衷」二字無義，因倒其文。楊氏卽據以爲説，曰

「欲誠意以對」，失之矣。先謙案：俞説是。**恐爲子胥身離凶。進諫不聽，剄而獨鹿棄之江。**獨鹿，與屬鏤同。本亦或作「屬鏤」，吴王夫差賜子胥之劍名。屬，之欲反。鏤，力朱反。國語里革曰：「鳥獸成，水蟲孕，水虞於是禁罝、罜麗。」此當是自剄之後，盛以罜麗，棄之江也。賈逵云：「罜麗，小罟也。」○盧文弨曰：案楊云「本或作屬鏤」，則訓劒不可易，「國語」以下，必後人采它説附益之。罝，韋昭云：「當爲罜。」此衍「罝」字，而又訛「罜」作「罣」。宋本亦同，又無「水虞」二字。郝懿行曰：黄縣蓬萊間人，皆以獨鹿爲酒器名。此言「獨鹿」，蓋爲革囊盛尸，所謂鴟夷者也。「獨鹿」與魯語之「罜麗」音義相近，而與屬鏤義遠。若作「剄而屬鏤」，語復不詞。王念孫曰：後人讀獨鹿爲罜麗者，蓋未解「而」字之義故也。其意謂獨鹿果爲劒名，則不當言「剄而獨鹿」，故讀爲罜麗，謂是「既剄之後，盛以罜麗而棄之江也」。今案：而，猶以也。謂剄以獨鹿也。古者「而」與「以」同義。顧命曰「眇眇予末小子，其能而亂四方」，言其能以治四方也。（某氏傳「能如父祖治四方」，非是。）墨子尚賢篇曰「使天下之爲善者可而勸也，爲暴者可而沮也」，言可以勸、可以沮也。呂氏春秋去私篇曰「晉平公問於祁黄羊曰『南陽無令，其誰可而爲之』」，言誰可以爲之也。（高注「而，能也」，非是，辯見呂氏春秋。）「而」與「以」同義，故二字可以互用。同人彖傳曰「文明以健，中正而應」，繫辭傳曰「蓍之德圓而神，卦之德方以知」，宣十五左傳曰「易子而食，析骸以爨」，皆以二字互用。「而」與「以」同義，故又可以通用。繫辭傳「上古結繩而治」，論衡齊世篇引此「而」作「以」。昭元年左傳「櫜甲以見子南」，考工記函人鄭司農注引此「以」作「而」。**觀往事，以**

自戒，治亂是非亦可識。託於成相以喻意。識，如字，亦讀爲志也。○顧千里曰：案此句例之，應十一字，亦疑尚少四字。

請成相，言治方，言爲治之方術。**君論有五約以明。君謹守之，下皆平正國乃昌。**論爲君之道有五，甚簡約明白。謂「臣下職」，一也；「君法明」，二也；「刑稱陳」，三也；「言有節」，四也；「上通利」至「莫敢恣」，五也。**臣下職，莫游食，**游食，謂不勤於事，素飡游手也。**務本節用財無極。事業聽上，莫得相使一民力。**所興事業皆聽於上，羣下不得擅相役使，則民力一也。禮記曰「用民之力，歲不過三日」也。**守其職，足衣食，**民不失職，則衣食足矣。**厚薄有等明爵服。**貴賤有別。**利往卬上，莫得擅與孰私得？**利之所往，皆卬於上，莫得擅爲賜與，則誰敢私得於人乎？擅相賜與，若齊田氏然。卬與仰同，宜亮反。○王引之曰：「往」字文義不順，楊說非也。「往」，當爲「隹」。「隹」，古「唯」字也。（「唯」，或作「惟」「維」。古鐘鼎文「唯」字作「隹」，石鼓文亦然。）言臣民之利，唯仰於上，莫得擅有所與也。凡隸書從彳從亻之字多相亂，故「往」字或作「住」，與「隹」相似而誤。**君法明，論有常，**君法所以明，在言論有常，不二三也。**表儀既設民知方。進退有律，莫得貴賤孰私王？**進人退人，皆以法律，貴賤各以其才，孰有私侫於王乎？**君法儀，禁不爲，**爲君之法儀，在自禁止，不爲惡。○俞樾曰：禁不爲惡，而止曰「禁不爲」，則辭不達，注義非也。「君法儀」之「儀」，當讀爲俄。說文人部：「俄，行頃也。」詩賓之初筵篇「側弁之俄」，鄭箋曰：「俄，頃貌。」廣雅釋詁曰：「俄，衺也。」是俄有頃邪之義。管子書或叚「義」爲之。明法解曰：「雖有大義，主無從知之。故明法曰：『佼衆譽多，外内朋黨，雖有大姦，其蔽主多矣。』」以「大姦」爲「大義」，是其證也。義、儀，古通用，「義」可爲「俄」，故「儀」亦可爲「俄」。「君法儀」，與上文「君法明」相對。上云「君法明，論有常」，此云「君法儀，禁不爲」，言君法明盛則其論有常，君法傾邪則當禁之使不爲也。蓋此皆蒙上文「臣下職」而言，所陳皆臣道也。楊注因上文「君論有五約以明」之句，妄舉五節以當之，而以「君法明」爲其一，所舉又不相連屬，更有它文以閒之，殆不足據也。**莫不説教名不移。**既能正己，則民皆悦上之教，而名器不移也。説讀爲悦。**脩之者榮，離之者辱孰它師？**孰敢以它爲師？言皆歸王道，不敢離貳也。○郝懿行曰：「它師」二字誤倒，當作「師它」，則與「儀」「爲」「移」皆韻矣。**刑稱陳，守其銀，**稱，謂當罪。當罪之法施陳，則各守其分限。稱，尺證反。銀與垠同。○王念孫曰：楊説「稱陳」二字未安。余謂陳者，道也。文登畢氏恬谿説尚書曰：「李斐注漢書哀帝紀曰：『陳，道也。』是古謂道爲陳。微子云『我祖底遂陳于上』，謂致成道於上也。君奭云『率惟茲有陳』，謂有道也。」念孫案：大戴記衛將軍文子篇「君陳則進，不陳則行而退」，亦謂道與不道也。言刑之輕重皆稱乎道，而各守其限也。**下不得用輕私門。**下不得專用刑法，則私門自輕。**罪禍有律，莫得輕重威不分。**禍，亦罪也。**請牧祺，明有基，**祺，祥也。請牧治吉祥之事，在明其所有之基業也。○俞樾曰：上文云「請牧基，賢者思」，此文亦當作「請牧基，明有祺」，傳寫者誤倒「基」「祺」兩字耳。據楊注，所見本已倒。**主好論議必善謀。五聽修領，莫不理續主執持。**五聽，折獄之五聽也。修領，謂修之使得綱領。莫不有文理相續，主自執持此道，不使權歸於下。○盧文弨曰：「修領」，宋本作「循領」。今從元刻，注同。　王念孫曰：領，猶治也、理也。樂記「領父子君臣之節」，鄭注：「領，猶理治也。」仲尼燕居「領惡而全好」，注：「領，猶治也。」淮南本經篇「神明弗能領也」，高注：「領，理也。」言五聽皆修理也。「續」，當爲「績」。「主執持」，當爲「孰主持」。莫不理績孰主持者，爾雅曰「績，事也」，言百官莫不各理其事，夫孰得而主持之也。上文曰「莫得輕重威不分」，正所謂「孰主持」也。又曰「莫得擅與孰私得」，又曰「莫得貴賤孰私王」，竝與此文同一例。今本「績」誤作「續」，「孰」誤作「執」，「執」字又誤在「主」字下，則義不可通。楊説皆失之。　顧千里曰：五聽，疑卽上文「君論有五約以明」也。弟一章「臣下職」云云，弟二章「守其職」云云，弟三章「君法明」云云，弟四章「君法儀」云云，弟五章「刑稱陳」云云，下文接以「五聽修領」，謂五章爲五聽明甚。下文又接以「聽之經」，謂聽爲五聽亦明甚。本屬一氣相承，而楊注別以「折獄之五聽」解之，非也。又於後注「耳目既顯，吏敬法令莫敢恣」，始云「此已上，論君有五之事也」，亦非也。**聽之經，明其請，**「請」，當爲「情」。聽獄之經，在明其情。○盧文弨曰：案請，古與情通用。列子説符篇楊朱曰：「發于此而應于彼者唯請。」釋文引徐廣曰：「古情字或假借作請。」又墨子書多以「請」爲「情」。先謙案：經，道也，説詳勸學篇。下文兼「賞刑」言，則聽非聽獄之謂，謂聽政也。王制篇「聽政之大分，以善至者待之以禮，以不善至者待之以刑」，卽「參伍明謹施賞刑」也。「賢不肖不雜，是非不亂」，「信、誕分」也。「無遺善，無隱謀」，「隱遠至」也。明其請者，彼云「凡聽，威嚴猛厲，則下不親」、「和解調通，則嘗試鋒起」，故非明其情不可。**參伍明謹施賞刑。**參伍，猶錯襍也。謂或往參之，或往伍之，皆使明謹，施其賞刑。言精研，不使僭濫也。**顯者必得，隱者復顯民反誠。**幽隱皆通，則民不詐僞也。**言有節，稽其實，**節，謂法度。欲使民言有法及不欺誑，在稽考行實也。**信、誕以分賞罰必。下不欺上，皆以情言明若日。上通利，隱遠至，**上通利不壅蔽，則幽隱遐遠者皆至也。**觀法不法見不視。**所觀之法非法，則雖見不視也。○郝懿行曰：此言觀法於法不及之地，見視於視不到之鄉，所以謂之「隱遠至」、「耳目顯」也。注似未了。**耳目既顯，吏敬法令莫敢恣。**此已上，論君有五之事也。**君教出，行有律，**五論之教既出，則民所行有法。言知方也。**吏謹將之無鈹、滑。**將，持也。詩曰：「無將大車。」鈹與披同，滑與汨同。言不使紛披汨亂也。○郝懿行曰：正名篇有「滑、鈹」，此言「鈹、滑」，其義同，皆謂骫骳、滑亂之意。漢書淮南厲王傳「骫天下正法」，顏注：「骫，古委字，謂曲也。」枚乘傳「其文骫骳」，骳與鈹同，謂曲戾也。滑蓋與猾同，謂攪亂也。**下不私請，各以宜舍巧拙。**請，謁。舍，止也。羣下不私謁，各以所宜，不苟求也。如此則以道事君，巧拙之事亦皆止。○盧文弨曰：「各以宜舍巧拙」句中脱一字，或當作「各以所宜舍巧拙」。**臣謹脩，君制變，**臣職在謹脩，君職在制變。○王念孫曰：「脩」，當爲「循」，字之誤也。（隸書「循」「脩」相亂，説見管子形勢篇。）此言臣當謹循舊法而不變其制，變則在君也。「循」與「變」「亂」「貫」爲韻。（此以諄、元二部通用。凡諄、元二部之字，古聲皆不分平、上、去。）此篇之例，首句無不入韻者。今本「循」作「脩」，則既失其義，而又失其韻矣。公察善思論不亂。先謙案：「倫」「論」，古字通。謂君臣之倫不亂也。説見儒效篇。以治天下，後世法之成律貫。律貫，法之爲條貫也。○盧文弨曰：案全篇與詩三百篇中韻同。

賦篇第二十六

所賦之事，皆生人所切，而時多不知，故特明之。或曰：荀卿所賦甚多，今存者唯此言也。舊第二十二，今亦降在下。

爰有大物，爰，於也。言於此有大物。夫人之大者莫過於禮，故謂之大物也。非絲非帛，文理成章。絲帛能成黼黻文章，禮亦然也。非日非月，爲天下明。生者以壽，死者以葬，城郭以固，三軍以强。粹而王，駮而伯，無一焉而亡。臣愚不識，敢請之王。言禮之功用甚大，時人莫知，故荀卿假爲隱語，問於先王云「臣但見其功，亦不識其名，唯先王能知，敢請解之」。先王因重演其義而告之。王曰：此夫文而不采者與？先王爲解説曰：「此乃有文飾而不至華采者與？」簡然易知而致有理者與？君子所敬而小人所不者與？性不得則若禽獸，性得之則甚雅似者與？雅，正也。似，謂似續古人。詩曰：「維其有之，是以似之。」匹夫隆之則爲聖人，諸侯隆之則一四海者與？致明而約，甚順而體，請歸之

禮。極明而簡約，言易知也。甚順而有體，言易行也。先王言唯歸於禮，乃合此義也。**禮。**○盧文弨曰：此目上事也。如禮記文王世子子貢問樂之比，下放此。

皇天隆物，以示下民，隆，猶備也。物，萬物也。○王念孫曰：隆與降同。（古字或以「隆」爲「降」，説見墨子尚賢中篇。）「示」，本作「施」，俗音之誤也。廣雅曰：「施，予也。」**或厚或薄，帝不齊均。**言人雖同見，方所知或多厚，或寡薄，天帝或不能齊均也。○王念孫曰：「帝」，本作「常」字之誤也。「物」字，卽指智而言。言皇天降智，以予下民，厚薄常不齊均，故有桀、紂、湯、武之異也。今本「施」作「示」，「常」作「帝」，則義不可通。藝文類聚人部五引此正作「皇天隆物，以施下民，或厚或薄，常不齊均」。楊説皆失之。**桀、紂以亂，湯、武以賢。涽涽淑淑，皇皇穆穆，**涽涽，思慮昏亂也。淑淑，未詳，或曰：美也。皇皇穆穆，言緒之美也。言或愚或智也。○俞樾曰：淑淑訓美，則與「涽涽」不倫矣。淑，當讀爲踧。文選長笛賦「蹜踧攢仄」，注曰：「蹜踧，迫蹙皃。」海賦「葩華踧沑」，注曰：「踧沑，蹙聚也。」踧踧之誼，亦猶是耳。**周流四海，曾不崇日。**崇，充也。言智慮周流四海，曾不充滿一日而徧也。**君子以修，跖以穿室。**跖，柳下惠之弟，太山之盜也。君子用智以修身，跖用智以穿室，皆「帝不齊均」之意也。**大參乎天，精微而無形。**言智慮大則參天，小則精微無形也。**行義以正，事業以成。**皆在智也。行，下孟反。**可以禁暴足窮，百姓待之而後寧泰。**足窮，謂使窮者足也。百姓待君上之智而後安。「寧泰」，當爲

「泰寧」也。臣愚不識，願問其名。曰：此夫安寬平而危險隘者邪？言智常欲見利遠害。脩潔之爲親而襍汙之爲狄者邪？智脩潔則可相親，若襍亂穢汙，則與夷狄無異。言險詐難近也。〇王念孫曰：親，近也。狄，讀爲逖。逖，遠也。大雅瞻卬篇「舍爾介狄」，毛傳曰：「狄，遠也。」是狄與逖同。此言智之爲德，近於脩潔而遠於襍汙也。楊說皆失之。甚深藏而外勝敵者邪？法禹、舜而能弇迹者邪？弇，襲。行爲動靜，待之而後適者邪？血氣之精也，志意之榮也。精，靈。榮，華。百姓待之而後寧也，天下待之而後平也。明達純粹而無疵也，夫是之謂君子之知。此論君子之智，明小人之智不然也。〇王引之曰：「疵」「知」爲韻。「疵」下「也」字，涉上文而衍，藝文類聚無。知。

有物於此，居則周靜致下，動則綦高以鉅。居，謂雲物發在地時。周，密也。鉅，大也。圓者中規，方者中矩。言滿天地之圓方也。大參天地，德厚堯、禹。參，謂天地相似。雲所以致雨，生成萬物，其德厚於堯、禹者矣。〇盧文弨曰：藝文類聚「大參」作「大齊」。注「天地相似」上似脫一「與」字。精微乎毫毛，而大盈乎大寓。寓與宇同。言細微之時則如毫毛，其廣大時則盈於大宇之內。宇，覆也，謂天所覆。三蒼云：「四方上下爲宇。」上「大參天地」，此又云「大盈大宇」，言說雲之變化或大或小，故重言之也。〇王念孫曰：宋錢佃校本云：「諸本作『充盈乎大寓』，非。」案作「充盈」者是也。下文「充盈大宇而不窕」，即其證。「充盈」與「精微」對。監本作「大盈」，則既與下「大」字複，又與「精微」不對矣。楊云「其廣大時則盈於大宇之内」，則所見本已作「大盈」。藝文類聚天部上引作「充盈乎天宇」。又曰：吕、錢本作「盈大乎寓宙」，蓋本作「充盈乎大寓」，後脱「充」字，「乎大」又譌作「大乎」，後人又因注内兩言「宇宙」而增「宙」字。案，「盈大」文不成義，「寓」與上文「下」「鉅」「矩」「禹」爲韻，「寓」下不得有「宙」字，楊注釋「宇」字而不釋「宙」字，則本無「宙」字明甚。**忽兮其極之遠也，攭兮其相逐而反也，**攭與劙同。攭兮，分判貌。言雲或慌忽之極而遠舉，或分散相逐而還於山也。攭音戾。○王念孫曰：忽，遠貌。楚辭九歌曰「平原忽兮路超遠」，九章曰「道遠忽兮」，是忽爲遠貌。極，至也。言忽兮其所至之遠也。攭者，雲氣旋轉之貌。（考工記鳧氏：「鍾縣謂之旋。」程氏易疇通藝録曰：「旋，所以縣鍾者，設於甬上。孟子謂之『追蠡』，言追出於甬上者乃蠡也。蠡與螺通。文子所謂『聖人法蠡蚌而閉户』是也。螺小者謂之蜁蝸。郭璞江賦所謂『鸚螺蜁蝸』是也。曰旋，曰蠡，其義不殊，蓋爲金枘於甬上，以貫於縣之者之鑿中，形如螺然，如此，則宛轉流動，不爲聲病矣。」水經睢水注云：「睢陽城内有高臺，謂之蠡臺。」續述征記曰：「回道如蠡，故謂之蠡臺。」是凡言蠡者，皆取旋轉之義。）反，亦旋也。故曰「攭兮其相逐而反也」。楊説皆失之。**卬卬兮天下之咸蹇也。**卬卬，高貌。雲高而不雨，則天下皆蹇難也。○俞樾曰：楊注非是。蹇，當讀爲攓。方言：「攓，取也。」雲行雨施，澤被天下，天下皆有取也，故曰「卬卬兮天下之咸攓也」。下文「德厚而不捐」，即承此而言。若如楊注，則與下意不貫矣。**德厚而不捐，五采備而成文。**捐，弃也。萬物或美或惡，覆被之，皆無捐弃也。

往來惛憊，通于大神，惛憊，猶晦暝也。通于大神，言變化不測也。憊，困也。人困，目亦昏暗，故惛憊爲晦暝也。**出入甚極，莫知其門。**極，讀爲亟，急也。門，謂所出者也。**天下失之則滅，得之則存。**雲所以成雨也。**弟子不敏，此之願陳，君子設辭，請測意之。**弟子，荀卿自謂。言弟子不敏，願陳此事，不知何名，欲君子設辭，請測其意。亦言雲之功德，唯君子乃明知之也。○王引之曰：楊以意爲「志意」之「意」，非也。意者，度也。言請測度之也。禮運曰：「聖人耐以天下爲一家，以中國爲一人者，非意之也。」管子小問篇東郭郵曰：「君子善謀而小人善意，臣意之也。」是意爲度也。（意之言億也。韓子解老篇：「先物行、先理動之謂前識。前識者，無緣而忘意度也。」忘與妄同。莊子胠篋篇云「妄意室中之藏」是也。王褒四子講德論「今子執分寸而罔億度」，「罔億度」即「妄意度」。鄭注少儀曰：「測，意度也。」「意」，本又作「億」。論語先進篇「億則屢中」，漢書貨殖傳「億」作「意」。）**曰：此夫大而不塞者與？**雲氣無實，故曰「不塞」。**充盈大宇而不窕，入郄穴而不偪者與？**窕，讀爲窱，深貌也。言充盈則滿大宇，幽深則入郄穴，而曾無偪側不容也。窱，它弔反。○王念孫曰：楊訓窕爲深貌，又以「窕」字連下句解之，皆非也。「充盈大宇而不窕」爲句，窕者，間隙之稱，言充盈大宇而無間隙也。偪，不容也。偪與窕義正相反。廣雅曰：「窕，寬也。」昭二十一年左傳「鐘小者不窕，大者不摦，窕則不咸，摦則不容」，杜注曰：「窕，細不滿也。摦，横大不入也。不咸，不充滿人心也。不容，心不堪容也。」大戴禮王言篇曰：「布諸天下而不窕，內諸尋常之室而不塞。」管子宙合篇曰：「其處大也不窕，其入小也不塞。」

墨子尚賢篇曰：「大用之天下則不窕，小用之則不困。」吕氏春秋適音篇曰：「音大鉅則志蕩，以蕩聽鉅則耳不容，不容則横塞，横塞則振大；小則志嫌，以嫌聽小則耳不充，不充則不詹，不詹則窕。」高注曰：「窕，不滿密也。」義竝與此同。**行遠疾速而不可託訊者與？**訊，書問也。行遠疾速，宜於託訊，今雲者虚無，故不可。本或作「託訓」。或曰：與似續同也。言雲行遠疾速，不可依託繼續也。○盧文弨曰：「訊」不與前後韻協，疑是「訊託」誤倒耳。注「或作託訓」，亦似誤。王念孫曰：「訊」下「者與」二字，葢因上下文而衍。「訊」字不入韻，上文「充盈大宇而不窕」，「窕」字亦不入韻也。盧云「訊不與前後韻協，疑是訊託誤倒」，非是。（「託」字於古音屬鐸部，「塞」「偪」等字於古音屬職部，改「託訊」爲「訊託」，仍不合韻。）**往來惛憊而不可爲固塞者與？**雖往來晦瞑，掩蔽萬物，若使牢固蔽塞，則不可。**暴至殺傷而不億忌者與？**億，謂以意度之。論語曰：「億則屢中。」或曰：與抑同。謂雷霆震怒，殺傷萬物，曾不億度疑忌。言果決不測也。○王念孫曰：億，讀爲意。（「意」「億」古字通，説見前「測意之」下。）意，疑也。言暴至殺傷，而曾無所疑忌也。廣雅曰：「意，疑也。」漢書文三王傳「於是天子意梁」，顔師古注與廣雅同。韓子説疑篇「上無意，下無怪」，無意，無疑也。史記陳丞相世家「項王爲人，意忌信讒」，平津侯傳「弘爲人意忌，外寬内深」，酷吏傳「湯雖文深意忌」，皆謂疑忌也。楊以億爲億度，則分億與忌爲二義，失之矣。**功被天下而不私置者與？**天下同被其功，曾無所私置。又言無偏頗。○王念孫曰：置，讀爲德。言功被天下而無私德也。繫辭傳「有功而不德」，「德」，鄭、陸、蜀才竝作「置」。鄭云：「置，當爲德。」逸周書官人篇「有施而弗德」，大戴禮文王官人篇作「有施而不置」。荀子哀公篇「言忠信而心不德」，大戴禮哀公問五義篇作「躬行忠信而心不置」。是「置」爲「德」之借字也。此段以「塞」「偪」「塞」「忌」「置」爲韻。忌，讀如極。（左傳「費無極」，史記作「費無忌」。）置與德同。

託地而游宇，友風而子雨。風與雲竝行，故曰「友」。雨因雲而生，故曰「子」。冬日作寒，夏日作暑。在冬而凝寒，在夏而蒸暑也。廣大精神，請歸之雲。至精至神，通於變化，唯雲乃可當此説也。雲。雲所以潤萬物，人莫之知，故於此具明也。

有物於此，儳儳兮其狀，屢化如神。儳，讀如「其蟲倮」之倮。儳儳，無毛羽之貌。變化，即謂三俯三起，成蛾蛹之類也。功被天下，爲萬世文。文，飾。禮樂以成，貴賤以分。養老長幼，待之而後存。名號不美，與暴爲鄰。侵暴者亦取名於蠶食，故曰「與暴爲鄰」也。○王引之曰：如楊説，則「蠶」下必加「食」字，而其義始明。竊謂方言：「慘，殺也。」説文：「慘，毒也。」字或作「憯」。莊子庚桑楚篇曰：「兵莫憯于志，鏌鋣爲下。」慘、蠶、憯聲相近，故曰「與暴爲鄰」。功立而身廢，事成而家敗。繭成而見殺，是身廢；絲窮而繭盡，是家敗。弃其耆老，收其後世。耆老，蛾也。後世，種也。人屬所利，飛鳥所害。人屬則保而用之，飛鳥則害而食之。臣愚而不識，請占之五泰。占，驗也。五泰，五帝也。五帝，少昊、顓頊、高辛、唐、虞。理皆務本，深知蠶之功大，故請驗之也。○盧文弨曰：此與下文「五泰」，宋本皆作「五帝」，無

「五泰，五帝也」五字注。今從元刻，與困學紀聞所引合。古音「帝」字不與「敗」「世」「害」韻，五支、六脂之別也。王念孫曰：「敗」「世」「害」「泰」，古音竝屬祭部，非惟不與五支之去聲通，竝不與六脂之去聲通。此盧用段説而誤也。説見戴先生聲韵攷。**五泰占之曰：此夫身女好而頭馬首者與？**女好，柔婉也。其頭又類馬首。周禮馬質「禁原蠶者」，鄭玄云：「天文辰爲馬。故蠶書曰：『蠶爲龍精，月值大火，則浴其種。』是蠶與馬同氣也。」**屢化而不壽者與？善壯而拙老者與？**壯得其養，老而見殺。**有父母而無牝牡者與？**爲蠶之時，未有牝牡也。**冬伏而夏游，食桑而吐絲，**游，謂化而出也。○俞樾曰：「食桑而吐絲，前亂而後治」，此文「游」字獨不入韻，疑「滋」字之誤。吕氏春秋明理篇曰「草木庳小不滋」，注曰：「滋，亦長也。」冬伏而夏滋，言冬伏而夏長也。楊以「化而出」釋「游」字，誼亦迂曲，非獨於韻不協也。**前亂而後治，**繭亂而絲治也。**夏生而惡暑，**生長於夏，先暑而化。**喜溼而惡雨。**溼，謂浴其種。既生之後，則惡雨也。○王念孫曰：蠶性惡溼，不得言「喜溼」，太平御覽資産部五引作「疾溼而惡雨」是也。惡雨與疾溼同意。楊云「溼，謂浴其種」，乃曲爲之説耳。俞樾曰：楊説甚得。荀子之意，蓋此句與上文「夏生而惡暑」相對。生於夏，宜不惡暑矣，而蠶則惡暑。其種必浴，有似喜溼者，宜不惡雨矣，而蠶則惡雨。此兩「而」字，正明其性之異也。太平御覽資産部引作「疾溼而惡雨」，蓋人疑蠶性惡溼，不得言「喜溼」，故妄改之。言「疾溼」，又言「惡雨」，辭複而意淺，非荀子原文也。王氏反據御覽以訂正荀子，誤矣。**蛹以爲母，蛾以爲父。**互言之也。**三俯三起，事乃大已。**俯，謂卧而不食。事乃大已，言三起之後，事乃畢也。謂化而成繭也。**夫是之謂蠶理。**五帝言此乃蠶之義理也。○郝懿行曰：理者，條理也。夫含生賦形，各有條理，條者似智，理者似禮。蠶、鍼爲物，條理尤深，莫精於蠶，莫密於鍼，所以二賦語已，皆言其理者也。**蠶。**蠶之功至大，時人鮮知其本。詩曰：「婦無公事，休其蠶織。」戰國時此俗尤甚，故荀卿感而賦之。

有物於此，生於山阜，處於室堂。山阜，鐵所生也。**無知無巧，善治衣裳。**知，讀爲智。**不盜不竊，穿窬而行。日夜合離，以成文章。**合離，謂使離者相合。文章亦待其連綴而成也。**以能合從，又善連衡。**從，豎也，子容反。衡，横也。言箴亦能如戰國合從、連横之人。南北爲從，東西爲衡也。**下覆百姓，上飾帝王。功業甚博，不見賢良。**見，猶顯也。不自顯其功伐。見，賢遍反。**時用則存，不用則亡。**順時行藏。**臣愚不識，敢請之王。王曰：此夫始生鉅，其成功小者邪？**爲鐵則巨，爲箴則小。**長其尾而鋭其剽者邪？**長其尾，謂線也。剽，末也，謂箴之鋒也。莊子曰：「有實而無乎處者，宇也；有長而無本剽者，宙也。」剽，杪末之意，匹小反。**頭銛達而尾趙繚者邪？**重説長其尾而鋭其剽。趙，讀爲掉。掉繚，長貌。言箴尾掉而繚也。掉，徒弔反。○郝懿行曰：趙之爲言超也。穆天子傳「天子北征趙行」，郭注「趙猶超騰」是也。「趙繚」「摇掉」，疊韻之字，今時俗語猶以「摇掉」爲「趙繚」也。**一往**

一來，結尾以爲事。結其尾線，然後行箴。**無羽無翼，反覆甚極。**極，讀爲亟，急也。**尾生而事起，尾邅而事已。**尾邅迴盤結，則箴功畢也。**簪以爲父，管以爲母。**簪形似箴而大，故曰「爲父」。言此者，欲狀其形也。管所以盛箴，故曰「爲母」。禮記曰「箴、管、線、纊」也。○盧文弨曰：「簪」，當爲「鑽」，子貫反。謂所以琢箴之線孔者也。箴賴以成形，故曰「爲父」。郝懿行曰：古之簪，形若大箴耳。箴肖簪，故父之；管韜箴，故母之。俞樾曰：「簪」，當爲「鐕」。禮記喪大記「用襍金鐕」，正義曰：「鐕，釘也。」釘與箴，形質皆同，磨之琢之而後成箴。方其未成箴之時，則箴亦一鐕而已矣，故曰「鐕以爲父」。作「簪」者，叚字耳。若是首笄之簪，則與箴全不相涉。楊注謂「言此者，欲狀其形」，失之迂矣。盧氏謂「簪，當爲鑽，所以琢箴之線孔者也。箴賴以成形，故曰爲父」，此尤曲説。箴所賴以成形者，豈特一鑽之功乎？王氏載之讀書襍志，誤矣。**既以縫表，又以連裏。夫是之謂箴理。**理，義理也。**箴。**古者貴賤皆有事，故王后親織玄紞，公侯夫人加之以紘綖，大夫妻成祭服，士妻衣其夫。末世皆不脩婦功，故託辭於箴，明其爲物微而用至重，以譏當世也。

天下不治，請陳佹詩：荀卿請陳佹異激切之詩，言天下不治之意也。**天地易位，四時易鄉。**皆言賢愚易位也。鄉，猶方也。春夏秋冬皆不當其方，言錯亂也。鄉，如字。**列星殞墜，旦暮晦盲。**列星，二十八宿有行列者。殞墜，以喻百官弛廢。旦暮晦盲，言無鑒明時也。或曰：

當時星辰殞墜，旦暮昏霧也。**幽晦登昭，日月下藏。**言幽闇之人，登昭明之位，君子明如日月，反下藏也。「昭」，或爲「照」。○王念孫曰：「幽晦」，元刻作「幽闇」，（宋龔本同。）是也。楊注「幽闇之人」是其證。宋本「闇」作「晦」者，涉上文「旦暮晦盲」而誤。藝文類聚人部八引作「幽暗登照」，暗與闇同。**公正無私，反見從横，**言公正無私之人，反見謂從横反覆之志也。○郝懿行曰：「藏」，古作「臧」，荀書皆然。「横」，古作「衡」，上言「連衡」亦然。此皆俗人所改。王念孫曰：「反見從横」四字文不成義。此本作「見謂從横」，言公正無私之人反以從横見謂於世也。楊注内「見謂」二字即其證。凡見譽於人，曰「見謂」，若王霸篇曰「齊桓公閨門之内，縣樂奢泰游抏之循，於天下不見謂修」，賈子修政語篇曰「故言之者見謂智，學之者見謂賢，守之者見謂信，樂之者見謂仁，行之者見謂聖」，皆是也。見毁於人，亦曰「見謂」，若莊子達生篇曰「居鄉不見謂不修，臨難不見謂不勇」，漢書兒寬傳曰「張湯爲廷尉，盡用文史法律之吏，而寬以儒生在其閒見謂不習事」，邶風谷風箋曰「涇水以有渭，故見謂濁」，（今本「謂」譌作「渭」，據正義改。）及此言「見謂縱横」，皆是也。後人不曉「見謂」二字之義，又以楊注云「反見謂從横」，遂改正文「見謂」爲「反見」，不知楊注特加「反」字以申明其義，非正文所有也。藝文類聚人部八引此正作「見謂從横」。**志愛公利，重樓疏堂，**欲在上位，行至公以利百姓，非謂重樓疏堂之榮貴也。**無私罪人，憼革貳兵。**憼與儆同，備也。貳，副也。謂無私罪人，言果於去惡也。言去邪嫉惡，乃以儆備增益兵革之道。言彊盛也。○王念孫曰：「貳兵」二字文義不明，「貳」當爲「戒」，字之誤也。（隸書「戒」字作

「弍」，與「貳」相似。）戒兵與憝革同義。楊云「貳，副也」，未安。**道德純備，讒口將將。**將，去也。言以讒言相退送。或曰：將將，讀爲鏘鏘，進貌。○郝懿行曰：將者，大也。逸詩云：「如霜雪之將將。」此言道德純備之人，讒口方張，不能用也。王念孫曰：楊後説讀將將爲鏘鏘是也，而云「進貌」，則古無此訓。余謂將將，集聚之貌也。周頌執競篇「磬筦將將」，毛傳曰：「將將，集也。」然則讒口將將，亦謂讒言之交集也。小雅十月篇「讒口囂囂」，箋云：「囂囂，衆多貌。」義亦與將將同。**仁人絀約，敖暴擅彊，**絀退窮約。**天下幽險，恐失世英。**天下幽暗凶險如此，必恐時賢不見用也。**螭龍爲蝘蜓，鴟梟爲鳳皇。**説文云：「螭，如龍而黄，北方謂之地螻。」蝘蜓，守宫。言世俗不知善惡，螭龍之聖，反謂之蝘蜓；鴟梟之惡，反以爲鳳皇也。**比干見刳，孔子拘匡。昭昭乎其知之明也，郁郁乎其遇時之不祥也，拂乎其欲禮義之大行也，闇乎天下之晦盲也。**郁郁，有文章貌。拂，違也。此蓋誤耳，當爲「拂乎其遇時之不祥也，郁郁乎其欲禮義之大行」。晦盲，言人莫之識也。**皓天不復，憂無疆也。千歲必反，古之常也。**皓與昊同。昊天，元氣昊大也。呼昊天而訴之，云世亂不復，憂不可竟也。復自解釋云亂久必反於治，亦古之常道。「千」，或爲「卒」。**弟子勉學，天不忘也。**言天道福善，故曰「不忘」。恐弟子疑爲善無益而解惰，故以此勉之也。**聖人共手，時幾將矣。**共，讀爲拱。聖人拱手，言不得用也。幾，辭也。將，送也，去也。言戰國之時，世事已去，不可復治也。○俞樾曰：如楊注，與上意不貫。上文曰「千歲必反，古之常也，弟子勉學，天不忘也」，是荀子之意，謂亂極必反，非謂世事已去，不可復治也。此二句乃望之之辭，言聖人於此，亦拱手而待之耳，所謂「千歲必反」者，此時殆將然矣。楊注非。**與愚以疑，願聞反辭。**反辭，反覆敍說之辭，猶楚詞「亂曰」。弟子言當時政事既與愚反疑惑之人，故更願以亂辭敍之也。**其小歌曰：**此下一章，即其反辭，故謂之小歌，總論前意也。○盧文弨曰：「曰」，各本多作「也」。有一本作「曰」，今從之。**念彼遠方，何其塞矣！**遠方，猶大道也。○俞樾曰：楊注以遠方爲大道，其義未安。此章蓋亦遺春申君者。下文「仁人絀約，暴人衍矣」諸句，其意實譏楚也。不敢斥言楚國，故姑託遠方言之，若謂彼遠方之國有如此耳。此荀卿之危行言孫也。**仁人絀約，暴人衍矣。**衍，饒也。○盧文弨曰：「衍」不與「塞」「服」爲韻，「服」字本有作「般」者，則「塞」或「蹇」字之誤。**忠臣危殆，讒人服矣。**服，用也。本或作「讒人般矣」。般，樂也，音盤。

琁、玉、瑤、珠，不知佩也。說文云：「琁，赤玉。」「瑤，美玉也。」孔安國曰：「瑤，美石。」言不知以此四寶爲佩。說文云：「琁音瓊。」○盧文弨曰：瑤，說文本訓美石，楊所據乃誤本也。如孔安國曰「美石」，而今本禹貢注亦皆誤爲「美玉」。又曰：此章在遺春申君書後。此書但載其賦，而不載其書。今以楚策之文具錄於此，以備考焉。客說春申君曰：「湯以亳，武王以鄗，（吳師道曰：「鎬通。」）皆不過百里，以有天下。今孫子，天下賢人也，君藉之以百里之勢，臣竊以爲不便，於君何如？」春申君曰：「善。」於是使人謝孫子。孫子去之趙，（鮑彪曰：「史言孫子，春申君死而貧困，家蘭陵，不言之趙。然卿書有與趙孝成王論兵，而史不言，失之。）趙以爲上卿。（後語作「上客」。）客又說春申君曰：「昔伊尹去夏入殷，殷王而夏亡；管仲去魯入齊，魯弱而齊强。夫賢者之所在，其君未嘗不尊，國未嘗不榮也。今孫子，天下賢人也，君何辭之？」春申君又曰：「善。」於是使人請孫子於趙，孫子爲書謝曰：『癘人憐王』，（韓詩外傳四作「鄙語曰『癘人憐王』」。）此不恭之語也。雖然，（吳師道曰：「一本此下有『古無虚諺』四字。」）不可不審察也，此爲劫弑死亡之主言也。夫人主年少而矜材，無法術以知姦，則大臣主斷圖[一]私，以禁誅於己也，故弑賢長而立幼弱，廢正適而立不義。春秋戒之曰：（外傳作「春秋之志曰」。）『楚王子圍聘於鄭，未出竟，聞王病，反問疾，遂以冠纓絞王殺之，因自立也。』『齊崔杼之妻美，莊公通之，崔杼帥其君黨而攻莊公。莊公請與分國，崔杼不許；欲自刃於廟，崔杼不許。莊公走出，踰於外牆，射中其股，遂殺之，而立其弟景公。』近代所見，李兑用趙，餓主父於沙丘，百日而殺之；淖齒用齊，擢閔王之筋，縣於其廟梁，宿夕而死。夫癘雖癰腫胞疾，上比前世，未至絞纓射股；下比近代，未至擢筋而餓死也。夫劫弑死亡之主也，心之憂勞，形之困苦，必甚於癘矣。由此觀之，癘雖憐王可也。因爲賦曰：寶珍隋珠，不知佩兮。禕衣與絲，不知異兮。閭姝、子奢，莫知媒兮。嫫母求之，又甚喜之兮。以瞽爲明，以

[一]「圖」，原本作「國」，據韓詩外傳四改。

聾爲聰，以是爲非，以吉爲凶。嗚呼上天，曷惟其同！詩曰：『上天甚神，無自瘵也。』」（外傳所載賦，與荀書略同。「嘉」字，依兩書皆作「喜」。外傳末引詩作「上帝甚慆，無自瘵焉」。）郝懿行曰：「琁」即「瓊」字，韓詩外傳四作「璇」，非。**襍布與錦，不知異也。**襍布，麤布。○王念孫曰：此謂布與錦襍陳於前而不知別異。（說文：「布，枲織也。」）言美惡不分也。楊以「襍布」二字連讀，而訓爲麤布，失之。**閭娵、子奢，莫之媒也。**閭娵，古之美女，後語作「明陬」。楚詞七諫謂閭娵爲醜惡，蓋一名明陬。漢書音義韋昭曰：「閭娵，梁王魏嬰之美女。」「子奢」，當爲「子都」，鄭之美人。詩曰：「不見子都。」蓋「都」字誤爲「奢」耳。後語作「子都」。莫之媒，言無人爲之媒也。娵，子于反。○盧文弨曰：「明」是「閭」字之誤，楊未省照耳。汪中曰：都、奢，古本一音，不必改字。**嫫母、力父，是之喜也。**嫫母，醜女，黄帝時人。力父，未詳。喜，悦也。○盧文弨曰：「力父」，俗本作「刁父」。今從元刻，與韓詩外傳四同。**以盲爲明，以聾爲聰，以危爲安，以吉爲凶。**○郝懿行曰：「以危爲安」，韓詩外傳四作「以是爲非」。**嗚呼上天，曷維其同！**言或亂如此，故歎而告上天。曷維其同，言何可與之同也。後語作「曷其與同」。此章即遺春申君之賦也。

荀子卷第十九

大略篇第二十七

此篇蓋弟子襍録荀卿之語，皆略舉其要，不可以一事名篇，故總謂之大略也。舊第二十七。○盧文弨曰：此卷舊不分段，今案其意義之不相聯屬者，閒一格以識別之。

大略。舉爲標首，所以起下文也。　君人者，隆禮尊賢而王，重法愛民而霸，好利多詐而危。

欲近四旁，莫如中央，故王者必居天下之中，禮也。此明都邑居土中之意，不近偏旁，居中央，取其朝貢道里均。禮也，言其禮制如此。

天子外屏，諸侯内屏，禮也。外屏，不欲見外也；内屏，不欲見内也。屏，猶蔽也。屏謂之樹。鄭康成云：「若今浮思也。」何休注公羊云：「禮，天子、諸侯臺門。天子外闕兩觀，諸侯内闕一觀。」「禮，天子外屏，諸侯内屏，大夫以簾，士以帷。」倞謂不欲見内外、不察泉中魚之義也。○郝懿行曰：釋宮但云「屏謂之樹」，不言内外。郭璞注謂「小牆，當門中」，此説是也。蓋屏之制如今之照壁。釋名云：「屏，自障屏也。」蒼頡篇云：「屏，牆也。」爾雅舍人注云：「以垣當門蔽爲樹。」然則屏取屏蔽之義，但令門必有屏，天子、諸侯似不必瑣瑣分別外内也。荀書每援禮文，此云「外屏」「内屏」，而云「禮也」，必是禮家舊説。何休公羊注亦稱之。淮南主術篇云「天子外屏，所以自障」，高誘注謂「屏，樹，垣也」，引爾雅曰：「門内之垣謂之樹。」據高所引，非卽爾雅本文，蓋已不主外屏之説矣。近浙人全鷃氏箸論，深是高説，以爲「天子外屏」，此言出於禮緯，鄭注禮記引其説，未可信也。太微垣有屏四星，在端門内，此天子内屏之象也。又云：「凡門皆有屏，惟皋門無之。應門内有屏，故寧在門、屏之間，門卽應門也。」其言甚辨，見所箸求古録，今採其説存之。

諸侯召其臣，臣不俟駕，顛倒衣裳而走，禮也。詩曰：「顛之倒之，自公召之。」天子召諸侯，諸侯輦輿就馬，禮也。輦，謂人輓車。言不暇待馬至，故輦輿就馬也。詩曰：「我出我輿，于彼牧矣。自天子所，謂我來矣。」詩，小雅出車之篇。毛云：「出車就馬於牧地。」鄭云：「有人自天子所，謂我來矣，謂以王命召己也。」此明諸侯奉上之禮也。

天子山冕，諸侯玄冠，大夫裨冕，士韋弁，禮也。山冕，謂畫山於衣而服冕，卽袞也。蓋取其龍則謂之袞冕，取其山則謂之山冕。鄭注周禮司服云：「古冕服十二章。」「衣五章：初一曰龍，次二曰山，次三曰華蟲，次四曰火，次五曰宗彝，皆畫。裳四章：次六曰藻，次七曰粉米，次八曰黼，次九曰黻，皆絺。」鄭注覲禮云：「裨之言卑也。天子六服，大裘爲上，其餘爲裨，以事尊卑服之。諸侯亦服焉。」「上公袞無升龍，侯伯鷩，子男毳，孤絺，卿大夫玄。」鄭云「大夫裨冕」，蓋亦言禅冕止於大夫，士已下不得服也。韋弁，謂以爵韋爲韠而載弁也。玉藻曰「韠，君朱，大夫素，士爵韋」也。

天子御珽，諸侯御荼，大夫服笏，禮也。御、服，皆器用之名，尊者謂之御，卑者謂之服。御者，言臣下所進御也。珽，大珪，長三尺，杼上終葵首，謂剡上，至其首而方也。「荼」，古「舒」字，玉之上圜下方者也。鄭康成云：「珽，挺然無所屈也。」荼，讀如「舒遲」之「舒」。舒儒者所畏在前也。**天子彫弓，諸侯彤弓，大夫黑弓，禮也。**彫，謂彫畫爲文飾。彤弓，朱弓。此明貴賤服御之禮也。

諸侯相見，卿爲介，相見，謂於郄地爲會。介，副也。聘義：「卿爲上擯，大夫爲承擯，君親禮賓。」言主君見聘使則以卿爲上擯，出會則以卿爲上介也。**以其教出畢行，**教，謂戒令。畢行，謂羣臣盡行從君也。○王念孫曰：「教出」，當爲「教士」，謂常所教習之士也。大戴禮虞戴德篇云「諸侯相見，卿爲介，以其教士畢行」，文與此同也。下文「君子聽律習容而後士」，「士」當爲「出」，言必聽律習容而後出也。（楊云：「聽律，謂聽佩聲，使中音律也。」）玉藻云「習容觀玉聲乃出」，（鄭注曰：「玉，佩也。」）是其證也。隸書「士」「出」二字相似，傳寫往往譌溷。（隸書「出」字或省作「士」，若「𢾛」省作「敖」，「𧶠」省作「賣」，「歀」省作「款」，皆是也。故諸書中「士」「出」二字傳寫多誤。僖二十五年左傳「諜出曰『原將降矣』」，呂氏春秋爲欲篇「諜出」譌作「諜士」。管子大匡篇「士欲通，吏不通」，今本「士」譌作「出」。史記呂后本紀「齊内史士」，徐廣曰：「一作出。」夏本紀「稱以出」，大戴禮五帝德篇作「稱以上士」，皆其證也。）楊説皆失之。**使仁居守。**使仁厚者主後事。春秋傳：「二子守，二子從。」此明諸侯出疆之禮。又穀梁傳曰：「智者慮，義者行，仁者守，然後可以會矣。」

聘人以珪，問士以璧，召人以瑗，絶人以玦，反絶以環。聘人以珪，謂使人聘他國以珪璋也。問，謂訪其國事，因遺之也。衛侯使工尹襄問子貢以弓，是其類也。説文云：「瑗者，大孔璧也。」爾雅：「好倍肉，謂之瑗。肉倍好謂之璧。」禮記曰：「君召臣以三節。」周禮「珍圭以徵守」，鄭云：「以徵召守國之諸侯，若今徵郡守以竹使符也。」然則天子以珍圭召諸侯，諸侯召臣以瑗歟？玦，如環而缺。肉、好若一謂之環。古者臣有罪，待放於境，三年不敢去，與之環則還，與之玦則絶，皆所以見意也。反絶，謂反其將絶者。此明諸侯以玉接人臣之禮也。○郝懿行曰：「士」，即「事」也，古字通用。楊注不誤，而語未明晰。問士者，謂問人以事，則以璧爲摯，如魯哀公執摯於周豐也。

人主仁心設焉，知其役也，禮其盡也。故王者先仁而後禮，天施然也。人主根本所施設在仁，其役用則在智，盡善則在禮。天施，天道之所施設也。此明爲國以仁爲先也。

聘禮志曰：「幣厚則傷德，財侈則殄禮。」禮云禮云，玉帛云乎哉！志，記也。言玉帛，禮之末也。禮記曰「不以美没禮」也。○盧文弨曰：案聘禮記曰：「多貨則傷于德，幣美則没禮。」**詩曰：「物其指矣，唯其偕矣。」不時宜，不敬交，不驩欣，雖指，非禮也。**詩，小雅魚麗之篇。指與旨同，美也。偕，齊等也。時，謂得時；宜，謂合宜。此明聘好輕財重禮之義也。○俞樾曰：案上句「不時宜」，注「時」「宜」二字平列，下句「不驩欣」，亦二字平列，則此文「不敬交」疑「不敬文」之誤。勸學篇曰「禮之敬文也」，注曰：「禮有周旋揖讓之敬、車服等級之文也。」禮論篇曰「事生不忠厚、不敬文謂之野，送死不忠厚、不敬文謂之瘠」，注曰：「敬文，恭敬有文飾。」是荀子書屢言「敬文」。性惡篇曰「不如齊、魯之孝具敬父者，何也」，注曰：「敬父當爲敬文。」此「敬文」誤爲「敬交」，猶彼「敬文」誤爲「敬父」。楊氏於此無注，其所據本必未誤，「敬文」二字本書屢見，故不説也。

水行者表深，使人無陷；治民者表亂，使人無失。禮者，其表也，先王以禮表天下之亂。今廢禮者，是去表也。故民迷惑而陷禍患，此刑罰之所以繁也。表，標志也。此明爲國當以禮示人也。○郝懿行曰：天論篇云：「水行者表深，表不明則陷；治民者表道，表不明則亂。」此云「表亂」，謂表明其爲亂而後人不犯也。

舜曰：「維予從欲而治。」虞書舜美皋陶之辭。言皋陶明五刑，故舜得從欲而治。引之以喻禮能成聖，亦猶舜賴皋陶也。○郝懿行曰：此語今書以入大禹謨，「維」字作「俾」，荀所偁則未知出何書也。又解蔽篇偁道經曰「人心之危，道心之微」，今亦在大禹謨，二「之」字作「惟」矣。此引「舜曰」，彼援道經，皆不偁書。俞樾曰：此即所謂「不思而得，不勉而中，從容中道，聖人也」。孔子七十而從心所欲不踰矩，可釋此文「從欲」之義。故下文曰：「禮之生，爲賢人以下至庶民也，非爲成聖也。」楊氏誤據古文尚書爲説，乃曰「引之以喻禮能成聖，亦猶舜賴皋陶也」，失之矣。**故禮之生，爲賢人以下至庶民也，非爲成聖也，然而亦所以成聖也。不學不成。**禮本爲中人設，然聖人不學亦不成也。**堯學於君疇，舜學於務成昭，禹學於西王國。**「君疇」，漢書古今人表作「尹壽」。又漢藝文志小説家有務成子十一篇，昭，其名也。尸子曰：「務成昭之教舜曰：『避天下之逆，從天下之順，天下不足取也。避天下之順，從天下之逆，天下不足失也。』」西王國，未詳所説。或曰：大禹生於西羌，西王國，西羌之賢人也。新序子夏對哀公曰：「黄帝學于太填，顓頊學于録圖，帝嚳學于赤松子，堯學于尹壽，舜學于務成跗，禹學于西王國，湯學于成子伯，文王學于時子思，武王學於郭叔。」此明聖人亦資於教也。○盧文弨曰：案新序五「太填」作「大真」，古今人表作「大填」；「録圖」作「緑圖」，表同。「尹壽」，元刻作「君壽」，宋本新序同，吴祕注法言引新序作「君疇」。「成子伯」，新序作「威子伯」；「時子思」作「鉸時子思」。

五十不成喪，七十唯衰存。不成喪，不備哭踊之節。衰存，但服縗麻而已。其禮皆可略也。禮記曰「七十唯衰麻在身」也。○郭嵩燾曰：五十不成喪，卽檀弓「五十不致毁」也。

親迎之禮，父南鄉而立，子北面而跪，醮而命之：「往迎爾相，成我宗事，鄭云：「相，助也。宗事，宗廟之事也。」**隆率以敬先妣之嗣，若則有常。」**儀禮作「勖率」，鄭云：「勖，勉也。若，汝也。勉率婦道以敬其爲先妣之嗣也。汝之行則當有常，深戒之。詩云：『大姒嗣徽音。』」子曰：「諾。唯恐不能，敢忘命矣！」子言唯恐不能勉率以嗣先妣，不敢忘父命也。

夫行也者，行禮之謂也。所以稱行者，在禮也。禮也者，貴者敬焉，老者孝焉，長者弟焉，幼者慈焉，賤者惠焉。惠，亦賜也。言行禮如此五者，則可爲人之行也。

賜予其宮室，猶用慶賞於國家也；忿怒其臣妾，猶用刑罰於萬民也。宮室，妻子也。此明能治家則以治國也。○郭嵩燾曰：「宮室」與「國家」對文，「臣妾」與「萬民」對文。宮室者，門梱之内，庭户之閒，盡一家之人言之。楊注誤。

君子之於子，愛之而勿面，使之而勿貌，導之以道而勿彊。面、貌，謂以顏色慰悦之，不欲施小惠也。故易家人曰：「有嚴君焉。」勿彊，不欲使其愧也。此語出曾子。○郝懿行曰：此出曾子立事篇，荀稱之也。勿面，謂不形見於面。勿貌，謂不優以辭色。勿彊，謂匪怒伊教，使自得之。注謂「不欲使其愧」，非。

禮以順人心爲本，故亡於禮經而順人心者，皆禮也。禮記曰：「禮也者，義之實也。協諸義而協，則禮雖先王未之有，可以義起也。」○盧文弨曰：「皆禮也」，各本作「背禮者也」，誤。

禮之大凡：事生，飾驩也；送死，飾哀也；軍旅，飾威也。不可太質，故爲之飾。

親親、故故、庸庸、勞勞，仁之殺也。庸，功也。庸庸、勞勞，謂稱其功勞，以報有功勞者。殺，差等也。皆仁恩之差也。殺，所介反。貴貴、尊尊、賢賢、老老、長長，義之倫也。

倫，理也。此五者，非仁恩，皆出於義之理也。**行之得其節，禮之序也。**行仁義得其節，則是禮有次序。**仁，愛也，故親。義，理也，故行。禮，節也，故成。**非仁不親，非義不行，雖有仁義，無禮以節之，亦不成。**仁有里，義有門。**里與門，皆謂禮也。里所以安居，門所以出入也。**仁非其里而虛之，非禮也。義非其門而由之，非義也。**虛，讀爲居，聲之誤也。仁非其里，義非其門，皆謂有仁義而無禮也。○盧文弨曰：「非義也」，亦當爲「非禮也」。郝懿行曰：虛，讀爲墟。墟里，人所居，因借爲「居」字，非居聲之誤也。王念孫曰：「虛」，當爲「處」，字之誤也。下文云「君子處仁以義」是其證。（陳說同，又引論語「里仁爲美」、「擇不處仁」。）又案：楊云「仁非其里，義非其門，皆謂有仁義而無禮也」，盧云「『非義也』，亦當爲『非禮也』」，楊、盧之說皆非也。「非禮也」當作「非仁也」，（劉說同。）「非義也」，「義」字不誤。此文云「仁，非其里而處之，非仁也；義，非其門而由之，非義也」，下文云「君子處仁以義，然後仁也；行義以禮，然後義也」，前後正相呼應，以是明之。**推恩而不理，不成仁；**仁雖在推恩，而不得其理則不成仁。謂若有父子之恩，而無嚴敬之義。**遂理而不敢，不成義；**雖得其理，而不敢行則不成義。義在果斷，故曰「非知之艱，行之惟艱」。**審節而不知，不成禮；**雖能明審節制，而不知其意也。「知」，或爲「和」。○王念孫曰：作「和」者是也。禮以和爲貴，故審節而不和則不成禮。下文「和而不發」正承此「和」字言之。今本「和」作「知」，字之誤耳。（隸書「和」字或作「知」，與「知」相似，見漢白石神君碑。)既能審於禮節，則不得謂之「不知」。楊於「不知」下加「其意」二字，失之。**和而不發，不成樂。**雖和順積中，而英華不發於外，無以播於八音，則不成樂。**故曰：仁、義、禮、樂，其致一也。**言四者雖殊，同歸於得中，故曰「其致一也」。**君子處仁以義，然後仁也；**仁而能斷。**行義以禮，然後義也；**雖能斷而不違禮，然後爲義也。**制禮反本成末，然後禮也。**反，復也。本，謂仁義；末，謂禮節。謂以仁義爲本，終成於禮節也。**三者皆通，然後道也。**通明三者，然後爲道。

貨財曰賻，輿馬曰賵，衣服曰襚，玩好曰贈，玉貝曰唅。此與公羊、穀梁之說同。玩好，謂明器琴瑟笙竽之屬。何休曰：「此皆春秋之制也。賻，猶覆也；賵，猶助也：皆助生送死之禮。襚，猶遺也，遺是助死者之禮也。知生則賵、賻，知死則襚、唅。」○盧文弨曰：今公羊注作「知死者贈襚」。**賻、賵所以佐生也，贈、襚所以送死也。送死不及柩尸，弔生不及悲哀，非禮也。**皆謂葬時。**故吉行五十，犇喪百里，賵、贈及事，禮之大也。**既說弔贈及事，因明奔喪亦宜行遠也。禮記奔喪曰：「日行百里，不以夜行。」

禮者，政之輓也。如輓車然。**爲政不以禮，政不行矣。**

天子卽位，上卿進曰：「如之何憂之長也！能除患則爲福，不能除患則爲賊。」授天子一策。上卿，於周若冢宰也。皆謂書於策，讀之而授天子，深戒之也。言天下安危所繫，其憂甚遠長，問何以治之。能爲天下除患則百福歸之，不能則反爲賊害。策，編竹爲之，後易之以玉焉。中卿進曰：「配天而有下土者，先事慮事，先患慮患。先事慮事謂之接，接，讀爲捷，速也。中卿，若宗伯也。接則事優成；先患慮患謂之豫，豫則禍不生。事至而後慮者謂之後，後則事不舉；患至而後慮者謂之困，困則禍不可禦。」授天子二策。禦，禁。二策，弟二策也。下卿進曰：「敬戒無怠。慶者在堂，弔者在閭。下卿，若司寇也。慶者雖在堂，弔者已在門，言相襲之速。閭，門也。禍與福鄰，莫知其門。言同一門出入也。賈誼曰：「憂喜聚門。」豫哉！豫哉！萬民望之！」授天子三策。豫哉，言可戒備也。三策，弟三策。○先謙案：羣書治要作「務哉，務哉」。

禹見耕者耦立而式，過十室之邑必下。兩人共耕曰耦。論語曰：「長沮、桀溺耦而耕。」十室之邑，必有忠信，故下之也。

殺大蚤，朝大晚，非禮也。殺，謂田獵禽獸也。禮記曰：「天子殺則下大綏，諸侯殺則下小綏，大夫殺則止佐車。」蚤，謂下先上也。又曰：「朝，辨色始入。」殺太蚤，爲陵犯也。朝太晚，爲懈弛也。或曰：禮記曰「獺祭魚，然後虞人入澤梁，豺祭獸，然後田獵」，先於此，爲蚤也。又曰：「田不以禮，是暴天物也。」○王念孫曰：或說是也，前說非。治民不以禮，動斯陷矣。

平衡曰拜，下衡曰稽首，至地曰稽顙。平衡，謂磬折，頭與腰如衡之平。禮記「平衡」與此義殊。○郝懿行曰：「拜者必跪。拜手，頭至手也」，不至地，故曰「平衡」。稽首，亦頭至手，而手至地，故曰「下衡」。稽顙則頭觸地，故直曰「至地」矣。 **大夫之臣拜不稽首，非尊家臣也，所以辟君也。**辟，讀爲避。

一命齒於鄉，再命齒於族，三命，族人雖七十，不敢先。一命，公侯之士；再命，大夫；三命，卿也。鄭注禮記曰：「此皆鄉飲酒時。齒，謂以年次坐若立也。」禮記曰：「三命不齒，族人雖七十者不敢先。」言不唯不與少者齒，老者亦不敢先也。 **上大夫，中大夫，下大夫。**此覆一命、再命、三命也。一命雖公侯之士，子男之大夫也，故曰「下大夫」也。

吉事尚尊，喪事尚親。吉事，朝廷列位也。喪事，以親者爲主。禮記曰「以服之精麤爲序」也。

君臣不得不尊，父子不得不親，兄弟不得不順，夫婦不得不驩。少者以長，老者以養。不得，謂不得聖人之禮法。驩與歡同。 **故天地生之，聖人成之。**○汪中曰：「君臣」以下四十一字錯簡，當在後「國家無禮不寧」之下。此因上「尚尊」「尚親」之文而誤。

聘，問也。享，獻也。私覿，私見也。使大夫出，以圭璋。聘，所以相問也。聘、享，奉束帛加璧。享，所以有獻也。享畢，賓奉束錦以請。覿，所以私見也。聘、享以賓禮見，私覿以臣禮見，故曰「私見」。鄭注儀禮云：「享，獻也。既聘又獻，所以厚恩意也。」

言語之美，穆穆皇皇。爾雅曰：「穆穆，敬也。」「皇皇，正也。」郭璞云：「皇皇，自脩正貌。」「穆穆，容儀謹敬也。」皆由言語之美，所以威儀脩飾。或曰：穆穆，美也。皇皇，有光儀也。詩曰：「皇皇者華。」**朝廷之美，濟濟鎗鎗。**鎗與蹌同。濟濟，多士貌。蹌蹌，有行列貌。

爲人臣下者，有諫而無訕，有亡而無疾，有怨而無怒。謗上曰訕。亡，去也。疾與嫉同，惡也。怨，謂若公弟叔肸、衞侯之弟鱄。怒，謂若慶鄭也。

君於大夫，三問其疾，三臨其喪；於士，一問一臨。諸侯非問疾弔喪，不之臣之家。之，往也。禮記曰「諸侯非問疾弔喪，而入諸臣之家，是謂君臣爲謔」也。

既葬，君若父之友，食之則食矣，不辟粱肉，有酒醴則辭。鄭云：「尊者之前可以食美，變於顏色亦不可也。」

寢不踰廟，設衣不踰祭服，禮也。謂制度精麤。設，宴也。○王念孫曰：「設」當爲「讌」，字之誤也。故楊注云：「讌，宴也。」（今注文「讌」字亦誤作「設」。）「寢」對「廟」而言，「讌衣」對「祭服」而言。王制「燕衣不踰祭服，寢不踰廟」是其證。

易之咸，見夫婦。易咸卦，艮下兑上。艮爲少男，兑爲少女，故曰「見夫婦」。**夫婦之道，**

不可不正也，君臣父子之本也。易序〔二〕卦曰「有天地然後有男女，有男女然後有夫婦，有夫婦然後有父子，有父子然後有君臣」，故以夫婦爲本。咸，感也，以高下下，以男下女，柔上而剛下。陽唱陰和，然後相成也。

聘士之義，親迎之道，重始也。聘士，謂若安車束帛，重其禮也。迎，魚敬反。

禮者，人之所履也，失所履，必顛蹷陷溺。所失微而其爲亂大者，禮也。

禮之於正國家也，如權衡之於輕重也，如繩墨之於曲直也。故人無禮不生，事無禮不成，國家無禮不寧。

和樂之聲，此言珩珮之聲和樂人心。步中武、象，趨中韶、護。佩玉之聲，緩則中武、象，速則中韶、護。禮記曰「古之君子必珮玉，右徵、角，左宫、羽，趨以采薺，行以肆夏」，是其類也。或曰：此「和樂」，謂在車和鸞之聲、步驟之節也。○顧千里曰：案，疑或説是也。正論篇、禮論篇「樂」皆作「鸞」，可以爲證。君子聽律習容而後士。君子，在位者之通稱。禮記曰：「既服，習容，觀玉聲。」聽律，謂聽珮聲，使中音律也。言威儀如此，乃可爲士。士者，修立之名也。○先謙案：「士」當爲「出」，説見上。

〔二〕「序」，原本誤爲「説」，今改。

霜降逆女，冰泮殺內。十日一御。此蓋誤耳，當爲「冰泮逆女，霜降殺內」。故詩曰：「士如歸妻，迨冰未泮。」殺，減也。內，謂妾御也。十日一御，卽殺內之義。冰泮逆女，謂發生之時合男女也。霜降殺內，謂閉藏之時禁嗜欲也。月令在十一月，此云「霜降」，荀卿與呂氏所傳聞異也。鄭云：「歸妻，謂請期也。冰未泮，正月中以前，二月可以成婚矣。」故云：「冰泮逆女。」殺，所介反。○盧文弨曰：詩陳風東門之楊毛傳云：「言男女失時，不待秋冬。」正義引荀卿語，竝云：「毛公親事荀卿，故亦以秋冬爲婚期。」家語所說亦同。匏有苦葉所云「迨冰未泮」，周官媒氏「仲春會男女」，皆是。要其終，言不過是耳。楊注非。十日一御，君子之謹游於房也，不必連「冰泮」言。郝懿行曰：東門之楊傳：「男女失時，不逮秋冬。」正義引「荀卿書云：『霜降逆女，冰泮殺止。』霜降，九月也。冰泮，二月也。荀卿之意，自九月至於正月，於禮皆可爲昏。荀在焚書之前，必當有所憑據。毛公親事荀卿，故亦以爲秋冬。家語云：『羣生閉藏爲陰，而爲化育之始，故聖人以合男女、窮天數也。霜降而婦功成，嫁娶者行焉。冰泮而農桑起，昏禮殺於此。』」又引董仲舒云：「聖人以男女陰陽，其道同類。觀天道，嚮秋冬而陰氣來，嚮春夏而陰氣去，故古人霜降始逆女，冰泮而殺止，與陰俱近而陽遠也。」孔疏發明毛義，與荀卿之說合。楊注偶未省照，乃云「此誤」而改其文，謬矣。十日一御，節於內也。今禮言五日御，此言十者，或古文「五」如側「十」之形，因轉寫致誤歟？（「五」，古文作「乂」。）王引之曰：此文本作「霜降逆女，冰泮殺止」，謂霜降始逆女，至冰泮而殺止也。召南摽有梅及陳風東門之楊正義兩引此文，皆作「冰泮殺止」。周官媒氏疏載王肅論引此文及韓詩傳，亦皆作「冰泮殺止」。又春秋繁露循天之道篇亦云：「古之人霜降而逆女，冰泮而殺止。」（東門之楊正義所引如是，今本作「殺內」，乃後人依誤本荀子改之。）自楊所見本「殺」下始脱「止」字，而楊遂以「殺內」二字連讀，誤矣。冰泮殺止，指嫁娶而言，「內」字下屬爲句。內十日一御，別是一事，非承「冰泮」而言。

坐視膝，立視足，應對言語視面。儀禮士相見云「子視父則游目，無上於面，無下於帶，若不言，立則視足，坐則視膝」，鄭云：「不言，則伺其行起而已。」**立視前六尺而大之，六六三十六，三丈六尺。**蓋臣於君前視也。近視六尺，自此而廣之，雖遠視，不過三丈六尺。曲禮曰：「立視五巂。」彼在車上，故與此不同也。○王引之曰：「大之」，當爲「六之」。言以六尺而六之，則爲三丈六尺也。楊以廣釋大，則所見本已誤。

文貌情用，相爲內外表裏，文，謂禮物；貌，謂威儀。情，謂中誠；用，謂語言。質文相成，不可偏用也。○王念孫曰：文貌在外，情用在內，故曰「相爲內外表裏」。禮論篇曰：「文理繁，情用省，是禮之隆也。文理省，情用繁，是禮之殺也。文理情用相爲內外表裏，竝行而雜，是禮之中流也。」彼言「文理」，猶此言「文貌」。楊彼注云「文理謂威儀，情用謂忠誠」，是也。此注失之。先謙案：王謂文貌猶文理，是也。禮論篇「文理」，史記竝引作「文貌」，是其證。**禮之中焉。**

能思索謂之能慮。

禮者，本末相順，終始相應。

禮者，以財物爲用，以貴賤爲文，以多少爲異。竝解於禮論篇。下臣事君以貨，中臣事君以身，上臣事君以人。貨，謂聚斂及珍異獻君。身，謂死衛社稷。人，謂舉賢也。

易曰：「復自道，何其咎？」易，小畜卦初九之辭。復，返也。自，從也。本雖有失，返而從道，何其咎過也？春秋賢穆公，以爲能變也。公羊傳曰：「秦伯使遂來聘。遂者何？秦大夫也。秦無大夫。此何以書？賢穆公也。何賢乎穆公？以爲能變也。」謂前不用蹇叔、百里之言，敗於殽、函，而自變悔，作秦誓，詢兹黄髮是也。

士有妒友，則賢交不親；君有妒臣，則賢人不至。蔽公者謂之昧，隱良者謂之妒，掩蔽公道，謂之暗昧。奉妒昧者謂之交譎。交通於譎詐之人，相成爲惡也。○俞樾曰：交，讀爲狡。禮記樂記篇「血氣狡憤」，釋文曰：「狡，本作交。」是「交」「狡」古通用。狡與譎同義。下文曰「交譎之人，妒昧之臣」，是「交譎」與「妒昧」皆兩字平列。楊注曰「交通於譎詐之人」，失之矣。交譎之人，妒昧之臣，國之薉孽也。薉與穢同。孽，妖孽。言終爲國之災害也。

口能言之，身能行之，國寶也；口不能言，身能行之，國器也。如器物雖不言而有行也。口能言之，身不能行，國用也。國賴其言而用也。口言善，身行惡，國妖也。治國者敬其寶，愛其器，任其用，除其妖。

不富無以養民情，衣食足，知榮辱。不教無以理民性。人性惡，故須教。故家五畝宅，百畝田，務其業而勿奪其時，所以富之也。宅，居處也。百畝，一夫田也。務，謂勸勉之。孟子曰：「五畝之宅，樹之以桑，五十者可以衣帛矣。百畝之田，無失其時，八口之家可以無飢矣。」立大學，設庠序，脩六禮，明十教，所以道之也。詩曰：「飲之食之，教之誨之。」王事具矣。禮記曰：「六禮，冠、昬、喪、祭、鄉、相見。」十教，即十義也。禮記曰：「父慈、子孝，兄良、弟悌，夫義、婦聽，長惠、幼順，君仁、臣忠，十者謂之人義。」道，謂教道之也。「十」或爲「七」也。○王念孫曰：王制曰：「司徒脩六禮以節民性，明七教以興民德。」六禮：冠、昬、喪、祭、鄉、相見。七教：父子、兄弟、夫婦、君臣、長幼、朋友、賓客。則作「七教」者是也。凡經傳中「七」「十」二字，互誤者多矣。楊前注以禮運之十義爲十教，失之。

武王始入殷，表商容之閭，釋箕子之囚，哭比干之墓，天下鄉善矣。表，築旌之。言武王好善，天下鄉之。孔安國曰：「商容，殷之賢人，紂所貶退也。」

天下、國有俊士，世有賢人。天下之國皆有俊士，每世皆有賢人。迷者不問路，溺者不問遂，亡人好獨。以喻雖有賢俊，不能用也。所以迷，由於不問路；溺，由於不問遂；亡，由於好獨。遂謂徑隧，水中可涉之徑也。獨，謂自用其計。○洪頤煊曰：「遂」，當作「墜」。晏子春秋内篇雜上作「溺者不問墜」。郝懿行曰：「墜」，當作「隊」。「隊」「墜」，古今字。先謙案：詩載馳篇「大夫跋涉」，釋文引韓詩曰：「不由蹊遂而涉曰跋涉。」淮南脩務訓高注：「不從蹊遂曰跋涉。」二「遂」字與此義同。晏子作「隧」，乃誤文。洪據以爲說，非。詩曰：「我言維服，勿用爲笑。先民有言，詢于芻蕘。」言博問也。詩，大雅板之篇。毛云：「芻蕘，薪者也。」鄭云：「服，事也。我之所言，乃今之急事，汝無笑也。」

有法者以法行，無法者以類舉。皆類於法而舉之也。○郝懿行曰：類，猶比也，古謂之決事。比，今之所謂例也。下云「慶賞刑罰通類」，亦然。楊注未明晰，盧分段竝非。二句又見王制篇。俞樾曰：古所謂類，卽今所謂例。史記屈原賈生傳「吾將以爲類」，正義曰：「類，例也。」以其本，知其末，以其左，知其右，凡百事異理而相守也。其事雖異，其守則一。謂若爲善不同，同歸於理之類也。

慶賞刑罰，通類而後應。通明於類，然後百姓應之。謂賞必賞功，罰必罰罪，不失其類。政教習俗，相順而後行。順人心，然後可行也。

八十者一子不事，九十者舉家不事，廢疾非人不養者一人不事。父母之喪，三年不事。齊衰大功，三月不事。從諸侯不「不」當爲「來」。謂從他國來，或君之人入采地。與新有昏，朞不事。古者有喪、昏皆不事，所以重其哀戚與嗣續也。事，謂力役。

子謂子家駒續然大夫，不如晏子；子，孔子。謂，言也。子家駒，魯公子慶之孫，公孫歸父之後，名羈，駒其字也。續，言補續君之過。不能興功用，故不如晏子也。○盧文弨曰：「續然大夫」四字未詳。郝懿行曰：「續」，古作「賡」，賡之爲言庚也。庚然，剛强不屈之貌，言不阿諛也。晏子，功用之臣也，不如子産；雖有功用，不如子産之恩惠也。子産，惠人也，不如管仲。雖有恩惠，不如管仲之才略也。管仲之爲人，力功不力義，力知不力仁，雖九合諸侯，一匡天下，而不全用仁義也。野人也，不可以爲天子大夫。言四子皆類郊野之人，未浸漬於仁義，故不可爲王者佐。○郝懿行曰：此謂管仲尚功力而不脩仁義，不可爲王者之佐。注以「四子」言，恐非是。

孟子三見宣王不言事。門人曰：「曷爲三遇齊王而不言事？」孟子曰：「我先攻其邪心。」以正色攻去邪心，乃可與言也。

公行子之之燕，孟子曰「公行子有子之喪，右師往弔」，趙岐云：「齊大夫也。」子之，葢其先也。遇曾元於塗，曰：「燕君何如？」曾元曰：「志卑。言不求遠大也。曾元，曾參之子。志卑者輕物，物，事。輕物者不求助。不求賢以自輔。苟不求助，何能舉？既無輔助，必不勝任矣。氏、羌之虜也。謂見俘掠。不憂其係壘也，而憂其不焚也。壘，讀爲纍。氏、羌之俗，死則焚其屍。今不憂虜獲而憂不焚，是愚也。呂氏春秋曰：「憂其死而不焚。」利夫秋豪，害靡國家，然且爲之，幾爲知計哉！」靡，披靡也。利夫秋豪之細，其害遂披靡而來，及於國家。言不卹其大而憂其小，與氐、羌之虜何異？幾，辭也。或曰：幾，讀爲豈。○陳奐曰：案靡，累也。言所利在秋豪，而其害累及國家也。詩周頌傳曰「靡，累也」，是其義。王念孫曰：靡者，滅也。言利不過秋豪，而害乃至於滅國家也。方言「靡，滅也」，郭璞曰：「或作『摩滅』字，音糜。」漢書賈山傳：「萬鈞之所壓，無不糜滅者。」司馬遷傳：「富貴而名摩滅。」摩與糜、靡，古同聲而通用。（說見唐韻正。）

今夫亡箴者，終日求之而不得，其得之，非目益明也，眸而見之也。心之於慮亦然。眸，謂以眸子審視之也。言心於思慮，亦當反覆盡其精妙，如眸子之求箴也。○俞樾曰：楊說未安。以眸子審視，豈可但謂之「眸」乎？眸，當讀爲⿰目冒。說文目部：「⿰目冒，低目視也，從目，冒聲。」與牟聲相近。釋名釋首飾曰：「牟，冒也。」眸之與⿰目冒，猶牟之與冒矣。說文又有「瞀」篆，曰：「低目謹視也，從目，敄聲。」亦與牟聲相近。荀子成相篇「身讓卞〔一〕隨舉牟光」，卽莊子大宗師篇之務光也，是其例矣。

義與利者，人之所兩有也。雖堯、舜不能去民之欲利，然而能使其欲利不克其好義也。克，亦勝也。雖桀、紂亦不能去民之好義，然而能使其好義不勝其欲利也。故義勝利者爲治世，利克義者爲亂世。上重義則義克利，上重利則利克義。故天子

〔一〕「卞」，原本誤作「十」，據成相篇改。

不言多少，諸侯不言利害，大夫不言得喪，皆謂言貨財也。**士不通貨財，**士賤，雖得言之，亦不得貿遷如商賈也。**有國之君不息牛羊，**息，蕃育也。**錯質之臣不息雞豚，**錯，置也。質，讀爲贄。孟子曰：「出彊必載質。」蓋古字通耳。置贄，謂執贄而置於君。士相見禮曰：「士大夫奠贄於君，再拜稽首。」禮記曰：「畜乘馬者，不察於雞豚。」或曰：置質，猶言委質也。言凡委質爲人臣，則不得與下争利。**冢卿不脩幣，大夫不爲場園，**冢卿，上卿。不脩幣，謂不脩財幣販息之也。治稼穡曰場，樹菜蔬曰園。謂若公儀子不奪園夫、工女之利也。○王念孫曰：「場園」，當爲「場圃」，字之誤也。韓詩外傳作「不爲場圃」。玩楊注，亦是「圃」字。論語子路篇馬注及射義鄭注，竝云「樹菜蔬曰圃」，卽楊注所本。俞樾曰：上云「士不通財貨」，楊注「不得貿遷如商賈也」；此云「冢卿不脩幣」，注謂「不脩財幣販息之也」；然則與士之不通貨財何以異乎？據韓詩外傳作「冢卿不脩幣施」，疑此文奪「施」字。「幣」乃「敝」字之誤。「施」當爲「杝」，古同聲叚借字也。「杝」，卽今「籬」字。一切經音義十四云「籬、杝同，力支反」，引通俗文云：「柴垣曰杝，木垣曰柵。」説文木部：「杝，落也。」冢卿不脩敝杝，謂籬落敝壞，不脩葺之也，與下文「大夫不爲場園」正同一意，皆不與民争利之義。**從士以上皆羞利而不與民争業，樂分施而恥積藏。然故民不困財，**○王念孫曰：羣書治要「財」作「則」，則以「民不困」爲句，「則」字下屬爲句。然故，猶是故也。堯問篇「然故士至」同，説見釋詞「然」字下。先謙案：羣書治要作「然後民不困財」，上方注云：「後作故，則作財。」是校者以作「則」者爲非，當從今本。**貧窶者有所竄其手。**竄，容也。謂容集其手而力作也。○先謙案：有所竄其手，猶言有所措手也。楊注失之泥。羣書治要作「有所竄其中矣」，疑以意改之。

文王誅四，武王誅二，周公卒業，至成、康則案無誅已。竝解在仲尼篇。言周公終王業，猶不得無誅伐，至成、康然後刑措也。重引此者，明不與民爭利則刑罰省也。

多積財而羞無有，重民任而誅不能，羞貧。使民不能勝任而復誅之。○先謙案：重民任，謂虐使之。**此邪行之所以起，刑罰之所以多也。**

上好羞，則民闇飾矣；好羞貧而事奢侈，則民闇自脩飾也。○王念孫曰：楊說迂曲而不可通。「羞」，當爲「義」。「羞」字上半與「義」同，又涉上文兩「羞」字而誤也。上好義則民闇飾者，言上好義則民雖處隱闇之中，亦自脩飾，不敢放於利而行也。（呂氏春秋具備篇載宓子賤治亶父，使民闇行，若有嚴刑於旁，即所謂「民闇飾」也。賈子大政篇曰：「聖明則士闇飾矣。」）「上好義」與「上好富」對文，故下文又云「欲富乎」、「與義分背矣」。上好義則民闇飾，上好富則民死利，即上文所云「上重義則義克利，上重利則利克義」也。（鹽鐵論錯幣篇「上好禮則民闇飾，上好貨則下死利」，即用荀子而小變其文。）**上好富，則民死利矣。二者，亂之衢也。**衢，道。○劉台拱曰：「二者」二字，承上兩句而言，則「亂」上當有「治」字。**民語曰：「欲富乎？忍恥矣，傾絕矣，絕故舊矣，與義分背矣。」**忍恥，不顧廉恥。傾絕，謂傾身絕命而求也。分背，如人分背而行。上好富，則人民之行如此，安得不亂？湯旱而禱曰：「政不節與？○先謙案：節，猶適也。謂不調適。説見天論篇。使民疾與？疾，苦。何以不雨至斯極也！宮室榮與？婦謁盛與？何以不雨至斯極也！榮，盛。謁，請也。婦謁盛，謂婦言是用也。苞苴行與？讒夫興與？何以不雨至斯極也！」貨賄必以物苞裹，故總謂之苞苴。興，起也。鄭注禮記云「苞苴裹魚肉者，或以葦，或以茅」也。

天之生民，非爲君也。天之立君，以爲民也。故古者列地建國，非以貴諸侯而已；列官職，差爵禄，非以尊大夫而已。差，謂制等級也。

主道知人，臣道知事。人謂賢良，事謂職守。故舜之治天下，不以事詔而萬物成。不以事詔告，但委任而已。謂若使禹治水，不告治水之方略。農精於田而不可以爲田師，工賈亦然。

以賢易不肖，不待卜而後知吉。以治伐亂，不待戰而後知克。無人禦敵，故知必克。

齊人欲伐魯，忌卞莊子，不敢過卞。卞，魯邑。莊子，卞邑大夫，有勇者。晉人欲伐衞，畏子路，不敢過蒲。蒲，衞邑。子路，蒲宰。杜元凱云：「蒲邑在長垣縣西南。」

不知而問堯、舜，好問則無不知，故可比聖人也。**無有而求天府。**知無而求之，是有天府之富。○俞樾曰：案楊讀「不知而問」、「無有而求」絶句，故其解如此，實非荀子意也。不知而問之堯、舜，無有而求之天府，語意本連屬。下文「先王之道則堯、舜已，六貳之博則天府已」，乃自解「堯、舜」「天府」之義也。使謂不知而問卽是堯、舜，無有而求卽是天府，下文贅矣，故知楊注非也。「六貳」，當從盧説爲「六蓺」之誤。何謂堯、舜？先王之道是也。問者，問此而已，非必真起堯、舜而問之也。何謂天府？六蓺之博是也。求者，求此而已，非必真入天府而求之也。**曰：先王之道，則堯、舜已；**問先王之道，則可爲堯、舜。**六貳之博，則天府已。**求財於六貳之博，得之不窮，故曰「天府」。天府，天之府藏。言六貳之博，可以得貨財；先王之道，可以爲堯、舜，故以喻焉。六貳之博，卽六博也。王逸注楚辭云：「投六箸，行六棊，故曰六博。」今之博局，亦二六相對也。○盧文弨曰：「貳」，當作「蓺」，聲之誤也。卽六經也。**君子之學如蛻，幡然遷之。**如蟬蛻也。幡與翻同。**故其行效，其立效，其坐效，其置顔色、出辭氣效。**效，放也。置，措也。言造次皆學而不捨也。**無留善，**有善卽行，無留滯。**無宿問。**當時卽問，不俟經宿。

善學者盡其理，善行者究其難。非知之艱，行之惟艱，故善行之者，是究其難。**君子立志如窮，**似不能通變。**雖天子三公問，正以是非對。**至尊至貴，對之唯一，故曰「如窮」也。○先謙案：君子不以窮達易心，故立志常如窮時，雖君相問，必以正對。楊説非。

君子隘窮而不失，不失道而隕穫。○盧文弨曰：「隘窮」，卽「阨窮」。**勞倦而不苟，**不苟免也。**臨患難而不忘細席之言。**尸子：「子夏曰：『君子漸於飢寒而志不僻，侉於五兵而辭不懾，臨大事不忘昔席之言。』」昔席，蓋昔所踐履之言。此「細」，亦當讀爲昔。或曰：細席，講論之席。臨難不忘素所講習忠義之言。漢書王吉諫昌邑王曰：「廣廈之下，細旃之上。」○盧文弨曰：案廣韻：「侉，痛呼也，安賀切。」宋本作「銙」，字書無攷。今從元刻。郝懿行曰：「細席」，恐「茵席」之形譌。蓋「茵」假借爲「絪」，「絪」又譌爲「細」耳。王念孫曰：郝説是也。漢書霍光傳「加畫繡絪馮」，如淳曰「絪亦茵」，是其證。茵席之言，謂昔日之言，卽論語所謂「平生之言」也。故尸子云：「臨大事不忘昔席之言。」俞樾曰：郝、王之説塙矣。楊注引尸子「臨大事不忘昔席之言」，「昔」亦「茵」之譌。荀子作「細席」者，其原文是「絪席」也；尸子作「昔席」者，其原文是「茵席」也：兩文雖異而實同。**歲不寒無以知松柏，事不難無以知君子無日不在是。**無有一日不懷道，所謂「造次必於是」也。

雨小，漢故潛。未詳。或曰：爾雅云「漢爲潛」，李巡曰：「漢水溢流爲潛。」今云「雨小，漢故潛」，言漢者本因雨小，水濫觴而成，至其盛也，乃溢爲潛矣。言自小至大者也。○郝懿行曰：此語譌誤不可讀。楊氏曲爲之解，似違蓋闕之義。俞樾曰：「漢」字疑衍文。雨小故潛者，爾雅釋言曰：「潛，深也。」言雨小，故入地深也。下文云「夫盡小者大，積微者箸」，是其義矣。**夫盡小**

者大，積微者著，德至者色澤洽，行盡而聲問遠。色澤洽，謂德潤身。行，下孟反。○先謙案：「而」，蓋「者」之誤，四句一例。**小人不誠於内而求之於外。**

言而不稱師謂之畔，畔者，倍之半也。**教而不稱師謂之倍。**教人不稱師，其罪重，故謂之倍。倍者，反逆之名也。○郝懿行曰：倍者，反也。畔與叛同。叛者，反之半也。不稱師同，而罪異者，言謂自言，教謂傳授。夫民生於三，事之如一，師，儒得民，九兩攸繫，而乃居肰坐大，背棄師門，名教罪人，故以反叛坐之。檀弓記曾子怒子夏曰：「使西河之民疑女於夫子，爾罪一也。」鄭注：「言其不稱師也。」然則荀子斯言，蓋有因於古矣。**倍畔之人，明君不内，朝士大夫遇諸塗不與言。**

不足於行者説過，言説大過，故行不能副也。**不足於信者誠言。**數欲誠實其言，故信不能副，君子所以貴行不貴言也。○郝懿行曰：説過者，大言不怍；誠言者，貌言若誠。**故春秋善胥命，而詩非屢盟，其心一也。**春秋魯桓公三年「齊侯、衛侯胥命于蒲」，公羊傳曰：「相命也。何言乎相命？近正也。古者不盟，結言而退。」又詩曰：「君子屢盟，亂是用長。」言其一心而相信，則不在盟誓也。**善爲詩者不説，善爲易者不占，善爲禮者不相，其心同也。**皆言與理冥會者，至於無言説者也。相，謂爲人贊相也。

曾子曰：「孝子言爲可聞，行爲可見。發言使人可聞，不詐妄也；立行使人可見，不苟爲：斯爲孝子也。**言爲可聞，所以説遠也；行爲可見，所以説近也。近者説則親，遠者説則附。親近而附遠，孝子之道也。」**説，皆讀爲悦。近親遠附，則毁辱無由及親也。

曾子行，晏子從於郊，曰：「嬰聞之，君子贈人以言，庶人贈人以財。嬰貧無財，請假於君子，贈吾子以言：假於君子，謙辭也。晏子先於孔子，曾子之父猶爲孔子弟子，此云送曾子，豈好事者爲之歟？**乘輿之輪，太山之木也，示諸檃栝，三月五月，爲幬菜敝而不反其常。**此皆言車之材也。示，讀爲寘。檃栝，矯煣木之器也。言寘諸檃栝，或三月，或五月也。幬菜，未詳。或曰：菜，讀爲菑。謂轂與輻也。言矯煣直木爲牙，至於轂輻皆敝，而規曲不反其初，所謂三材不失職也。周禮考工記曰「望其轂，欲其眼也；進而眂之，欲其幬之廉也」，鄭云：「幬，冒轂之革也。革急則裹〔一〕木廉隅見。」考工記又曰「察其菑蚤不齵，則輪雖敝不匡」，鄭云：「菑，謂輻入轂中者。蚤，讀爲爪，謂輻入牙中者也。匡，刺也。」晏子春秋曰：「今夫車輪，山之直木，良匠煣之，其員中規，雖有槁暴，不復嬴矣。」**君子之檃栝不可不謹也。愼之！**爲移其性，故不可慢。**蘭茝、稾本，漸於蜜醴，一佩易之。**雖皆香草，然以浸於甘醴，一玉佩方可易買之。言所漸者美而加貴也。「佩」或爲「倍」，謂其一倍也。漸，浸也，子廉反。此語與晏子春秋

〔一〕「裹」，原本無，據周禮考工記輪人鄭注補。

不同也。○盧文弨曰：晏子作「今夫蘭本，三年而成，湛之苦酒，則君子不近，庶人不佩，湛之麋醢而賈匹馬矣」。說苑、家語略同，「麋醢」作「鹿醢」。案漸於蜜醴，與漸於酒、漸之滫中，皆謂其不可久，故一佩即易之。各書俱一意，注非。**正君漸於香酒，可讒而得也。**雖正直之君，其所漸染，如香之於酒，則讒邪可得而入。言甘醴變香草之性，甘言變正君之性，或爲美，或爲惡，皆在其所漸染也。○郝懿行曰：正君者，好是正直之君。讒言甘而易入，如飲醇醪，令人自醉，故以漸於香酒譬況之。**君子之所漸不可不慎也。**」

人之於文學也，猶玉之於琢磨也。詩曰：「如切如磋，如琢如磨。」謂學問也。和之璧，井里之厥也，玉人琢之，爲天子寶。和之璧，楚人卞和所得之璧也。井里，里名。厥也，未詳。或曰：厥，石也。晏子春秋作「井里之困」也。○盧文弨曰：案厥同橜。說文：「橜，門梱也。」「梱，門橜也。」荀子以「厥」爲「橜」，晏子以「困」爲「梱」，皆謂門限。意林不解，乃改爲「璞」矣。郝懿行曰：晏子春秋雜上篇作「井里之困」。據盧說，則厥與困一物，皆謂得石如門限木耳。王念孫曰：盧本段說，見鍾山札記。文選劉琨答盧諶詩序「天下之寶，當與天下共之」，注引此「和」下有「氏」字，（晏子春秋雜篇同。）「爲天子寶」作「爲天下寶」，（又引史記藺相如傳：「和氏璧，天下所共傳寶也。」）於義爲長。下文亦云子贛、季路，「爲天下列士」。**子贛、季路，故鄙人也，被文學，服禮義，爲天下列士。**

學問不厭，好士不倦，是天府也。言所得多。

君子疑則不言，未問則不立，道遠日益矣。未曾學問，不敢立爲論議，所謂「不知爲不知」也。爲道久遠，自日有所益，不必道聽塗説也。此語出曾子。○王念孫曰：「立」字義不可通。「立」，亦當爲「言」。（下文「未問則不立」同。）疑則不言、未問則不言，皆謂君子之不易（以豉反。）其言也。大戴記曾子立事篇「君子疑則不言，未問則不言」，此篇之文，多與曾子同也。隸書「言」字或作「音」，（若「詻」作「詻」、「詹」作「詹」、「善」作「善」之類皆是。）因脱其半而爲「立」。秦策「秦王愛公孫衍，與之間，有所言」，今本「言」譌作「立」。楊曲爲之説，非。

多知而無親、博學而無方、好多而無定者，君子不與。無親，不親師也。方，法也。此皆謂雖廣博而無師法也。

少不諷，壯不論議，雖可，未成也。諷，謂就學諷詩、書也。言不學，雖有善質，未爲成人也。○王念孫曰：「少不諷」，當從大戴記作「少不諷誦」。「諷誦」與「論議」對文，少一「誦」字，則文不足意矣。楊云「諷，謂就學諷詩、書」，則所見本已脱「誦」字。

君子壹教，弟子壹學，亟成。壹，專壹也。亟，急也，己力反。

君子進則能益上之譽而損下之憂。進，仕。損，減。不能而居之，誣也；無益而厚受之，竊也。誣君，竊位。學者非必爲仕，而仕者必如學。如，往。○郝懿行曰：如，肖似也。此言仕必不負所學。注云「如，往」，非也。

子貢問於孔子曰：「賜倦於學矣，願息事君。」息，休息。孔子曰：「詩云：『温恭朝夕，執事有恪。』事君難，事君焉可息哉！」詩，商頌那之篇。「然則賜願息事親」。孔子曰：「詩云：『孝子不匱，永錫爾類。』事親難，事親焉可息哉」！詩，大雅既醉之篇。毛云：「匱，竭也。類，善也。」言孝子之養，無有匱竭之時，故天長賜以善也。「然則賜願息於妻子」。孔子曰：「詩云：『刑于寡妻，至于兄弟，以御于家邦。』妻子難，妻子焉可息哉」！詩，大雅思齊之篇。刑，法也。寡有之妻，言賢也。御，治也。言文王先立禮法於其妻，以至于兄弟，然後治于家邦。言自家刑國也。「然則賜願息於朋友。」孔子曰：「詩云：『朋友攸攝，攝以威儀。』朋友難，朋友焉可息哉！」亦既醉之篇。毛云：「言相攝佐者以威儀也。」「然則賜願息耕。」孔子曰：「詩云：『晝爾于茅，宵爾索綯，亟其乘屋，其始播百穀。』耕難，耕焉可息哉！」詩，豳風七月之篇。于茅，往取茅也。綯，絞也。亟，急也。乘屋，升屋，治其敝漏也。「然則賜無息者乎？」孔子曰：「望其壙，皋如也，嵮如也，鬲如也，此則知所息矣。」壙，丘壠。「皋」，當爲「宰」。宰，冢也。宰如，高貌。嵮與填同，謂土填塞也。鬲，謂隔絶於上。列子作「宰如」、「墳如」，張湛注云：「見其墳壤鬲異，則知息之有所也。」〇盧文弨曰：公羊僖卅三年傳「宰上之木拱矣」，是宰訓冢也。冢，大也。如大山也。嵮，讀爲顛，山頂也。

鬲如，形如實五觳之器也。山有似甗者矣。列子「嵮如」作「墳如」，如大防也。郝懿行曰：皋，猶高也。言皋韜在上也。「嵮」，卽「顛」字。「顛」，俗作「巔」，因又作「嵮」耳。鬲，鼎屬也，圓而弇上。此皆言丘壠之形狀，故以「如」字寫貌之。皋如，蓋若覆夏屋者。嵮如，蓋若防者露標顛也。列子天瑞篇作「墳如」。墳，大防也。鬲如，蓋若覆釜之形，上小下大，今所見亦多有之。注竝非。劉台拱曰：今列子作「睪如也，宰如也」，「睪」卽「皋」，豈楊氏所見本異邪？「睪如」「宰如」二句疊出，則不得破「皋」爲「宰」矣。王念孫曰：家語困誓篇亦作「睪如也」，王肅曰：「睪，高貌。」子貢曰：「大哉死乎！君子息焉，小人休焉。」○郝懿行曰：休、息一耳，此別之者，亦猶檀弓記言君子曰終、小人曰死之意。子貢始言願得休息，孔子四〔一〕言「焉可息哉」，必須死而後已。於是子貢悚然警悟，始知大塊勞我以生，逸我以死，作而歎曰：「大哉死乎！君子息焉，小人休焉。」言人不可苟生，亦不可徒死也。

國風之好色也，傳曰：「盈其欲而不愆其止。好色，謂關雎樂得淑女也。盈其欲，謂好仇，寤寐思服也。止，禮也。欲雖盈滿而不敢過禮求之。此言好色人所不免，美其不過禮也。故詩序云：「關雎樂得淑女以配君子，憂在進賢，不淫其色，哀窈窕，思賢才，而無傷善之心焉。是關雎之義也。」其誠可比於金石，其聲可内於宗廟。」其誠，以禮自防之誠也。比於金石，言不

〔一〕「四」，據正文似當作「五」。

變也。其聲可内於宗廟，謂以其樂章播八音，奏於宗廟。鄉飲酒禮：「合樂，周南關雎、葛覃。」詩序云：「關雎，后妃之德，風之始也。所以風化天下，故用之鄉人焉，用之邦國焉。」既云「用之邦國」，是其聲可内於宗廟者也。**小雅不以於汙上，自引而居下，**以，用也。汙上，驕君也。言作小雅之人，不爲驕君所用，自引而疏遠也。**疾今之政，以思往者，其言有文焉，其聲有哀焉。**小雅多刺幽、厲而思文、武。言有文，謂不鄙陋；聲有哀，謂哀以思也。

國將興，必貴師而重傅，貴師而重傅則法度存。○俞樾曰：下文云「賤師而輕傅則人有快，人有快則法度壞」。據此，則「貴師而重傅」下疑有闕文。**國將衰，必賤師而輕傅，賤師而輕傅則人有快，**人有肆意。**人有快則法度壞。**

古者匹夫五十而士。禮四十而士，五十而後爵，此云「五十而士」，恐誤。或曰：爲卿士。○郝懿行曰：士者，事也。五十曰艾，服官政，然後可以任事也。俞樾曰：二說皆非也。下文云「天子、諸侯子十九而冠」，注曰：「先於臣下一年也。」然則四十而士，猶二十而冠，皆是論其常；五十而士，猶十九而冠，皆是言其異也。禮所謂「四十始仕，五十命爲大夫」者，蓋指卿大夫、元士之適子而言。此明言「匹夫」，則殆謂卿之俊士、選士矣。禮記王制篇正義曰：「鄉人既卑，節級升之，故爲選士、俊士。至於造士，若王子與公卿之子，本位既尊，不須積漸，學業既成，卽爲造士。」以是言之，古人於世族子弟及民間秀士，自有區別，故其始仕有十年之差也。荀子不直曰「古者五十而士」，必加「匹夫」二字，明與下文「天子、諸侯子」相對。知十九而冠爲天子、諸侯子之制，則知五十而士爲匹夫之制，不必疑其與禮經不合矣。

天子、諸侯子十九而冠，冠而聽治，其教至也。 十九而冠，先於臣下一年也。雖人君之子，猶年長而冠，冠而後聽其政治，以明教至然後治事，不敢輕易。○郝懿行曰：天子、諸侯子十九而冠者，異於常人，由其生質本異，其教又至，故能爾也。傳謂「國君十五生子，冠而生子，禮也」。於時魯侯年才十二，則太早矣。荀子所言，當是古法。

君子也者而好之，其人； 有君子之質，而所好得其人，謂得賢師也。**其人也而不教，不祥。** 祥，善。○王念孫曰：「其人也而不教」，「也」字當在上句「其人」下。（汪説同。）下文「非君子而好之，非其人也；非其人而教之，齎盜糧，借賊兵也」，上「非其人」下有「也」字，下「非其人」下無「也」字，是其證。先謙案：人有好善之誠，我不以善告之，是不祥也。**非君子而好之，非其人也；** 既無君子之質，又所好非其人也。**非其人而教之，齎盜糧，借賊兵也。** 若使不善人教非君子，是猶資借盜賊之兵糧，爲害滋甚，不如不教也。齎與資同。兵，五兵也。○盧文弨曰：此條言所好者君子，是爲得其人；非君子而好之，則所好非其人也。人可與言而不教，是爲不祥；不可與言而教之，則又資盜糧，借賊兵也。楊注不了。王念孫曰：此言能好君子則爲可教之人，可教而不教之，是爲不祥；若所好非君子，則爲不可教之人，不可教而教之，則是齎盜糧，借賊兵也。盧説亦未了。

不自嗛其行者，言濫過。嗛，足也。謂行不足也。所以不足其行者，由於言辭汎濫過度也。○郝懿行曰：嗛，不足也。言人不知自歉其行者，其言易於濫過而難副。楊注失之。「嗛」與「歉」，古字通，荀書多以「嗛」爲「歉」，楊氏不了。此注支離妄説，亦由訓嗛爲足，遂不顧文義之難通耳。**古之賢人，賤爲布衣，貧爲匹夫，食則饘粥不足，衣則豎褐不完，然而非禮不進，非義不受，安取此？**豎褐，僮豎之褐，亦短褐也。言賢人雖貧窮，義不苟進，安取此言過而行不副之事乎？

子夏貧，衣若縣鶉。人曰：「子何不仕？」曰：「諸侯之驕我者，吾不爲臣；大夫之驕我者，吾不復見。柳下惠與後門者同衣而不見疑，非一日之聞也。柳下惠，魯賢人公子展之後，名獲，字禽，居於柳下，謚惠；季，其伯仲也。後門者，君之守後門，至賤者。子夏言「昔柳下惠衣之敝惡與後門者同，時人尚無疑怪者」，言安於貧賤，渾迹而人不知也。非一日之聞，言聞之久矣。○盧文弨曰：案「柳下惠」一條，不當蒙上文。與後門同衣而不見疑，蓋即毛詩巷伯篇故訓傳所云「嫗不逮門之女，而國人不稱其亂」也。非一日之聞，言素行爲人所信。王念孫曰：案鍾山札記又引呂氏春秋長利篇云「戎夷違齊如魯，天大寒而後門」，高誘注：「後門，日夕，門已閉也。」韓非子外儲説左下云：「暮而後門。」**爭利如蚤甲而喪其掌。」**蚤與爪同。言仕亂世驕君，縱得小利，終喪其身。○盧文弨曰：「蚤」者，「叉」字之叚借。叉、甲同義，爪訓覆手，不與蚤同。此亦當別爲一條。郝懿行曰：此章言子夏貧無衣而不仕者，以時君、大夫皆驕慢，故衣雖縣鶉而自甘。又引柳下惠與後門同衣，意可見矣。又言得利如叉甲而喪其手掌，言仕之利小而害大也。楊注甚明，盧氏欲分段，似失之。

君人者不可以不慎取臣，匹夫不可以不慎取友。○謝本從盧校，作「匹夫者」。王念孫曰：「匹夫」下不當有「者」字，此涉上「君人者」而衍。呂、錢本「匹夫」下皆無「者」字。先謙案：王説是。今從呂、錢本刪。**友者，所以相有也。**友與有同義。相有，謂不使喪亡。○郝懿行曰：有者，相保有也。詩云：「亦莫我有。」友、有聲義同，古亦通用。如云「有朋自遠方來」，「有」即「友」矣。**道不同，何以相有也？均薪施火，火就燥；平地注水，水流溼。夫類之相從也，如此之著也，以友觀人，焉所疑？**察其友，則可以知人之善惡不疑也。**取友善人，不可不慎，是德之基也。**取友求善人，不可不慎，是德之基本。言所以成德也。○盧文弨曰：俗本正文亦作「取友求善人」，宋本、元刻皆無「求」字。若有，注可不費辭矣。先謙案：善人，使人善也。楊注非。**詩曰：「無將大車，維塵冥冥。」言無與小人處也。**詩，小雅無將大車之篇。將，猶扶進也。將車，賤者之事。塵冥冥蔽人目明，令無所見，與小人處亦然也。

藍苴路作，似知而非。未詳其義。或曰：苴，讀爲姐，慢也。趙蕤注長短經知人篇曰：「姐者，類智而非智。」或讀爲狙，伺也。姐，子野反。**偄弱易奪，似仁而非。**仁者不爭而與物，故偄弱易奪者似之。易奪，無執守之謂也。○盧文弨曰：偄與懦同，從宋本。悍戇好鬬，似勇而非。悍，兇戾也。戇，愚也，丁絳反。仁義禮善之於人也，辟之若貨財粟米之於家也，多有之者富，少有之者貧，至無有者窮。故大者不能，小者不爲，是棄國捐身之道也。○盧文弨曰：「捐」，宋本作「損」。今從元刻。凡物有乘而來，乘其出者，是其反者也。反，復也。出，去也。凡乘執而來、乘執而去者，皆是物之還反也。言善惡皆所自取也。○王念孫曰：下「乘」字，疑涉上「乘」字而衍。凡物有乘而來者，乘，因也，（文選謝朓始出尚書省詩注引如淳漢書注。）言凡物必有所因而來。反乎我者，卽出乎我者也，故曰「其出者，是其反者也」。今本「來」下又有「乘」字，則義反晦矣。楊說失之。

流言滅之，貨色遠之。禍之所由生也，生自纖纖也，是故君子蚤絶之。流言，謂流轉之言，不定者也。滅，亦絶也。凡禍之所由生，自纖纖微細，故君子早絶其萌。此語亦出曾子。○盧文弨曰：元刻作「禍之所由生，自纖纖也」，與大戴曾子立事篇同。王念孫曰：宋龔本同元刻，汪從之。言之信者，在乎區蓋之間。區，藏物處。蓋，所以覆物者。凡言之可信者，如物在器皿之間。言有分限，不流溢也。器名區者，與丘同義。漢書儒林傳「唐生、褚生應博士弟子選，試誦說，有法，疑者丘蓋不言」，丘與區同也。**疑則不言，未問則不立。**重引此兩句以明之。○郝懿行曰：此二句已見上。疑「立」皆當爲「言」，形近之譌。楊注說「立」，非也。區蓋者，古讀區若丘，注引漢儒林傳「疑者丘蓋不言」，此說是也。論語記孔子言「蓋」，皆疑而未定之詞。如云「君子於其所不知，蓋闕如也」；「蓋有不知而作之者，我無是也」；「蓋有之矣，我未之見也」。「蓋」皆疑詞，故謂疑者曰「丘蓋」，以音同借爲「區蓋」耳。楊注非是。漢書注：「蘇林曰：『丘蓋不言，不知之意也。』如淳曰：『齊俗以不知爲丘。』」二説皆得其意，但語未明晰耳。顏師古注以蓋爲發語之辭，亦非。

知者明於事，達於數，不可以不誠事也。誠，忠誠。言不可以虛妄事智者。○盧文弨曰：「事智者」，元刻作「了知也」。**故曰：「君子難說，說之不以道，不說也。」**說，竝音悅。

語曰：「流丸止於甌、臾，流言止於知者。」甌、臾，皆瓦器也。揚子雲方言云：「陳、魏、楚、宋之閒，謂罃爲臾。」甌臾，謂地之坳坎如甌臾者也。或曰：甌臾，窊下之地。史記曰「甌窶滿溝，污邪滿車」，裴駰云：「甌窶，傾側之地。污邪，下地〔一〕也。」邪與臾，聲相近，蓋同也。窶，力侯反。污，烏瓜反。**此家言邪學之所以惡儒者也。**家言，謂偏見，自成一家之言，若宋、墨者。

〔一〕史記滑稽列傳裴駰集解「下地」下有「田」字。

是非疑則度之以遠事，驗之以近物，參之以平心，流言止焉，惡言死焉。參驗之至，則流言息。死，猶盡也。鄭康成曰：「死之言澌。」澌，猶消盡也。

曾子食魚有餘，曰：「泔之。」門人曰：「泔之傷人，不若奧之。」泔與奧，皆烹和之名，未詳其說。○盧文弨曰：案非烹和也，曾子以魚多欲藏之耳。泔，米汁也。泔之，謂以米汁浸漬之。門人以易致腐爛，食之不宜於人，或致有腹疾之患，故以爲傷人。説文：「奧，宛也。」「宛，奧也。」奧與宛，皆與「鬱」音義同。今人藏魚之法，醉魚則用酒，醃魚則用鹽，置之甀中以鬱之，可以經久，且味美。奧，如「鬱韭」、「鬱麴」之「鬱」。（「鬱韭」見説文「䣶」字下，「鬱麴」見釋名。）皆謂治之，藏於幽隱之處。今魚經鹽酒者，於老者病者極相宜，正與傷人相反。（此條見龍城札記。）王念孫曰：米泔不可以漬魚，盧謂「以米汁浸漬之」，非也。「泔」，當爲「洎」。周官士師「洎鑊水」，鄭注曰：「洎，謂增其沃汁。」襄二十八年左傳「去其肉而以其洎饋」，正義曰：「添水以爲肉汁，遂名肉汁爲洎。」然則添水以爲魚汁，亦得謂之洎。洎之，謂添水以漬之也。呂氏春秋應言篇「多洎之則淡而不可食，少洎之則焦而不熟」，高注曰：「肉汁爲洎。」彼言「多洎之」、「少洎之」，即此所謂「洎之」矣。以洎漬魚，則恐致腐爛而不宜於食，故曰「洎之傷人」也。隸書「甘」字或作「目」，與「自」字極相似，故「洎」誤爲「泔」耳。（漢西嶽華山亭碑「甘澍弗布」，「甘」字作「目」，見漢隸字原。）奧，亦非烹和之名，盧訓奧爲鬱，是也。釋名曰：「腝，奧也。藏物於奧內，稍出用之也。」彼所謂「腝」，即此所謂「奧之」矣。然盧謂奧與宛、鬱同音，則非也。奧與宛、鬱同義而不同音，故諸書中

「鬱」字有通作「宛」者，而「宛」「鬱」二字無通作「奧」者。以宛、鬱釋奧則可，讀奧爲宛、鬱則不可。

曾子泣涕曰：「有異心乎哉！」傷其聞之晚也。 曾子自傷不知以食餘之傷人，故泣涕，深自引過，謝門人曰：「吾豈有異心故欲傷人哉？乃所不知也。」言此者，以譏時人飾非自是，恥言不知，與曾子異也。○先謙案：曾子養親至孝，當時或進此魚而未知其傷人，親没後始聞此語，故觸念自傷。楊注未得其義。

無用吾之所短遇人之所長， 遇，當也。言己才藝有所短，宜自審其分，不可彊欲當人所長而辨爭也。**故塞而避所短，移而從所仕。疏知而不法，察辨而操辟，勇果而亡禮，君子之所憎惡也。** 塞，掩也。移，就也。仕與事同，事所能也。言掩其不善，務其所能也。疏，通也。察辨而操辟，謂聰察其辨，所操之事邪僻也。操，七刀反。○俞樾曰：「仕」，疑「任」字之誤。莊子秋水篇「任士之所勞」，釋文引李注曰：「任，能也。」然則移而從所任者，移而從所能也，於義較捷矣。

多言而類，聖人也。 應萬變，故多類。謂皆當其類而無乖越，此聖人也。**少言而法，君子也。多言無法而流喆然，雖辯，小人也。** 「喆」，當爲「湎」。非十二子篇有此語，此當同。或曰：當爲「楛」也。○先謙案：而，當訓爲如，通用字。

國法禁拾遺，惡民之串以無分得也。 串，習也，工患反。**有夫分義則容天下而治，**

○先謙案：容，受也。無分義則一妻一妾而亂。

天下之人，唯各特意哉，然而有所共予也。特意，謂人人殊意。予，讀爲與。○盧文弨曰：「唯」，元刻作「雖」。王念孫曰：「唯」，卽「雖」字，説見經義述聞桓十四年穀梁傳。言味者予易牙，言音者予師曠，言治者予三王。易牙，齊桓公宰夫，知味者。師曠，晉平公樂師，知音者。三王既已定法度、制禮樂而傳之，有不用而改自作，何以異於變易牙之和、更師曠之律？無三王之法，天下不待亡，國不待死。言不暇有所待而死亡，速之甚也。更，工衡反。○謝本從盧校，作「無三王之治」。王念孫曰：吕、錢本「治」皆作「法」，是也。此承上「三王既已定法度」而言。先謙案：王説是。今從吕、錢本改。飲而不食者，蟬也；不飲不食者，浮蝣也。浮蝣，渠略，朝生夕死蟲也。言此者，以喻人既飲且食，必須求先王法略爲治，不得苟且如浮蝣輩也。○郝懿行曰：二句義似未足，文無所蒙，容有缺脱。汪中曰：此二語别是一義，與上文不相蒙，注非。

虞舜、孝己孝而親不愛，比干、子胥忠而君不用，仲尼、顔淵知而窮於世。劫迫於暴國而無所辟之，辟，讀爲避。聖賢者不遇時，危行言遜。則崇其善，揚其美，言其所長而不稱其所短也。惟惟而亡者，誹也；惟，讀爲唯，以癸反。唯唯，聽從貌。常聽從人而不免亡者，由於退後卽誹謗也。博而窮者，訾也；清之而俞濁者，口也。已解於榮辱篇。

君子能爲可貴，不能使人必貴己；能爲可用，不能使人必用己。修德在己，所遇在命。

誥誓不及五帝，誥誓，以言辭相誡約也。禮記曰：「約信曰誓。」又曰：「殷人作誓而民始畔。」盟詛不及三王，涖牲曰盟。謂殺牲歃血，告神以盟約也。交質子不及五伯。此言後世德義不足，雖要約轉深，猶不能固也。伯，讀曰霸。穀梁傳亦有此語。

荀子卷第二十

宥坐篇第二十八

此以下皆荀卿及弟子所引記傳襍事，故總推之於末。

孔子觀於魯桓公之廟，有欹器焉。春秋哀公三年「桓宫、僖宫災」，公羊傳曰：「此皆毁廟也。其言災何？復立也。」或曰：三桓之祖廟欹器傾。欹，易覆之器。孔子問於守廟者曰：「此爲何器？」守廟者曰：「此蓋爲宥坐之器。」宥與右同。言人君可置於坐右，以爲戒也。説苑作「坐右」。或曰：宥與侑同，勸也。文子曰「三王、五帝有勸戒之器，名侑卮」，注云：「欹器也。」○盧文弨曰：今説苑作「右坐」，見敬慎篇。孔子曰：「吾聞宥坐之器者，虚則欹，中則正，滿則覆。」孔子顧謂弟子曰：「注水焉！」弟子挹水而注之，挹，酌。中而正，滿而覆，虚而欹。孔子喟然而歎曰：「吁！惡有滿而不覆者哉！」子路曰：「敢問持滿有道乎？」孔子曰：「聰明聖知，守之以愚；功被天下，守之以讓；勇力撫世，守之以怯；撫，掩也。猶言蓋世矣。○盧文弨曰：據注，則「撫」乃「憮」字之誤。家語三恕篇作「振世」。富有四海，守之以謙。此所謂挹而損之之道也。」挹，亦退也。挹而損之，猶言損之又損。

孔子爲魯攝相，朝七日而誅少正卯。爲司寇而攝相也。朝，謂聽朝也。門人進問曰：「夫少正卯，魯之聞人也，夫子爲政而始誅之，得無失乎？」聞人，謂有名，爲人所聞知者也。始誅，先誅之也。孔子曰：「居！吾語女其故。人有惡者五，而盜竊不與焉：一曰心達而險，二曰行辟而堅，三曰言僞而辯，四曰記醜而博，五曰順非而澤。心達而險，謂心通達於事而凶險也。辟，讀曰僻。醜，謂怪異之事。澤，有潤澤也。此五者有一於人，則不得免於君子之誅，而少正卯兼有之。故居處足以聚徒成羣，言談足以飾邪營衆，强足以反是獨立，此小人之桀雄也，不可不誅也。營，讀爲熒。熒衆，惑衆也。强，剛愎也。反是，以非爲是也。獨立，人不能傾之也。是以湯誅尹諧，文王誅潘止，周公誅管叔，太公誅華仕，管仲誅付里乙，子産誅鄧析、史付，韓子曰：「太公封於齊，東海上有居士狂矞、華仕昆弟二人立議曰：『吾不臣天子，不友諸侯，耕而食之，掘而飲之。吾無求於人，無上之名，無君之禄，不仕而事力。』太公使執而殺之，以爲首誅。周公從魯聞，急傳而問之曰：『二子，賢者也，今日饗國殺之，何也？』太公曰：『是昆弟立議曰「不臣天子」，是望不得而臣也。「不友諸侯」，是望不得而使也。「耕而食之，掘而飲之，無求於人」，是望不得以賞罰勸禁也。且先王之所以使其臣民者，非爵禄則刑罰也。今四者不足以使之，則望誰爲君乎？是以誅之。』」尹諧、潘止、付里乙、史付，事迹竝未聞也。○盧文弨曰：家語作「管仲誅付乙，子産誅史何」。注「先王」，宋本作「夫王」，無下「民」字，今據韓子外儲説右上增正。此七子者，皆異世同心，不可不誅也。詩曰：『憂心悄悄，愠于羣小。』小人成羣，斯足憂矣。」詩，邶風柏舟之篇。悄悄，憂貌。愠，怒也。

孔子爲魯司寇，有父子訟者，孔子拘之，三月不別。別，猶決也。謂不辨別其子之罪。其父請止，孔子舍之。季孫聞之不説，曰：「是老也欺予，老，大夫之尊稱。春秋傳曰「使圍將不得爲寡君老」也。語予曰：『爲國家必以孝。』今殺一人以戮不孝，又舍之。」冉子以告。孔子慨然歎曰：「嗚呼！上失之，下殺之，其可乎！不教其民而聽其獄，殺不辜也。三軍大敗，不可斬也；獄犴不治，不可刑也，罪不在民故也。獄犴不治，謂法令不當也。犴，亦獄也。詩曰：「宜犴宜獄。」「獄」字從二「犬」，象所以守者。犴，胡地野犬，亦善守，故獄謂之犴也。嫚令謹誅，賊也；嫚與慢同。謹，嚴也。賊，賊害人也。今生也有時，斂也無時，暴也；言生物有時，而賦斂無時，是陵暴也。○盧文弨曰：「生也」二字，各本皆脱，今案注增。王念孫曰：「今」字當在「嫚令謹誅」上，總下三事言之，文義方順。家語始誅篇作「夫嫚令謹誅」，「夫」字亦總下之詞。不教而責成功，虐也。已此三者，然後刑可卽也。已，止。卽，就。書曰：『義刑義殺，勿庸以卽，予維曰未有順事。』言先教也。」書，

康誥。言周公命康叔，使以義刑義殺，勿用以就汝之心，不使任其喜怒也。維刑殺皆以義，猶自謂未有使人可順守之事，故有抵犯者。自責其教之不至也。**故先王既陳之以道，上先服之；**服，行也。謂先自行之，然後教之。**若不可，尚賢以綦之；若不可，廢不能以單之；**綦，極也，謂優寵也。單，盡也。盡，謂黜削。「單」，或爲「殫」。○盧文弨曰：家語始誅篇作「尚賢以勸之，又不可，而後以威憚之」。此注「單，或爲殫」，元刻作「或爲憚」，與家語同。**綦三年而百姓往矣。**百姓從化，極不過三年也。○盧文弨曰：「往」乃「從」之誤，下注同。王念孫曰：案「從」下當有「風」字。今本無「風」字者，「從」誤爲「往」，則「往風」二字義不可通，後人因刪「風」字耳。據楊注云「百姓從化」，「化」字正釋「風」字。太平御覽治道部五引此正作「百姓從風」，韓詩外傳及說苑政理篇竝同。**邪民不從，然後俟之以刑，則民知罪矣。**百姓既往，然後誅其姦邪也。○王念孫曰：案「邪民」本作「躬行」。上文云「上先服之」，「三年而百姓從風」，服者，行也，即此所謂「躬行」也，故云「躬行不從，然後俟之以刑」。隸書「躬」與「邪」相似，故「躬」誤爲「邪」。（見隸辨。案「躬行」作「邪行」，「邪」字誤而「行」字不誤。外傳亦誤作「邪行」，唯說苑不誤。今本荀子「邪行」作「邪民」，乃後人所改，辯見下。）家語始誅篇作「其有邪民不從化者，然後待之以刑」。案荀子之「躬行不從」誤作「邪行不從」，則義不可通。王肅不知「邪」爲「躬」之誤，故改「邪行不從」爲「邪民不從化」，以曲通其義，而今本荀子亦作「邪民」，則又後人以家語改之也。楊注云「百姓既從，然後誅其姦邪」，則所見本已同今本。說苑正作「躬行不從，而后俟之以刑」。**詩曰：「尹氏大師，維**

周之氏，秉國之均，四方是維，天子是庳，卑民不迷。」詩，小雅節南山之篇。氏，本也。庳，讀爲毗，輔也。卑，讀爲俾。**是以威厲而不試，刑錯而不用，此之謂也。**厲，抗也。試，亦用也。但抗其威而不用也。錯，置也。如置物於地不動也。**今之世則不然：亂其教，繁其刑，其民迷惑而墮焉，則從而制之，是以刑彌繁而邪不勝。三尺之岸而虛車不能登也，百仞之山任負車登焉，何則？陵遲故也。**岸，崖也。負，重也。任負車，任重之車也。遲，慢也。陵遲，言丘陵之勢漸慢也。王肅云：「陵遲，陂池〔一〕也。」○盧文弨曰：案淮南子泰族篇：「山以陵遲，故能高。」陵遲，猶迆邐、陂陀之謂。此注與匡謬正俗俱訓陵爲丘陵，似泥。王念孫曰：古無訓負爲重者。負，亦任也。魯語注曰：「任，負荷也。」楚辭九章注曰：「任，負也。」連言「任負」者，古人自有複語耳。倒言之，則曰「負任」，齊語「負任擔荷」是也。陵遲，盧說是也。說文：「夌，夌徲也。」其字本作「夌」，則非謂丘陵明矣。詳見漢書雜志末卷。**數仞之牆而民不踰也，百仞之山而豎子馮而游焉，陵遲故也。**○王念孫曰：馮者，登也。周官馮相氏注曰：「馮，乘也。相，視也。世登高臺以視天文之次序。」廣雅曰：「馮，登也。」故外傳作「童子登而游焉」。（說苑作「童子升而游焉」。升，亦登也。）**今夫世之陵遲亦久矣，而能使民勿踰乎！**

〔一〕「陂池」，似當作「陂陀」或「陂陁」。

詩曰：「周道如砥，其直如矢。君子所履，小人所視。眷焉顧之，潸焉出涕！」豈不哀哉！詩，小雅大東之篇。言失其砥矢之道，所以陵遲，哀其法度墮壞。

詩曰：「瞻彼日月，悠悠我思。道之云遠，曷云能來！」詩，邶風雄雉之篇。○盧文弨曰：舊本連上文，今案當分段。**子曰：「伊稽首，不其有來乎？」**稽首，恭敬之至。有所不來者，爲上失其道而人散也。若施德化，使下人稽首歸向，雖道遠，能無來乎？○俞樾曰：如楊注義，則「伊稽首」三字甚爲不詞，殆非也。首，當讀爲道。周書芮良夫篇「予小臣良夫稽道」，羣書治要作「稽首」，是首、道古通用。彼文「稽道」當爲「稽首」，此文「稽首」當爲「稽道」，皆古文叚借字也。尚書堯典曰「若稽古」，正義引鄭注曰：「稽，同也。」禮記儒行篇「古人與稽」，鄭注曰：「稽，猶合也。」合，亦同也。稽道，猶同道也。伊者，語詞，猶維也。詩言「道之云遠，曷云能來」，孔子言道苟同，則雖遠而亦來，故曰「伊稽道，不其有來乎」。蓋借詩言而反之，若唐棣之詩矣。

孔子觀於東流之水，子貢問於孔子曰：「君子之所以見大水必觀焉者是何？」孔子曰：「夫水，大偏與諸生而無爲也，似德。偏與諸生謂水能偏生萬物。爲其不有其功，似上德不德者。說苑作「偏予而無私」。○王念孫曰：案「偏與」上不當有「大」字，蓋涉上文「大水」而衍。據楊注云「偏與諸生，謂水能偏生萬物」，則無「大」字明矣。初學記地部中引此無「大」字，大戴記勸學篇、說苑雜言篇、家語三恕篇竝同。**其流也埤下，裾拘必循其理，似義。**

埤，讀爲卑。裾與倨同，方也。拘，讀爲鉤，曲也。其流必就卑下，或方或曲，必循卑下之理，似義者無不循理也。說苑作「其流卑下，句倨皆循其理，似義」。○盧文弨曰：案宋本引說苑作「其流也卑下，句倨之也，情義分然者也」，文義舛譌，今案本書雜言篇訂正。**其洸洸乎不淈盡，似道。**洸，讀爲滉。滉，水至之貌。淈，讀爲屈，竭也。似道之無窮也。家語作「浩浩無屈盡之期，似道」也。○王念孫曰：楊讀洸爲滉，滉滉，水至之貌，古無此訓。「洸洸」，當從家語作「浩浩」，字之誤也。（俗書「洸」字作「洸」，與「浩」略相似。）王制曰：「有餘曰浩。」故曰「浩浩乎不屈盡」。初學記引荀子正作「浩浩」，則所見本尚未誤。太平御覽地部二十三同。先謙案：說文：「洸，水涌光也。」作「洸洸」義通，似不必改作「浩浩」。**若有決行之，其應佚若聲響，其赴百仞之谷不懼，似勇。**決行，決之使行也。佚與逸同，奔逸也。若聲響，言若響之應聲也。似勇者，果於赴難也。○王念孫曰：「奔逸」與「聲響」義不相屬，楊說非也。佚，讀爲呹。（音逸。）呹，疾貌也。言其相應之疾，若響之應聲也。漢書楊雄傳甘泉賦「薌呹肸以掍根兮，聲駍隱而歷鍾」，師古曰：「言風之動樹，聲響振起，衆根合同駍隱而盛，歷入殿上之鍾也。」薌，讀與響同。呹，音丑乙反。文選李善注曰「呹，疾貌也，余日切」，正與「佚」字同音。古無「呹」字，故借「佚」爲之耳。**主量必平，似法。**主，讀爲注。量，謂阬受水之處也。言所經阬坎，注必平之然後過，似有法度者均平也。**盈不求概，似正。**概，平斗斛之木也。考工記曰：「概而不稅。」言水盈滿則不待概而自平，如正者不假於刑法之禁也。**淖約微達，似察。**淖，當爲綽。約，弱也。綽約，柔弱也。雖至柔弱，而侵淫通達於物，似察之見細微也。説苑作「綽弱微達」。**以出以入，以就鮮絜，似善化。**言萬物出入於水，則必鮮絜，似善化者之使人去惡就美也。説苑作「不清以入，鮮絜以出」也。**其萬折也必東，似志。**折，縈曲也。雖東西南北，千萬縈折不常，然而必歸於東，似有志不可奪者。説苑作「其折必東」也。**是故君子見大水必觀焉。」**

孔子曰：「吾有恥也，吾有鄙也，吾有殆也：幼不能彊學，老無以教之，吾恥之。無才藝以教人也。**去其故鄉，事君而達，卒遇故人，曾無舊言，吾鄙之。**舊言，平生之言。卒，倉忽反。**與小人處者，吾殆之也。」**

孔子曰：「如垤而進，吾與之；如丘而止，吾已矣。」今學曾未如肬贅，則具然欲爲人師。肬贅，結肉。莊子曰：「以生爲負贅縣肬。」肬音尤。具然，自滿足之貌也。○盧文弨曰：此條舊不提行，今案當分段。下兩條同。

孔子南適楚，戹於陳、蔡之閒，七日不火食，藜羹不糂，糂與糝同，蘇覽反。**弟子皆有飢色。子路進問之曰：「由聞之：爲善者天報之以福，爲不善者天報之以禍。今夫子累德、積義、懷美，行之日久矣，奚居之隱也？」**隱，謂窮約。**孔子曰：「由不識，**○盧文弨曰：家語在戹篇作「由未之識也」。**吾語女。女以知者爲必用邪？王子比干不見**

剖心乎！女以忠者爲必用邪？關龍逄不見刑乎！○盧文弨曰：「逄」字從元刻，與家語同。宋本作「逢」，誤。女以諫者爲必用邪？吳子胥不磔姑蘇東門外乎！磔，車裂也。姑蘇，吳都名也。○俞樾曰：案子胥不被車裂之刑，楊注非是。漢書景帝紀「改磔曰棄市」，師古注曰：「磔，謂張其尸也。」當從此訓。夫遇不遇者，時也；賢不肖者，材也。君子博學深謀不遇時者多矣。由是觀之，不遇世者衆矣，○俞樾曰：「由是觀之」四字，當在「君子博學深謀」句上。何獨丘也哉！」且夫芷蘭生於深林，非以無人而不芳。君子之學，非爲通也；不爲求通。爲窮而不困，憂而意不衰也，知禍福終始而心不惑也。皆爲樂天知命。夫賢不肖者，材也；爲不爲者，人也；爲善、不爲善，在人也。遇不遇者，時也；死生者，命也。今有其人不遇其時，雖賢，其能行乎？苟遇其時，何難之有？故君子博學、深謀、脩身、端行以俟其時。孔子曰：「由，居！吾語女。昔晉公子重耳霸心生於曹，重耳，晉文公名，亡過曹，曹共公聞其駢脅，使其裸浴，薄而觀之。公因此激怒，而霸心生也。越王句踐霸心生於會稽，謂以甲盾五千棲於會稽也。齊桓公小白霸心生於莒。小白，齊桓公名，齊亂奔莒，蓋亦爲所不禮。故居不隱者思不遠，身不佚者志不廣。佚與逸同，謂奔竄也。家語作「常逸者」。女庸安知吾不得之桑落之下！」桑落，九月時也。夫子當時蓋暴露居此樹之下。○盧文弨曰：正文「桑落之下」下，宋本有「乎哉」二字，今案可省。

郝懿行曰：桑落，「索郎」反語也。索，言蕭索；郎，言郎當：皆謂困窮之貌。時孔子當阨，子路愠恚，故作隱語發其志意。楊注説固可通，而與上言曹、莒、會稽等義差遠。

子貢觀於魯廟之北堂，○盧文弨曰：舊本不提行，今案當分段。郝懿行曰：詩云：「焉得諼草，言樹之背！」背，北堂也。北堂，人所居，廟有北堂，亦所以居主。**出而問於孔子曰：「鄉者賜觀於太廟之北堂，吾亦未輟，還復瞻被九蓋皆繼，被有説邪？匠過絶邪？」**北堂，神主所在也。輟，止也。「九」，當爲「北」，傳寫誤耳。「被」，皆當爲「彼」。蓋音盍，户扇也。皆繼，謂其材木斷絶，相接繼也。子貢問：北盍皆繼續，彼有説邪？匠過誤而遂絶之邪？家語作「北蓋皆斷」，王肅云：「觀北面之蓋，皆斷絶也。」○王念孫曰：「繼」與「輟」「説」「絶」，韻不相協，「繼」當爲「㡭」，字之誤也。説文「㡭，古文絶」，正與「輟」「説」「絶」爲韻。「㡭」爲古文「絶」，而此文以「㡭」「絶」竝用者，古人之文不嫌於複。凡經傳中同一字而上下異形者，不可枚舉，即用韻之文亦有之。皋陶謨曰「天聰明自我民聰明，天明畏自我民明威」，釋文：「畏，馬本作威。」周官鄉大夫注引作「天明威自我民明威」。是「畏」即「威」也。小雅正月篇云「燎之方揚，寧或滅之，赫赫宗周，褒姒威之」，釋文：「威，本或作滅。」昭元年左傳引作「褒姒滅之」。是「威」即「滅」也。越語云「死生因天地之刑，天地形之，聖人因而成之」，管子勢篇作「死死生生，因天地之形」。是「刑」即「形」也。皆與此文之「㡭」「絶」竝用同例。今本「㡭」作「繼」，則既失其韻，而又失其義矣。楊云「皆繼，謂材木斷絶，相接繼」，非也。接繼與斷絶正相反。下文云「匠過絶邪」，則此文之不作「繼」

甚明。家語作「北蓋皆斷」，斷亦絕也。**孔子曰：「太廟之堂，亦嘗有説。**言舊曾説，今則無也。〇王念孫曰：嘗，讀爲當。（「當」「嘗」，古字通。孟子萬章篇「是時孔子當阨」，説苑至公篇「當」作「嘗」。）言太廟之堂所以北蓋皆斷絕者，亦當有説也。下文「蓋曰貴文也」，正申明亦當有説之意。楊訓嘗爲曾，失之。**官致良工，因麗節文，**致，極也。官致良工，謂初造太廟之時，官極其良工，工則因隨其木之美麗節文而裁制之，所以斷絕。家語作「官致良工之匠，匠致良材，盡其功巧，蓋貴文也」。〇王念孫曰：麗，非美麗之謂，麗者，施也。（見廣雅及多方、顧命、吕刑傳，士喪禮注。）言因良材而施之以節文也。（良材，見下文。）家語作「匠致良材，盡其功巧」，正謂施之以節文也。**非無良材也，蓋曰貴文也。」**非無良材大木，不斷絕者，蓋所以貴文飾也。此蓋明夫子之博識也。

子道篇第二十九

入孝出弟，人之小行也；弟與悌同。謂自卑如弟也。**上順下篤，人之中行也；**上順從於君父，下篤愛於卑幼。**從道不從君，從義不從父，人之大行也。若夫志以禮安，言以類使，則儒道畢矣，**志安於禮，不妄動也；言發以類，不怪説也。如此，則儒者之道畢矣。〇盧文弨曰：「言以類使」，元刻作「言以類接」。**雖舜，不能加毫末於是矣。孝子所以不從命**

有三：從命則親危，不從命則親安，孝子不從命乃衷；衷，善也。謂善發於衷心矣。○郝懿行曰：衷者，善也。從義不從命，乃爲善也。俞樾曰：衷與忠通。言孝子之不從命，乃其忠也。下文「乃義」「乃敬」，「忠」與「義」「敬」正一律，作「衷」者，叚字耳。國語楚語「又能齊肅衷正」，周禮春官序官鄭注引作「中正」。孝經「中心藏之」，釋文：「中，本亦作忠。」蓋「衷」「中」「忠」三字同聲而通用，楊注未得叚借之旨。從命則親辱，不從命則親榮，孝子不從命乃義；從命則禽獸，不從命則脩飾，孝子不從命乃敬。從命則陷身於禽獸之行，不從命則使親爲脩飾，君子不從命，是乃敬親。○先謙案：「乃衷」「乃義」「乃敬」下，羣書治要皆有「也」字。故可以從而不從，是不子也；未可以從而從，是不衷也。明於從不從之義，而能致恭敬、忠信、端愨以慎行之，則可謂大孝矣。傳曰：「從道不從君，從義不從父。」此之謂也。故勞苦彫萃而能無失其敬，彫，傷也。萃與顇同。雖勞苦彫萃，不敢解惰失敬也。災禍患難而能無失其義，則不幸不順見惡而能無失其愛，不幸以不順於親而見惡也。○王念孫曰：則與卽同，說見釋詞。非仁人莫能行。詩曰：「孝子不匱。」此之謂也。

魯哀公問於孔子曰：「子從父命，孝乎？臣從君命，貞乎？」三問，孔子不對。不敢違哀公之意，故不對。○盧文弨曰：舊本皆連上，今案當分段。篇內竝同。孔子趨出，以語子貢曰：「鄉者君問丘也，曰：『子從父命，孝乎？臣從君命，貞乎？』三問而丘不對，賜以爲何如？」子貢曰：「子從父命，孝矣；臣從君命，貞矣。夫子有奚對焉？」○盧文弨曰：有，讀爲又。孔子曰：「小人哉！賜不識也。昔萬乘之國有争臣四人，則封疆不削；千乘之國有争臣三人，則社稷不危；百乘之家有争臣二人，則宗廟不毁。父有争子，不行無禮；士有争友，不爲不義。故子從父，奚子孝？臣從君，奚臣貞？審其所以從之之謂孝、之謂貞也。」審其可從則從，不可從則不從也。○盧文弨曰：家語三恕篇「四人」作「七人」，「三人」作「五人」，「二人」作「三人」，末句作「夫能審其所從之謂孝、之謂貞」也。

子路問於孔子曰：「有人於此，夙興夜寐，耕耘樹藝，手足胼胝，以養其親，然而無孝之名，何也？」樹，栽植。藝，播種。胼，謂手足勞。騈，併也。胝，皮厚也，丁皮反。孔子曰：「意者身不敬與？辭不遜與？色不順與？古之人有言曰：『衣與，繆與，不女聊。』繆，紕繆也。與，讀爲歟。聊，賴也。言雖與之衣而紕繆不精，則不聊賴於汝也。或曰：繆，綢繆也。言雖衣服我，綢繆我，而不敬不順，則不賴汝也。韓詩外傳作「衣予教予」，家語云「人與己不順欺也」，王肅云「人與己事實相通，不相欺也」，皆與此不同。○盧文弨曰：案今外傳九作「衣歟，食歟，曾不爾卽」，「卽」疑「聊」之譌。此云「教予」，疑是「飲予」之譌。今家語困誓篇作「人與，己與，不汝欺與」，此所引亦不同。今夙興夜寐，耕耘樹藝，手足胼胝，以養其親，無此三者，則何以爲而無孝之名也？」〇王念孫曰：「以」字衍。韓詩外傳無「以」字，下文「何爲而無孝之名也」亦無「以」字。又案：外傳此句下有「意者所友非仁人邪」一句。玩本書亦似當有此句，下文「雖有國士之力」四句，正承此句而言。又下文「入而行不脩，身之罪也」，承上「身不敬」三句而言；「出而名不章，友之過也」，則承此句而言，若無此句，則與下文不相應矣。孔子曰：「由志之，吾語女。雖有國士之力，不能自舉其身，非無力也，勢不可也。國士，一國勇力之士。故入而行不脩，身之罪也；出而名不章，友之過也。故君子入則篤行，出則友賢，何爲而無孝之名也？」

子路問於孔子曰：「魯大夫練而牀，禮邪？」孔子曰：「吾不知也。」練，小祥也。禮記曰「期而小祥，居堊室，寢有席；又期而大祥，居復寢，中月而禫，禫而牀」也。子路出，謂子貢曰：「吾以夫子爲無所不知，夫子徒有所不知。」〇先謙案：華嚴經音義下引劉熙云：「徒，猶獨也。」子貢曰：「女何問哉？」子路曰：「由問魯大夫練而牀，禮邪？夫子曰：『吾不知也。』」子貢曰：「吾將爲女問之。」子貢問曰：「練而牀，禮邪？」孔子曰：「非禮也。」子貢出，謂子路曰：「女謂夫子爲有所不知乎？夫子徒無所不知，女問非也。禮，居是邑，不非其大夫。」懼於訕上。

子路盛服見孔子，孔子曰：「由，是裾裾何也？裾裾，衣服盛貌。説苑作「襜襜」也。

○盧文弨曰：見説苑雜言篇。又案：韓詩外傳三作「疏疏」，家語三恕篇作「倨倨」。郝懿行曰：「裾裾」，説苑雜言篇作「襘襘」。裾與襘，皆衣服之名，因其盛服，卽以其名呼之。韓詩外傳三作「疏疏」，家語又作「倨倨」，則其義別。**昔者江出於崏山，其始出也，其源可以濫觴，及其至江之津也，不放舟，不避風則不可涉也，**放，讀爲方。國語曰「方舟設泭」，韋昭曰：「方，竝也。編木爲泭。」説苑作「方舟，方泭」也。詩曰：「方之舟之。」○盧文弨曰：注「設泭」，舊本作「投柎」，今據齊語改正。**非維下流水多邪？**維與唯同。言豈不以下流水多，故人畏之邪？言盛服色厲亦然也。説苑作「非下衆水之多乎」。○盧文弨曰：今説苑作「非唯下流衆川之多乎」。**今女衣服既盛，顔色充盈，天下且孰肯諫女矣？**充盈，猛厲。**由！」**告之畢，又呼其名，丁寧之也。○俞樾曰：楊注非是。下文「孔子曰『志之，吾語女』」，此「由」字當在「孔子曰」之下，「由志之」三字連文。上文「孔子曰『由志之，吾語女，雖有國士之力，不能自舉其身』」，亦以「由志之」三字連文，可證「孔子曰」下必當有「由」字也。韓詩外傳正作「孔子曰『由志之，吾語汝』」。**子路趨而出，改服而入，蓋猶若也。**猶若，舒和之貌。禮記曰「君子蓋猶猶爾」也。○郝懿行曰：猶若，説見哀公篇「猶然」下。**孔子曰：「志之，吾語女。奮於言者華，奮於行者伐，色知而有能者，小人也。**奮，振矜也；色知，謂所知見於顔色；有能，自有其能：皆矜伐之意。○俞樾曰：韓詩外傳作「慎於言者不譁，慎於行者不伐」，當從之。「華」，卽「譁」之省文。

兩「奮」字，皆「昚」字之誤，乃古文「慎」字也。「昚」誤爲「奮」，則奮於言行，不能謂之不華不伐矣，於是又删去兩「不」字耳。楊氏據誤本作注，非也。故君子知之曰知之，不知曰不知，言之要也；能之曰能之，不能曰不能，行之至也。皆在不隱其情。言要則知，行至則仁。既知且仁，夫惡有不足矣哉！」

子路入，子曰：「由，知者若何？仁者若何？」子路對曰：「知者使人知己，仁者使人愛己。」子曰：「可謂士矣。」士者，脩立之稱。子貢入，子曰：「賜，知者若何？仁者若何？」子貢對曰：「知者知人，仁者愛人。」子曰：「可謂士君子矣。」顏淵入，子曰：「回，知者若何？仁者若何？」知者，皆讀爲智。顏淵對曰：「知者自知，仁者自愛。」子曰：「可謂明君子矣。」

子路問於孔子曰：「君子亦有憂乎？」孔子曰：「君子，其未得也，則樂其意，樂其爲治之意。○先謙案：得，謂得位也。樂其意，自有所樂也。楊注非。既已得之，又樂其治，○先謙案：治，謂所事皆治。是以有終身之樂，無一日之憂。小人者，其未得也，則憂不得，既已得之，又恐失之，是以有終身之憂，無一日之樂也。」

法行篇第三十

禮義謂之法，所以行之謂之行。行，下孟反。○盧文弨曰：此篇舊本皆不提行，今各案其文義分之。

公輸不能加於繩，聖人莫能加於禮。公輸，魯巧人，名班。雖至巧，繩墨之外亦不能加也。○顧千里曰：案正文「繩」字下，據注，疑亦當有「墨」字，宋本同。今本蓋皆誤。**禮者，衆人法而不知，聖人法而知之。**衆人皆知禮可以爲法，而不知其義者也。

曾子曰：「無內人之疏而外人之親，無，禁辭也。內人之疏，外人之親，謂以疏爲內，以親爲外。家語曰：「不比於親而比於疏者，不亦遠乎！」韓詩外傳作「無內疏而無外親」也。○盧文弨曰：今家語賢君篇作「不比於數而比於疏，不亦遠乎」。說苑亦作「數」字。**無身不善而怨人，無刑已至而呼天。內人之疏而外人之親，不亦遠乎！**謂失之遠矣。**身不善而怨人，不亦反乎！**反，謂乖悖。○王念孫曰：「遠」當爲「反」，「反」當爲「遠」。內人親而外人疏，今疏內而親外，是反也，故曰「不亦反乎」。身不善而怨人，是舍近而求遠也，故曰「不亦遠乎」。下文曰「失之己而反諸人，豈不亦迂哉」，迂卽遠也，是其證。今本「反」與「遠」互誤，則非其旨矣。韓詩外傳正作「內疏而外親，不亦反乎！身不善而怨他人，不亦遠乎」。楊說皆失之。**刑已至而**

呼天，不亦晚乎！詩曰：『涓涓源水，不雝不塞。轂已破碎，乃大其輻。事已敗矣，乃重大息。』其云益乎！」源水，水之泉源也。雝，讀爲壅。大其輻，謂壯大其輻也。重大息，嗟歎之甚也。三者皆言不慎其初，追悔無及也。○盧文弨曰：此所引詩，逸詩也。先謙案：云益，有益也，說見儒效篇。

曾子病，曾元持足。曾子曰：「元志之！吾語汝。曾元，曾子之子也。○盧文弨曰：大戴禮作「曾元抑首，曾華抱足」。夫魚鼈黿鼉猶以淵爲淺而堀其中，堀與窟同。○俞樾曰：「堀」下當有「穴」字。「堀穴其中」，「增巢其上」，相對爲文。晏子春秋諫篇「古者嘗有處橧巢窟穴」，亦以「窟穴」對「橧巢」，是其證也。大戴記曾子疾病篇作「鷹鶽以山爲卑，而曾巢其上；魚鼈黿鼉以淵爲淺，而蹷穴其中」。「蹷穴」，即「堀穴」也。春秋文十年「次于厥貉」，公羊作「屈貉」。然則以「蹷」爲「堀」，猶以「厥」爲「屈」也。荀子此文本於曾子，彼作「蹷穴」，此作「堀穴」，乃古書以聲音叚借之常例。若無「穴」字，則文爲不備矣。鷹鳶猶以山爲卑而增巢其上，及其得也，必以餌。故君子苟能無以利害義，則恥辱亦無由至矣。」

子貢問於孔子曰：「君子之所以貴玉而賤珉者，何也？珉，石之似玉者。爲夫玉之少而珉之多邪？」孔子曰：「惡！賜，是何言也？惡音烏。猶言烏謂此義也。夫君子豈多而賤之、少而貴之哉！夫玉者，君子比德焉。温潤而澤，仁也；鄭康成云：

「色柔温潤似仁。」**栗而理，知也；**鄭云「栗，堅貌」也。理，有文理也。似智者處事堅固，又有文理。○謝本從盧校，「栗」上有「縝」字。王引之曰：呂本作「栗而理，知也」，錢本及元刻依聘義於「栗」上增「縝」字，而盧本從之，誤也。楊注但釋「栗理」二字而不釋「縝」字，則正文之無「縝」字甚明。說苑雜言篇說玉曰「望之温潤，近之栗理；望之温潤者，君子比德焉，近之栗理者，君子比智焉」，亦言「栗理」而不言「縝」。栗者，秩然有條理之謂，故有似於智。楊依聘義注，訓栗爲堅貌，亦非，說詳經義述聞聘義。先謙案：王說是。今從呂本刪。**堅剛而不屈，義也；**似義者剛直不回也。**廉而不劌，行也；**劌，傷也。雖有廉棱而不傷物，似有德行者不傷害人。**折而不橈，勇也；**雖摧折而不橈屈，似勇者。**瑕適竝見，情也；**瑕，玉之病也。適，玉之美澤調適之處也。瑕適竝見，似不匿其情者也。禮記曰：「瑕不掩瑜，瑜不掩瑕，忠也。」○郝懿行曰：瑕者，玉之病也。適者，善也。凡物調適謂之適，得意便安亦謂之適，皆善之意。故廣韻云：「適，善也。」管子水地篇說玉九德，大意與此略同，此句作「瑕適皆見，精也」，精亦情耳。古「精」「情」二字多通用。王念孫曰：適，讀爲謫。（經傳通以「適」爲「謫」。）謫，亦瑕也。老子曰「善言無瑕謫」是也。管子水地篇「瑕適皆見，精也」，（精與情同，說見管子。）尹知章曰：「瑕適，玉病也。」（呂氏春秋舉難篇：「寸之玉，必有瑕適。」）說苑曰：「玉有瑕，必見之於外，故君子比情焉。」此言「瑕適」，而說苑但言「瑕」，是「適」卽「瑕」也。情之言誠也。玉不自掩其瑕適，故曰情。春秋繁露仁義法篇云「自稱其惡謂之情」，義與此同。楊讀適爲「調適」之適，失之。**扣之，其聲清揚而遠聞，**

其止輟然，辭也。扣與叩同。似有辭辨，言發言則人樂聽之，言畢更無繁辭也。禮記作「叩之，其聲清越以長，其終屈然，樂也」。故雖有珉之雕雕，不若玉之章章。雕雕，謂雕飾文采也。章章，素質明著也。○郝懿行曰：雕雕、章章，皆文采宣著之貌。語意猶云星之昭昭，不如月之明明也。詩曰：『言念君子，温其如玉。』此之謂也。」詩，秦風小戎之篇。引之喻君子比德。

曾子曰：「同游而不見愛者，吾必不仁也；仁者必能使人愛。交而不見敬者，吾必不長也；不長厚，故爲人所輕。○郝懿行曰：長，謂敬長，非謂「不長厚」也，楊注失之。俞樾曰：不長者，無所長也。子道篇「色知而有能者，小人也」，韓詩外傳「能」作「長」，是不長猶不能也。吾無所能，宜其不見敬矣。臨財而不見信者，吾必不信也。廉潔不聞於人。○郝懿行曰：臨財之信，如鮑叔之與管仲。三者在身，曷怨人？當反諸己。怨人者窮，怨天者無識。無識，不知天命也。失之己而反諸人，豈不亦迂哉！」

南郭惠子問於子貢曰：「夫子之門，何其雜也？」南郭惠子，未詳其姓名，蓋居南郭，因以爲號。莊子有南郭子綦。夫子，孔子也。雜，謂賢不肖相雜而至。○盧文弨曰：尚書大傳略説作「東郭子思」，説苑雜言篇作「東郭子惠」。子貢曰：「君子正身以俟，欲來者不距，欲去者不止。且夫良醫之門多病人，檃栝之側多枉木，是以雜也。」○郝懿行曰：尚書大傳略説及説苑雜言篇竝有「砥厲之旁多頑鈍」句。

孔子曰：「君子有三恕。○顧千里曰：盧文弨刻本無「孔子曰」三字，與世德堂刻本合，與宋本不合，疑非也。先謙案：謝本從盧校，無「孔子曰」三字。今依顧説從宋本增。有君不能事，有臣而求其使，非恕也；有親不能報，有子而求其孝，非恕也；報，孝養也。詩曰：「欲報之德。」有兄不能敬，有弟而求其聽令，非恕也。士明於此三恕，則可以端身矣。」

孔子曰：「君子有三思，而不可不思也。少而不學，長無能也；老而不教，死無思也；無門人思其德。有而不施，窮無與也。窮乏之時，無所往託。是故君子少思長則學，老思死則教，有思窮則施也。」

哀公篇第三十一

魯哀公問於孔子曰：「吾欲論吾國之士，與之治國，敢問何如取之邪？」○盧文弨曰：舊本脱「取」字，今據大戴禮哀公問五義、家語五儀解增。孔子對曰：「生今之世，志古之道，居今之俗，服古之服，志，記識也。服古之服，猶若夫子服逢掖之衣、章甫之冠也。舍此而爲非者，不亦鮮乎！」舍，去。此謂古也。哀公曰：「然則夫章甫、絢屨、紳而搢笏者，此賢乎？」章甫，殷冠。王肅云：「絢，謂屨頭有拘飾也。」鄭康成云：「絢之言拘也。以爲行戒，狀如刀衣鼻，在屨頭。」紳，大帶也。搢笏於紳者也。○王念孫曰：大戴記哀公問五義篇、家語五儀篇「紳」下有「帶」字，「賢」上有「皆」字，竝於義爲長。俞樾曰：「此」，當作「比」。說文白部：「皆，俱詞也，從比，從白。」徐鍇繫傳曰：「比，皆也。」是比有皆義。比賢乎，猶言皆賢乎。大戴禮保傅篇「於是比選天下端士」，漢書賈誼傳「比」作「皆」，是其證矣。此文亦見大戴記哀公問五義篇，作「此皆賢乎」，蓋「比」誤爲「此」，後人又增「皆」字耳。**孔子對曰：「不必然。夫端衣、玄裳、絻而乘路者，志不在於食葷；**端衣、玄裳，即朝玄端也。絻與冕同。鄭云：「端者，取其正也。」士之衣袂，皆二尺二寸而廣幅，是廣袤等也。其袪尺二寸，大夫以上侈之。侈之者，蓋半而益一焉，則袂三尺三寸，袪尺八寸。路，王者之車，亦車之通名。舍人注爾雅云：「輅，車之大者。」葷，蔥、薤之屬也。○先謙案：端衣、玄裳、絻而乘路，所以祭也，故志不在於食葷。此下文「黼衣、黻裳者不茹葷，資衰、苴杖者不聽樂」，二喻正同。**斬衰、菅屨、杖而啜粥者，志不在於酒肉。**儀禮喪服曰：「斬者何？不緝也。」衰長六尺，博四寸，三升布爲之。鄭注喪服云：「上曰衰，下曰裳。」當心前有衰，後有負板，左右有辟領，孝子哀戚，無不在也。菅，菲也。此言服被於外，亦所以制其心也。**生今之世，志古之道，居今之俗，服古之服，舍此而爲非者，雖有，不亦鮮乎！」哀公曰：「善！」**

孔子曰：「人有五儀：言人之賢愚，觀其儀法有五也。○郝懿行曰：儀者，匹也。匹者，猶儔類也。大戴記哀公問五義卽「五儀」也，古「儀」字正作「義」。楊注「儀法」，非是。先謙案：儀，猶等也，說見王制篇。有庸人，有士，有君子，有賢人，有大聖。」哀公曰：「敢問何如斯可謂庸人矣？」孔子對曰：「所謂庸人者，口不能道善言，必不知色色；色色，謂以己色觀彼之色，知其好惡也。論語曰：「色斯舉矣。」○盧文弨曰：大戴禮作「志不邑邑」。郝懿行曰：「色」，當爲「邑」，字形之誤。大戴記作「志不邑邑」。楊注甚謬。邑邑與悒悒同。悒悒，憂逆短氣貌也。曾子立事篇云：「終身守此悒悒。」不知選賢人善士託其身焉以爲己憂，不知託賢，但自憂而已。○俞樾曰：此十五字爲一句。廣雅釋詁：「爲，瘉也。」爲有瘉義，故左傳有「疾不可爲」之文。爲己憂者，瘉己憂也。得賢人善士以託其身，則可瘉己之憂，而庸人不知也，故曰「不知選賢人善士託其身焉以爲己憂」。楊注失其義。勤行不知所務，止交不知所定；交，謂接待於物。皆言不能辨是非，倀倀失據也。○盧文弨曰：「止交」，大戴禮、韓詩外傳四皆作「止立」。郝懿行曰：大戴記「勤」作「動」，「交」作「立」，韓詩外傳四同。「動行」與「止立」對，疑此皆形誤。王引之曰：作「止立」者是。「止交」二字文不成義，楊注非也。「勤行」亦當依大戴作「動行」，皆字之誤也。外傳作「動作」。日選擇於物，不知所貴；不知可貴重者。從物如流，不知所歸；爲外物所誘蕩而不返也。○郝懿行曰：「如」，大戴記、韓詩外傳俱作「而」，而、如古通用。五鑿爲正，心從而壞：如此，則可謂庸人矣。」鑿，竅也。五鑿，謂耳目鼻口及心之竅也。言五鑿雖似於正，而其心已從外物所誘而壞矣，是庸愚之人也。一曰：五鑿，五情也。莊子曰「六鑿相攘」，司馬彪曰：「六情相攘奪。」韓詩外傳作「五藏爲正」也。○盧文弨曰：大戴禮作「五鑿爲政」，此「正」字義當與「政」同，古通用，注似非。郝懿行曰：楊注「五鑿，五情」是也。莊子「六鑿相攘」，謂六情，可證。王念孫曰：楊後説以五鑿爲五情，頗勝前説。哀公曰：「善！敢問何如斯可謂士矣？」孔子對曰：「所謂士者，雖不能盡道術，必有率也；雖不能徧美善，必有處也。率，循也。雖不能盡徧，必循處其一隅。言有所執守也。○郝懿行曰：美、善義同，而有淺深。大戴記作「雖不能盡善盡美」，韓詩外傳一作「雖不能盡乎美著」，家語五儀解作「備百善之美」，三書皆本此而各異。韓詩外傳此下多有缺略。是故知不務多，務審其所知；論語曰：「子路有聞，未之能行，唯恐有聞。」言不務多，務審其所謂；止於辨明事而已矣。○郝懿行曰：謂，猶言也。審其所當言，則言不謬妄。注非。行不務多，務審其所由。由，從也。謂不從不正之道。○郝懿行曰：由，道也。道，行也。謂務審其所常由，行不差忒也。注亦非。故知既已知之矣，言既已謂之矣，行既已由之矣，則若性命肌膚之不可易也。言固守所見，如愛其性命肌膚之不可以他物移易者也。故富貴不足以益也，卑賤不足以損也，皆謂志不可奪。如此，則可謂士矣。」士者，修立之稱。一曰：士，事也。言其善於任事，可以入官也。哀公曰：「善！敢問何如斯可謂之君子矣？」孔子對曰：「所謂

君子者，言忠信而心不德，不自以爲有德。**仁義在身而色不伐，思慮明通而辭不爭，故猶然如將可及者，君子也。」**猶然，舒遲之貌。所謂「瞻之在前，忽然在後」。家語作「油然」，王肅曰：「不進貌也。」○郝懿行曰：猶然，卽油然。家語作「油」，是也。孟子：「油油然與之偕。」言無以異於凡人也。注失之。**哀公曰：「善！敢問何如斯可謂賢人矣？」孔子對曰：「所謂賢人者，行中規繩而不傷於本，言足法於天下而不傷於身，**本，亦身也。言雖廣大而不傷其身也。所謂「言滿天下無口過，行滿天下無怨惡」。○郝懿行曰：楊注非是。本，猶質也。謂性之本質如木之有根榦。此言行中規矩準繩，然皆闇與理會，不假斲削而喪失其本真，所謂「漸近自然」也。**富有天下而無怨財，**富有天下，謂王者之佐也。怨，讀爲蘊。言雖富有天下，而無蘊畜私財也。家語作「無宛」。禮記曰：「事大積焉而不苑。」古蘊、苑通，此因誤爲「怨」字耳。**布施天下而不病貧，**言廣施德澤，子惠困窮，使家給人足而上不憂貧乏。所謂「百姓與足，君孰不足」。○盧文弨曰：注末二句，與富國篇同。宋本乃從今論語本，當出後人所改。郝懿行曰：楊注得之，而義猶未盡。怨、宛皆從夗聲，此同聲假借也。音轉而爲菀，又轉而爲蘊，此雙聲假借也。不知假借之義，故謂爲字誤耳。考工記云「眡其鑽空，欲其惌也」，（音於阮反。）鄭司農注：「惌，讀爲『宛彼北林』之『宛』。」（音鬱。）此卽「怨」「宛」相借之例也。韓詩外傳二「子路與巫馬期薪於韞丘之下」，「韞丘」卽「宛丘」。此卽「苑」「蘊」相借之例也。蘊與韞，音義同。大戴記作「躬為匹夫而願富，（句。）貴為諸侯而無財」，義與此別。**如此，則可謂賢人矣。」**賢者，亞聖之名。説文云：「賢，多才。」**哀公曰：「善！敢問何如斯可謂大聖矣？」孔子對曰：「所謂大聖者，知通乎大道，應變而不窮，辨乎萬物之情性者也。**辨別萬物之情性也。**大道者，所以變化遂成萬物也；情性者，所以理然不、取舍也。**辨情性，乃能理是非之取舍而不惑。○先謙案：然不，猶然否，與「取舍」對文。注中「之」字衍。**是故其事大辨乎天地，**其事，謂聖人所理化之事。言辨別萬事，如天地之別萬物，各使區分。○郝懿行曰：辨與辯同。辯者，治辯也。「辯」與「平」，古字通，荀書多假「辨」為「辯」耳。此上言「辨乎萬物之情性」，義亦同，似不宜訓辨別。王念孫曰：辨，讀為徧。言其事大則徧乎天地，明則察乎日月也，與上「辨乎萬物之情性」不同。楊以辨為辨別，則與「大」字義不相屬矣。「徧」、「辨」，古字通，説見日知録。俞樾曰：「大」字絶句，「是故其事大」與上文「大道者」相應。下「明」字衍文。「辨乎天地，察乎日月」，二語相對。説詳羣經平議大戴記。**明察乎日月，**聖人之明察如日月。**總要萬物於風雨，**總要，猶統領也。風以動之，雨以潤之。言統領萬物，如風雨之生成也。**繆繆肫肫，其事不可循，**「繆」，當為「膠」，相加之貌。莊子云：「膠膠擾擾。」肫與訰同，雜亂之貌。爾雅云：「訰訰，亂也。」言聖人治萬物錯雜，膠膠訰訰，然而衆人不能循其事。訰，之旬反。○郝懿行曰：大戴記作「穆穆純純，其莫之能循」。穆穆，和而美也。純純，精而密也。「穆」「繆」，古字通；「純」「肫」，聲相借耳。注竝失之。**若天之嗣，其事不可識，**嗣，繼也。言聖人如天之繼嗣，衆人不能識其意。○郝懿行曰：嗣者，續也。言如天之純穆氣化，緜緜相續而不可測識也。大戴記作「若天之司，莫之能識」。「司」與「嗣」，「職」與「識」，蓋亦聲借字耳，其義則司、職皆訓主也。王念孫曰：嗣，讀爲司。鄭風羔裘傳曰：「司，主也。」言若天之主司萬化，其事不可得而知也。「司」「嗣」，古字通。大戴記正作「若天之司」。（高宗肜日「王司敬民」，史記殷本紀「司」作「嗣」。）楊注失之。**百姓淺然不識其鄰，**鄰，近也。百姓淺見，不能識其所近，況能識其深乎！所謂「日用而不知」者也。○盧文弨曰：「淺然」，大戴作「淡然」。郝懿行曰：「淺然」，當依大戴記作「淡然」。此言百姓不識、不知，謂帝力於我何有耳。**若此，則可謂大聖矣。」哀公曰：「善！」**

魯哀公問舜冠於孔子，孔子不對。哀公不問舜德，徒問其冠，故不對也。**三問，不對。哀公曰：「寡人問舜冠於子，何以不言也？」孔子對曰：「古之王者，有務而拘領者矣，其政好生而惡殺焉，**務，讀爲冒。拘與句同，曲領也。言雖冠衣拙朴，而行仁政也。尚書大傳曰「古之人，衣上有冒而句領者」，鄭康成注云：「言在德不在服也。古之人，三皇時也。冒，覆項也。句領，繞頸也。」禮，正服方領也。○郝懿行曰：尚書大傳作「冒而句領」。古讀冒、務音同，拘讀若句，（音鉤。）若其字通。鄭注：「冒，覆項也。句領，繞頸也。」按句者，曲也。韓詩外傳三云「舜麑衣而盩領」，盩之訓爲曲，卽此「句領」矣。**是以鳳在列樹，麟在郊野，烏鵲之巢可附而**

窺也。君不此問而問舜冠，所以不對也。」

魯哀公問於孔子曰：「寡人生於深宫之中，長於婦人之手，寡人未嘗知哀也，未嘗知憂也，未嘗知勞也，未嘗知懼也，未嘗知危也。」孔子曰：「君之所問，聖君之問也。丘，小人也，何足以知之？」美大其問，故謙不敢對也。曰：「非吾子無所聞之也。」孔子曰：「君入廟門而右，登自胙階，仰視榱棟，俛見几筵，其器存，其人亡，君以此思哀，則哀將焉而不至矣！謂祭祀時也。胙與阼同。榱，亦椽也。哀將焉不至，言必至也。○盧文弨曰：正文「將焉」下，元刻有「而」字，下四句竝同。而，當訓爲能，若以爲衍，不應五句皆誤。楊注王霸篇云：「而、爲，皆語助也。」又齊策：「管燕謂其左右曰：『子孰而與我赴諸侯乎？』」鮑彪注：「而，辭也。」以「而」字作語辭亦可，然訓能，語更順。高誘注呂氏春秋去私篇「南陽無令，其誰可而爲之」，又注士容篇「柔而堅，虚而實」，皆訓而爲能。其注淮南也亦然。易屯彖「宜建侯而不寧」，釋文：「而，辭也。鄭讀而爲能。」然則此「焉而」正當讀爲焉能，不可易矣。王念孫曰：盧説是也。文選王文憲集序注引此有「而」字；其引此無「而」字者，皆後人不知古訓而删之也。古書多以「而」爲「能」，詳見淮南人間篇。君昧爽而櫛冠，昧，闇。爽，明也。謂初曉尚暗之時。平明而聽朝，一物不應，亂之端也，君以此思憂，則憂將焉而不至矣！君平明而聽朝，日昃而退，諸侯之子孫必有在君之末庭者，君以思勞，則勞將焉而不至

矣！諸侯之子孫，謂奔亡至魯而仕者。自平明至日昃，在末庭而脩臣禮，君若思其勞，則勞可知也。以喻哀公亦諸侯之子孫，不戒慎脩德，亦將有此奔亡之勞也。**君出魯之四門以望魯四郊，亡國之虛則必有數蓋焉，**虛，讀爲墟。有數蓋焉，猶言蓋有數焉，倒言之耳。新序作「亡國之虛列必有數矣」。○盧文弨曰：數蓋，猶言數區也。魯有少皞氏之虛、大庭氏之庫也。郝懿行曰：「虛」「墟」，古今字。新序四作「虛列」，此「虛則」即「虛列」之譌。蓋者，苦也。言故虛羅列其閒，必有聚廬而居者焉。觀此易興亡國之感。**君以此思懼，則懼將焉而不至矣！且丘聞之：君者舟也，庶人者水也。水則載舟，水則覆舟；君以此思危，則危將焉而不至矣！」**

魯哀公問於孔子曰：「紳、委、章甫，有益於仁乎？」紳，大帶也。委，委貌，周之冠也。章甫，殷冠也。鄭注儀禮云：「委，安也。所以安正容貌。章，表明也。殷質，言所以表明丈夫也。」**孔子蹴然曰：「君號然也！**莊子音義：「崔譔云：『蹴然，變色貌。』」號，讀爲胡，聲相近，字遂誤耳。家語作「君胡然也」。**資衰、苴杖者不聽樂，非耳不能聞也，服使然也。**資與齊同。苴杖，竹也。苴，謂蒼白色自死之竹也。**黼衣、黻裳者不茹葷，非口不能味也，服使然也。**黼衣、黻裳，祭服也。白與黑爲黼，黑與青爲黻。禮，祭致齊，不茹葷。非不能味，謂非不能知味也。鄭注周禮司服云：「玄冕者，衣無文，裳刺黻而已。」**且丘聞之：好肆不守折，長**

者不爲市。竊其有益與其無益，君其知之矣。」好，喜也。言喜於市肆之人，不使所守貨財折耗，而長者亦不能爲此市井盜竊之事，長者不爲市，而販者不爲非。家語王肅注云：「言市肆弗能爲廉，好肆則不折也。人爲市估之行則不守折，人爲長者之行則亦不爲市買之事。竊，宜爲察。」察其有益與其無益，以「竊」字屬下句。

魯哀公問於孔子曰：「請問取人？」問取人之術也。**孔子對曰：「無取健，**健羨之人。**無取詌，**未詳。家語作「無取鉗」，王肅云：「謂妄對不謹誠者。」或曰：捷給鉗人之口者。○盧文弨曰：案家語五儀解作「無取鉗」，「鉗」下作「無取啍啍」。**無取口啍。**啍與諄同。方言云：「齊、魯凡相疾惡謂之諄憎。」諄，之閏反。王肅云：「啍啍，多言。」或曰：詩云：「誨爾諄諄。」口諄，謂口教誨、心無誠實者。諄，之倫反。○盧文弨曰：注末舊作「諄諄，倫也」，訛，今訂正。郝懿行曰：「詌」蓋譌字，説苑尊賢篇作「拑」，是也。拑訓脅持。家語五儀解作「鉗」，亦假借字耳。「口啍」，家語作「啍啍」，王肅注：「多言也。」韓詩外傳四「詌」作「佞」，「口啍」作「口讒」，恐亦譌字，當作「口鑱」。鑱者，鋭也。今説苑正作「鋭」，是矣。楊注引作「口叡」，叡、鋭，蓋以音近，故譌耳。其引説苑，「無取拑」下脱去數字，遂不可讀。**健，貪也；詌，亂也；口啍，誕也。**健羨之人多貪欲，詌忌之人多悖亂，讒疾之人多妄誕。説苑曰：「哀公問於孔子曰：『人何若爲可取也？』孔子曰：『無取拑，捷者必兼人，不可爲法也。口叡者多誕而寡信，後恐不驗也。』」韓詩外傳云：「無取健，無取佞，無取口讒。健，驕也；佞，諂也；口讒，誕也。」皆大同小異也。○盧文弨曰：「口叡」，今説苑尊賢篇作「口鋭」。郝懿行曰：健無貪義，不知何字之譌。楊注甚謬。韓詩外傳作「健，驕也」，説苑「健者必欲兼人，不可以爲法」，以此參證，可知作「貪」必譌字矣。拑者利口捷給，變亂是非，故云「亂也」。誕者誇大，故説苑云「口鋭者多誕而寡信，後恐不驗也」。故弓調而後求勁焉，馬服而後求良焉，士信愨而後求知能焉。士不信愨而有多知能，譬之其豺狼也，不可以身尒也。有，讀爲又。尒與邇同。語曰：『桓公用其賊，文公用其盜。』謂管仲、寺人勃鞮也。盜亦賊也。以喻士信愨則仇讎可用，不信愨則親戚可疏。故明主任計不信怒，闇主信怒不任計。信，亦任也。○郝懿行曰：此蒙「桓公用賊，文公用盜」而言。賊謂管仲，盜謂里鳧須，故云「任計不信怒」也。「信」，古以爲「伸」字，不讀本音。新序雜事五「信」作「任」。計勝怒則彊，怒勝計則亡。」定公問於顔淵曰：「東野子之善馭乎？」東野，氏也。馭與御同。○盧文弨曰：案家語顔回篇作「子亦聞東野畢之善御乎」，此脱「子亦聞」三字。又「子之」當作「之子」。王念孫曰：「東野子」亦當作「東野畢」，下文皆作「東野畢」是其證。韓詩外傳作「善哉東野畢之御也」，新序雜事篇同。先謙案：「善馭」當爲「馭善」，倒文。注「氏」，各本誤「民」，從虞、王本改正。顔淵對曰：「善則善矣。雖然，其馬將失。」失，讀爲逸，奔也，下同。家語作「馬將佚」也。定公不悦，入謂左右曰：「君子固讒人乎！」三日而校來謁，曰：「東野畢之馬失。校人，掌養馬之官也。兩驂列，兩服入廄。」兩服馬在中。兩驂，兩服之外馬。列與裂同。謂外馬擘裂，中馬牽引而入廄。○俞樾曰：楊注以七字作一句，非也。兩驂裂者，兩驂斷鞅而去也。兩驂在外，故得自絕而去，於是止存兩服馬還入廄中矣。故曰「兩驂列，（句。）兩服入廄」。定公越席而起曰：「趨駕召顏淵！」顏淵至，趨，讀爲促，速也。定公曰：「前日寡人問吾子，吾子曰：『東野畢之馭，善則善矣。雖然，其馬將失。』不識吾子何以知之？」顏淵對曰：「臣以政知之。昔舜巧於使民而造父巧於使馬。舜不窮其民，造父不窮其馬，是舜無失民，造父無失馬也。○盧文弨曰：新序、家語「是」下皆有「以」字。王念孫曰：案太平御覽工藝部三引此亦有「以」字，韓詩外傳同，當據補。今東野畢之馭，上車執轡，銜體正矣；步驟馳騁，朝禮畢矣；銜體，銜與馬體也。步驟馳騁，朝禮畢矣，謂調習其馬，或步驟馳騁，盡朝廷之禮也。○郝懿行曰：楊注非。此讀宜斷「體正」「禮畢」相屬，上句言馭之習，下句言馬之習也。「朝」與「調」，古字通。毛詩言「調飢」，即「朝飢」。此言馬之馳驟皆調習也。歷險致遠，馬力盡矣。然猶求馬不已，是以知之也。」定公曰：「善！可得少進乎？」定公更請少進其說。顏淵對曰：「臣聞之：鳥窮則啄，獸窮則攫，人窮則詐。自古及今，未有窮其下而能無危者也。」

堯問篇第三十二

○盧文弨曰：舊本唯末一段提行，今各案其文義分之。

堯問於舜曰：「我欲致天下，爲之奈何？」恐天下未歸，故欲致而取之也。對曰：「執一無失，行微無怠，忠信無勌，而天下自來。執一，專意也。行微，行細微之事也。言精專不怠而天下自歸，不必致也。○郝懿行曰：微者，隱也。勸學篇云：「行無隱而不形。」隱微，人所不見，而行之無怠心。下云：「行微如日月。」蓋日月之行，人之所不見也。執一如天地，如天地無變易時也。行微如日月，日月之行，人所不見，似於細微安徐，然而無怠止之時也。○盧文弨曰：元刻作「安徐而出」，無「然」字。忠誠盛於内，賁於外，形於四海。賁，飾也。形，見也。禮記曰「富潤屋，德潤身，心廣體胖，故君子必誠其意」也。○郝懿行曰：賁，當音符分切，義與墳同。墳者，大也。盛於内則大於外，而形箸於四海矣。天下其在一隅邪！夫有何足致也？」夫物在一隅者，則可舉而致之，今有道，天下盡歸，不在於一隅，焉用致也？有讀爲又。

魏武侯謀事而當，羣臣莫能逮，退朝而有喜色。武侯，晉大夫畢萬之後、文侯之子也。吴起進曰：「亦嘗有以楚莊王之語聞於左右者乎？」武侯曰：「楚莊王之語何如？」吴起對曰：「楚莊王謀事而當，羣臣莫逮，退朝而有憂色。申公巫臣進問曰：『王朝而有憂色，何也？』巫臣，楚申邑大夫也。莊王曰：『不穀謀事而當，羣臣莫能逮，是以憂也。其在中蘬之言也，中蘬，與仲虺同，湯左相也。〇郝懿行曰：蘬，音丘追切。此讀詡鬼切，卽仲虺也，如「蜆」字，從鬼聲而音爲潰。韓非説林下篇「蟲有蜆者」，顔氏家訓勉學篇據古今字詁，謂「蜆」亦古之「虺」字，卽其例也。曰：「諸侯自爲得師者王，得友者霸，得疑者存，自爲謀而莫己若者亡。」疑，謂博聞達識，可決疑惑者。〇郝懿行曰：韓詩外傳六作「能自取師者王，能自取友者霸，而與居不若其身者亡」，新序一作「足己而羣臣莫之若者亡」，「取師」「取友」，「取」皆作「擇」，而俱無「得疑者存」一句。疑，卽「師保疑丞」之「疑」，疑謂可以決疑者也。今書仲虺之誥亦缺此句，可知梅氏無識，不知此句不可缺也。今以不穀之不肖而羣臣莫吾逮，吾國幾於亡乎！是以憂也。』楚莊王以憂，而君以憙。」武侯逡巡再拜曰：「天使夫子振寡人之過也。」振，舉。〇王念孫曰：振，救也。（説文：「振，舉救也。」月令、哀公問注，昭十四年左傳注，周語魯語、吴語注，吕氏春秋季春篇注、淮南時則篇注，竝云：「振，救也。」）史記蒙恬傳曰：「過可振而諫可覺。」故曰「振寡人之過」。楊注於義未該。

伯禽將歸於魯，伯禽，周公子，成王封爲魯侯。將歸，謂初之國也。周公謂伯禽之傅曰：「汝將行，盍志而子美德乎？」將行，何不志記汝所傳之子美德以言我？對曰：「其爲人寬，好自用，以慎。寬，寬弘也。自用，好自務其用也。慎，謹密也。〇先謙案：好自用者，蓋遇事以身先人，故其傅以爲美德，而周公以爲争。楊云「好自務其用」，語未晰。此三者，其

美德已。」周公曰：「嗚呼！以人惡爲美德乎！君子好以道德，故其民歸道。君子好以道德教人，故其民歸道者衆，非謂寬弘也。**彼其寬也，出無辨矣，女又美之。**彼伯禽既無道德，但務寬容，此乃出於善惡無别，汝何以爲美也？孔子曰「寬則得衆」，亦謂人愛悦歸之也。**彼其好自用也，是所以窶小也。**窶，無禮也。彼伯禽好自用而不諮詢，是乃無禮驕人而器局小也。書曰：「自用則小。」尚書大傳曰：「是其好自用也，以斂益之也。」○郝懿行曰：窶者，貧也，窶之爲言局也。釋名云：「窶數，猶局縮，皆小意也。」楊惲傳謂「窶數」不容鼠穴，其爲局小可知。滑稽傳云「甌窶滿篝」，甌窶，亦狹小之言耳。王念孫曰：楊分窶小爲二義，非也。窶，亦小也。言其好自用也，是其器局之所以窶小也。韓子詭使篇「惇愨純信，用心一者，則謂之窶」，言世人皆尚詐僞，故見惇愨純信，用心專一者，則謂之窶小也。釋名曰：「窶數，猶局縮，皆小意也。」（漢書東方朔傳：「洒覆樹上寄生，令朔射之。朔曰：『是窶數也。』」師古曰：「窶數，戴器也。以盆盛物，戴於頭者，則以窶數薦之。寄生者，芝菌之類，淋潦之日，著樹而生，形有周圜象窶數者。故朔云『著樹爲寄生，盆下爲窶數』。」案物在盆下謂之窶數，亦局縮之意也。）蔡邕短人賦「劣厥僂窶」，亦是短小之意。詩傳以窶爲無禮，謂貧者不能備禮，非謂「無禮驕人」也。**君子力如牛，不與牛争力；走如馬，不與馬争走；知如士，不與士争知。**士，謂臣下掌事者。不争，言委任。**彼争者，均者之氣也，女又美之。**好自用，則必不委任而與之争事；争事乃均敵者尚氣之事，非大君之量也。彼其慎也，是其所以淺也。彼伯禽之慎密，不廣接士，適所以自使知識淺近也。聞之曰：無越踰不見士。周公聞之古也。越踰，謂過一日也。○盧文弨曰：「曰」，宋本作「日」。注「過一日」，語疑有誤。觀下所云，則士皆有等，勿因下士與己踰等而不見也。周公於下士厚爲之貌，故人人皆以爲越踰，則越踰者，過士所應得之分云耳。俞樾曰：楊注「周公聞之古也。越踰，謂過一日也」，然則荀子原文當作「聞之，無越日不見士」，楊注原文當作「越日，謂過一日也」。今衍「踰」字者，涉下文楊注有「越踰」字而誤衍也。既衍「踰」字，則「越踰日」之文甚爲不辭，乃以「日」字爲「曰」字之誤，而移置「聞之」二字之下，遂成今本之誤。盧校云宋本「曰」作「日」，此則其舊迹之猶未盡泯者也。見士問曰：『無乃不察乎？』懼其壅蔽，故問無乃有不察之事乎。不聞，即物少至，少至則淺。物，事也。不見士則無所聞，無所聞則所知之事亦少，少則意自淺矣。「聞」，或爲「問」也。○王念孫曰：「聞」，即「問」字也。（說見經義述聞旅象傳及王風。）言不問則所知之事少也。「問」字正承上文「見士問曰」而言。彼淺者，賤人之道也，女又美之。吾語女：我，文王之爲子，爲文王之子也。武王之爲弟，成王之爲叔父。周公先成王薨，未宜知成王之謚，此云成王，乃後人所加耳。吾於天下不賤矣，然而吾所執贄而見者十人，周公自執贄而見者十人。禮，見其所尊敬者，雖君亦執贄，故哀公執贄請見周豐。鄭注尚書大傳云：「十人，公卿之中也。三十人，羣大夫之中也。百人，羣士之中也。」○盧文昭曰：「羣大夫」、「羣士」，舊本互易，誤。今大傳本亦訛。**還贄而相見者三十人，**禮，臣見君則不還贄，敵者不敢當則還之，禮尚往來也。士相見禮曰：「主人復見之以其贄，曰：『曏者吾子辱使某見，請還贄於將命者。』」鄭康成云：「贄者，所執以至也。君子見於所尊敬，必執贄以將其厚意也。」**貌執之士者百有餘人，**執，猶待也。以禮貌接待之士百餘人也。○先謙案：文義不當有「者」字，此緣上下文「者」字而誤衍。**欲言而請畢事者千有餘人，**謂卑賤之士，恐其言之不盡，周公先請其畢辭也。説苑曰「周公踐天子之位七年，布衣之士，所執贄而師見者十人，所見者十二人。窮巷白屋，所先見者四十九人，時進善者百人，教士千人，朝者萬人」也。○盧文弨曰：注衍「十人所見者」五字，説苑敬慎篇無。**於是吾僅得三士焉，以正吾身，以定天下。**於是千百人之中，僅乃得三士，正身治國。**吾所以得三士者，亡於十人與三十人中，乃在百人與千人之中。**十人與三十人，雖尊敬，猶未得賢，至百人千人，然後乃得三人。以明接士不廣，無由得賢也。**故上士吾薄爲之貌，下士吾厚爲之貌。**上士，中誠重之，故可薄爲之貌；下士既無執贄之禮，懼失賢士之心，故厚爲之貌，尤加謹敬也。**人人皆以我爲越踰好士，然故士至，**人不知則以爲越踰，然士亦以禮貌之故而至也。○俞樾曰：「踰」字亦衍文也。人人皆以我爲越好士者，越之言過也，人人皆以我爲過於好士也。然故士至者，「然故」即「是故」也，説見王氏經傳釋詞。大略篇曰「然故民不困財」，亦以「然故」連文，是其證也。楊不達然故之義，故爲抑揚其辭。至「越踰」連文，則以「踰」字釋「越」字，注家往往有此例，非以正文有「踰」字也。而正文「踰」字之衍，卽因此矣。士至而後見物，物，事也。見物然後知其是非之所在。戒之哉！女以魯國驕人，幾矣！幾，危也。周公言我以天下之貴，猶不敢驕士，汝今以魯國之小而遂驕人，危矣！夫仰祿之士猶可驕也，仰，魚亮反。正身之士不可驕也。彼正身之士，舍貴而爲賤，舍富而爲貧，舍佚而爲勞，顏色黎黑而不失其所，黎，讀爲梨。謂面如凍梨之色也。是以天下之紀不息，文章不廢也。」賴守道之士不苟徇人，故得綱紀文章常存也。○盧文弨曰：尚書大傳作「是以文不滅而章不敗也」。

語曰：「繒丘之封人繒與鄫同。鄫丘，故國。封人，掌疆界者。漢書地理志繒縣屬東海也。○郝懿行曰：繒，卽鄫國，姒姓，在東海，漢志繒縣屬東海郡是也。「繒丘封人」，列子說符篇作「狐丘丈人」，韓詩外傳七及淮南道應訓竝與說符同。孫叔敖曰「吾爵益高，吾志益下，吾官益大，吾心益小，吾祿益厚，吾施益博，以是免於三怨，可乎」，與此大意雖同而文字異，此當別有依據。（發首偁「語曰」，知必述成文。）見楚相孫叔敖曰：『吾聞之也：處官久者士妒之，祿厚者民怨之，位尊者君恨之。今相國有此三者而不得罪楚之士民，何也？』孫叔敖曰：『吾三相楚而心瘉卑，每益祿而施瘉博，位滋尊而禮瘉恭，○盧文弨曰：瘉與愈同，元刻卽作「愈」。是以不得罪於楚之士民也。』」

子貢問於孔子曰：「賜爲人下而未知也。」下，謙下也。子貢問欲爲人下，未知其益也。孔子曰：「爲人下者乎？其猶土也？深抇之而得甘泉焉，抇，掘也，故没反。樹之而五穀蕃焉，草木殖焉，禽獸育焉，生則立焉，死則入焉，多其功而不息。○劉台拱曰：「不息」，韓詩外傳、春秋繁露山川頌、説苑臣術篇竝作「不言」。王引之曰：言與息，形聲皆不相近，若本是「言」字，無緣誤爲「息」。「息」，當爲「悳」。「悳」，古「德」字。繫辭傳曰「有功而不德」是也。韓詩外傳、春秋繁露、説苑作「不言」，意與「不德」同。俗書「悳」字作「悳」，形與「息」相似而誤。大戴禮公冠篇「靡不蒙悳」，今本誤作「靡不息」，是其證也。家語困誓篇作「多其功而不意」，王肅曰「功雖多而無所意也」，兩「意」字，亦「悳」字之誤。家語本於荀子，則荀子之本作「悳」明矣。太平御覽地部二正引作「多其功而不德」。爲人下者，其猶土也。」

昔虞不用宫之奇而晉并之，萊不用子馬而齊并之，宫之奇，虞賢臣，諫不從，以其族行。子馬，未詳其姓名。左氏傳曰：「襄二年，齊侯伐萊，萊人使正輿子賂夙沙衛，以索馬牛，皆百匹。」又六年：「齊侯伐萊，萊人使王湫帥師及正輿子軍齊師，齊師大敗之，遂滅萊。」或曰：正輿子字子馬，其不用未聞。説苑諸御己諫楚莊王曰：「曹不用僖負羈而宋并之，萊不用子猛而齊并之。」據年代，齊滅萊在楚莊王後，未詳諸御己之諫也。○盧文弨曰：「諸御己」，舊本譌作「諸卿己」，今據説苑正諫篇改正。郝懿行曰：説苑正諫篇「子馬」作「子猛」，猛、馬雙聲，疑卽一人。而據説苑，此人年代在前，楊注云云是也。或説以左傳閔子馬，據世族譜，閔子馬卽閔馬父，係魯雜人，豈萊不用而去之魯邪？然此子馬見昭十八年傳，上距襄六年齊人滅萊之歲四十餘年矣，世代在後差遠，又非萊人，無庸牽合。紂刳王子比干而武王得之。不親賢用知，故身死國亡也。

爲說者曰：「孫卿不及孔子。」是不然。孫卿迫於亂世，鰌於嚴刑，上無賢主，下遇暴秦，禮義不行，教化不成，仁者絀約，天下冥冥，行全刺之，諸侯大傾。當是時也，知者不得慮，能者不得治，賢者不得使，故君上蔽而無覩，賢人距而不受。然則孫卿懷將聖之心，○盧文弨曰：「懷將聖」，宋本作「將懷聖」，誤。今訂正。蒙佯狂之色，視天下以愚。詩曰：「既明且哲，以保其身。」此之謂也。是其所以名聲不白，徒與不衆，光輝不博也。今之學者，得孫卿之遺言餘教，足以爲天下法式表儀，所存者神，所過者化。○盧文弨曰：「所過」，宋本作「所遇」，誤。古音「存」「神」一韻，「過」「化」一韻，此句中之韻也。觀其善行，孔子弗過，世不詳察，云非聖人，奈何！天下不治，孫卿不遇時也。德若堯、禹，世少知之。方術不用，爲人所疑。其知至明，循道正行，足以爲紀綱。○盧文弨曰：「紀綱」，舊本誤倒，與上下韻不協。嗚呼，賢哉！宜爲帝王。天地不知，善桀、紂，殺賢良。比干剖心，孔子拘匡；接輿避世，箕子佯狂；田常爲亂，闔閭擅强。爲惡得福，善者有殃。今爲說者又不察其實，乃信其名。時世不同，譽何由生？不得爲政，功安能成？志修德厚，孰謂不賢乎！自「爲說者」已下，荀卿弟子之辭。

荀卿新書三十二篇

○盧文弨曰：案宋本「新書」下有「十二卷」三字，或疑是「二十卷」，皆非也，但作「三十二篇」爲是。今本漢書藝文志作「三十三篇」，誤也。

富國篇第十一
王霸篇第十二
君道篇第十三
臣道篇第十四
致仕篇第十五
議兵篇第十六
强國篇第十七
天論篇第十八
正論篇第十九
樂論篇第二十
解蔽篇第二十一
正名篇第二十二
禮論篇第二十三
宥坐篇第二十四
子道篇第二十五

性惡篇第二十六

法行篇第二十七

哀公篇第二十八

大略篇第二十九

堯問篇第三十

君子篇第三十一

賦篇第三十二

護左都水使者、光禄大夫臣向言：所校讎中孫卿書凡三百二十二篇，以相校除複重二百九十篇，定著三十二篇，皆以定殺青簡，書可繕寫。孫卿，趙人，名況。方齊宣王、威王之時，○盧文弨曰：案史記，威王在宣王之前，風俗通窮通篇作「齊威、宣王之時」是也。聚天下賢士於稷下，尊寵之。若鄒衍、田駢、淳于髡之屬甚衆，號曰列大夫，皆世所稱，咸作書刺世。是時，孫卿有秀才，年五十，始來游學。○盧文弨曰：案史記亦作「年五十」，誤。當從風俗通作「年十五」。鼂公武讀書志所引亦同。諸子之事，皆以爲非先王之法也。孫卿善爲詩、禮、易、春秋。至齊襄王時，孫卿最爲老師，齊尚修列大夫之缺，而孫卿三爲祭酒焉。齊人或讒孫卿，孫卿〇盧文弨曰：宋本不重，今據史記補。乃適楚，楚相春申君以爲蘭陵令。人或謂春申君曰：「湯以七十里，文王以百里。孫卿，賢者也，今與之百里地，楚其危乎！」春申君謝之，孫卿去之趙。後客或謂春申君曰：「伊尹去夏入殷，殷王而夏亡；管仲去魯入齊，魯弱而齊强。故賢者所在，君尊國安。今孫卿，天下賢人，所去之國，其不安乎！」春申君使人聘孫卿，〇盧文弨曰：案楚策四、韓詩外傳四，「聘」俱作「請」。孫卿遺春申君書，刺楚國，因爲歌、賦，以遺春申君。春申君恨，復固謝孫卿，孫卿乃行，復爲蘭陵令。春申君死而孫卿廢，因家蘭陵。李斯嘗爲弟子，已而相秦。〇盧文弨曰：宋本脱「已」字，今據史記補。及韓非號韓子，又浮丘伯，皆受業，爲名儒。孫卿之應聘於諸侯，見秦昭王，昭王方喜戰伐，而孫卿以三王之法説之，及秦相應侯，皆不能用也。至趙，與孫臏議兵趙孝成王前。孫臏爲變詐之兵，孫卿以王兵難之，不能對也。卒不能用。孫卿道守禮義，行應繩墨，安貧賤。孟子者，亦大儒，以人之性善，孫卿後孟子百餘年。孫卿以爲人性惡，故作性惡一篇，以非孟子。蘇秦、張儀以邪道説諸侯，以大貴顯。孫卿退而笑之曰：「夫不以其道進者，必不以其道亡。」至漢興，江都相董仲舒亦大儒，作書美孫卿。〇盧文弨曰：「至漢興」以下十七字，似不當在此，應在下文「蓋以法孫卿也」句下。孫卿卒不用於世，老於蘭陵。疾濁世之政，亡國亂君相屬，不遂大道而營乎巫祝，信禨祥，鄙儒小拘如莊周等又滑稽亂俗，○盧文弨曰：宋本無「亂俗」二字，從史記增。於是推儒、墨、道德之行事，興壞序列，著數萬言而卒，葬蘭陵。而趙亦有公孫龍爲「堅白」「同異」之辯，處子之言，○盧文弨曰：案史記作「劇子之言」，徐廣曰：「應劭氏姓注直云『處子』。」魏有李悝，盡地力之教；楚有尸子、長盧子、芋子，皆著書，○盧文弨曰：案宋本「盧」作「廬」，古可通用。今從史記，取易曉耳。史記「芋子」作「吁子」，索隱曰：「吁，音芋〔一〕。別録作『芋〔二〕子』，今吁亦如字也。」又案：漢書藝文志有芋子十八篇，云「名嬰，齊人」，師古云「芋音弭」，與此又不同。然非先王之法也，皆不循孔氏之術，惟孟軻、孫卿爲能尊仲尼。蘭陵多善爲學，蓋以孫卿也。長老至今稱之曰：「蘭陵人喜字爲卿，蓋以法孫卿也。」孟子、孫卿、董先生皆小五伯，以爲仲尼之門，五尺童子皆羞稱五伯。如人君能用孫卿，庶幾於王，然世終莫能用，而六國之君殘滅，秦國大亂，卒以亡。觀孫卿之書，其陳王道甚易行，疾世莫能用。其言悽愴，甚可痛也！嗚呼！使斯人卒終於閭巷，而功業不得見於世，哀哉！可爲貫涕。其書比於記傳，可以爲法。謹第録。臣向

〔一〕〔二〕「芋」，史記孟子荀卿列傳索隱並作「芊」。

昧死上言。

護左都水使者、光禄大夫臣向言，所校讎中孫卿書録。

將仕郎、守祕書省著作佐郎、充御史臺主簿臣王子韶同校。

朝奉郎、尚書兵部員外郎、知制誥、上騎都尉、賜紫金魚袋臣呂夏卿重校。